0세부터 3세까지 두뇌 발달을 돕는

세상에서 제일 좋은 몬테소리

아이 중심

씬디티쳐 박명진 지음

슬로래빗

서문
0~3세 결정적 시기를 몬테소리와 함께해요

혼자서 단추를 잠그고는 뿌듯해하는 아이,
하나의 활동에 푹 빠져 반복하다가 어느 순간 숙달되는 아이,
바둑알을 놓을 때마다 수와 양이 늘어나는 게 신기한 아이,
주어진 활동을 집중하여 마친 뒤 제자리에 정리하는 아이….

몬테소리 유치원에서 일하며 아이들이 바르게 성장해 가는 모습을 볼 때 교사로서 큰 기쁨을 느꼈습니다. 몬테소리 교육은 아이들이 좋아하는 것을 스스로 선택하여 자발적으로 호기심을 해결하도록 돕고, 다양한 감각을 활용해 세상을 탐색하고 접근할 수 있도록 안내하니까요. 하루가 다르게 커 가는 내 아이를 위해서도 이토록 매력적인 몬테소리를 하고 싶어졌어요. 아이의 결정적 시기에 맞춰 간단한 놀이를 준비했고, 더 많은 가정에서 몬테소리를 함께했으면 하는 마음으로 인스타그램에 공유하기 시작했지요.

아이의 생활과 놀이를 공유하고 소통하면서 몬테소리 교육에 대한 오해를 종종 마주했습니다. 첫째, 몬테소리는 집에서 하기 어렵다고 생각해요. 전문적인 교구와 교사가 있어야만 몬테소리 활동을 할 수 있다는 선입견을 갖는 것이지요. 둘째, 몬테소리는 돈이 많이 든다고 생각해요. 교구가 있으면 좋겠지만 비싼 가격으로 경제적 부담이 될 수 있지요. 셋째, 몬테소리는 돌 전의 어린 아기들은 할 수 없다고 생각해요. 가르쳐 주지 않아도 스스로 물건을 잡아 흔들고 팔을 뻗어 무언가를 당기는 모든 발달의 순간들을 도울 수 있는데 말이에요.

이런 오해와 심리적 장벽을 넘어 엄마표 몬테소리를 시작한 많은 분들이 놀라곤 합니다. 어느 집에나 있는 생활용품으로 이렇게 쉽게 몬테소리가 가능한지 몰랐다면서요. 제가 소개한 놀이를 따라 하

며 아이의 소근육이 더욱 섬세하게 발달하고 있다며 감사를 전하는 분도 있고, 놀이에 집중하여 목표를 달성해 내는 아이 모습을 공유해 주시는 분들도 많이 계시지요. 아이들의 반짝이는 눈빛과 성취감 가득한 미소를 볼 때면 제 아이처럼 얼마나 대견하던지요.

몬테소리 이론을 잘 모르면 어때요. 몬테소리 교구가 없으면 어때요. 아이를 관찰하는 눈과 놀이를 준비할 손, 도전을 격려하는 마음이면 충분하지요. 집에서 아이에게 몬테소리 교육을 해 주고 싶은 마음, 교구가 비싸 망설여지는 마음, 혹시나 어렵지 않을까 주저하는 마음을 모두 담아 이 책을 만들었습니다. 본문에는 '엄마'로 표시했지만, 아이와 함께하는 모든 양육자들께 길잡이가 되면 좋겠습니다.

끝으로 늘 아낌없는 응원과 믿음을 선물해 주는 가족과 부모님, 이 책이 세상에 나오도록 밤낮으로 고생하신 출판사에 감사를 표합니다. 무엇보다 엄마와 놀이하며 건강하게 자라 준, 따뜻한 마음씨의 지호에게 고마움과 사랑을 전합니다. 하루하루 새로운 모습으로 발전하는 아이와 함께하는 여러분의 매일이 특별하고 소중한 순간이 되길 바랍니다.

몬테소리 교육의 핵심 키워드 5가지

아이는 내면의 잠재력인 **흡수하는 정신**을 통해 주변의 다양한 감각과 기술을 스스로 받아들이며 발달해요. 특정한 기술에 대한 감수성이 예민해지는 **민감기**에 더 쉽게 발달하지요. 부모는 아이를 **관찰**하여 내 아이만의 민감기를 파악하고, 발달 수준과 흥미에 맞춰 **준비된 환경**을 마련해야 해요. 준비된 환경 안에서 집중하여 반복하고 몰입하며 기쁨을 느끼는, 이른바 **정상화** 과정이 바로 몬테소리 교육의 목표랍니다.

흡수하는 정신

몬테소리는 아이의 특별한 잠재능력인 흡수하는 정신을 통해 태어나면서부터 환경을 받아들일 수 있다고 말해요. 흡수하는 정신은 출생부터 3세까지의 무의식적 단계와 3세부터 6세까지의 의식적 단계로 나뉘어요. 무의식적 단계에서는 스펀지가 물을 흡수하듯 환경의 모든 것을 받아들여요. 움직임, 언어, 감각 등을 어른으로부터 학습하는 것이 아니라 환경 안에서 경험하며 배워 나가지요. 이 시기에는 여러 기술을 자연스럽게 발달시킬 수 있도록 적절한 환경을 준비해 주는 것이 중요해요. 무의식적 단계에 흡수한 것들은 의식적 단계로 접어들며 더욱 정교해진답니다.

민감기

특정한 기술을 더욱 쉽게 학습하는 결정적 시기를 민감기라 불러요. 민감기의 종류는 옆에서 설명한 것 외에도 다양하며, 따로 진행되는 것이 아니라 서로 연관되어 나타나요. 아이마다 각각의 민감성을 보이는 시기가 달라서 비슷한 월령이라도 성장차가 발생한답니다. 지나간 민감기는 다시 나타나지 않으니 부모는 민감성을 보이는 적기에 알맞은 경험을 할 수 있도록 환경을 만들어 줘야 해요. 민감기가 아니어도 기술을 배울 수 있지만, 몰입도와 만족감이 떨어지기 때문이에요.

° **운동의 민감기 ; 출생부터 6세까지**

신체의 부분을 움직여 대·소근육 발달이 이뤄져요. 아이가 자유롭게 움직일 수 있도록 안전한 환경을 마련하고 적합한 교구를 준비해 주세요. 점차 움직임이 정교해지며 스스로 행동을 조절할 수 있고 협응력이 발달됩니다.

° **언어의 민감기 ; 출생부터 5~6세까지**

사람들의 말소리에 흥미를 느끼고 관찰 및 모방해요. 입에서 소리 내는 것을 시작으로 옹알이, 단어, 두 개 이상의 단어가 결합된 구, 문장 순으로 구사합니다. 대화, 책, 노래, 영상 등 여러 종류의 매체를 통해 언어 발달을 풍요롭게 도울 수 있어요.

° **감각의 민감기 ; 출생부터 6세까지**

태어나면서부터 시각, 청각, 후각, 미각, 촉각 등의 감각에 따라 사물을 탐색해요. 다양한 감각을 통해 변별력을 키우고 세련되게 발달시킬 수 있지요. 감각 발달은 수, 언어, 문화 등 다른 영역 발달의 기반이 됩니다.

° **질서의 민감기 ; 출생부터 3세까지**

자신의 물건이 다른 곳으로 옮겨지면 쉽게 알아차리는 등 작은 변화도 금방 인지해요. 익숙한 환경과 반복되는 일상 속에서 아이는 안정감을 가지고 다음 일과를 예측하며 내면의 질서를 발달시키지요. 질서감은 끊임없이 새로운 것을 탐색해야 하는 세상으로부터 안정감을 느낄 수 있도록 도와요.

° **작은 사물의 민감기 ; 1세부터 6세까지(2세경 두드러짐)**

옷의 작은 무늬, 인형의 섬세한 디테일, 사물의 미세한 스크래치, 구석의 조그만 먼지, 작은 곤충 등을 발견하며 즐거움을 느껴요. 작은 사물을 탐색하며 소근육 및 눈과 손의 협응력이 발달하고, 집중력, 관찰력 등이 향상된답니다.

° **예절의 민감기 ; 출생부터 6세까지**

나만 알던 이전에 비해 부모와 친구 등 타인에 관심을 가지기 시작하며 배려를 배워요. 공손한 태도나 감사 인사 등 일상 속 부모의 모습을 모방하며 아이는 자연스럽게 예절을 익힐 수 있어요.

관찰

아무리 멋진 교구도 아이의 발달 수준에 맞지 않으면 소용없어요. 아이가 한창 소근육 운동에 관심을 보이는데 그냥 지나쳐서도 안 되겠지요. 아이가 어디에 민감성을 보이는지 알고 내 아이에 맞춘 놀이를 준비하려면 관찰이 중요해요. 아직 말을 못해도 행동으로 표현하므로 아이의 표정과 놀이 모습의 변화를 살펴봐 주세요. 아이를 차분하게 관찰할 여유가 없을 때는 아이의 모습을 담은 사진이나 영상을 봐도 좋아요. 평소 놓치고 있던 모습을 확인할 수 있어 아이를 객관적으로 이해하는 데 도움이 된답니다.

준비된 환경

면밀한 관찰로 아이의 발달 수준과 흥미를 파악했다면 그에 맞춰 환경을 준비해야 해요. 여기서 준비된 환경의 범위는 교구장에 그치지 않고, 아이가 생활하는 모든 곳을 포괄합니다. 아이는 각각의 사물이 위치한 곳을 보며 질서감을 경험하고, 위험이 제한된 환경 안에서 허용된 모든 것을 자유롭게 탐색하며 자신의 세계를 넓혀 가요. 이를 통해 상황별 대처 능력도 키울 수 있지요. 아래 사항을 참고하여 환경을 준비해 주세요.

- 떨어져 깨지거나 다칠 위험이 있는 물건은 옮겨 놓아요.
- 콘센트는 보호 덮개로 막고, 전선은 잡아당길 수 없도록 고정해요.
- 아이 손이 닿는 선반이나 서랍 안에 위험한 물건을 두지 마세요.
- 76~81p에서 식사 준비하기, 나 돌보기, 집안일 돕기를 위한 환경을 참고해요.

정상화

몬테소리 교육의 목적은 정상화에 있어요. 스스로 선택한 교구를 집중하여 반복적으로 작업함으로써 만족감을 경험할 때 정상화가 이뤄지지요. 아이가 하나의 활동에 몰입하여 끊임없이 반복하는 모습을 본 적 있을 거예요. 스스로 만족할 수 있을 때 비로소 활동을 멈추게 되는데, 이게 바로 정상화 과정이에요. 정상화는 한 번에 이뤄지지 않아요. 다양한 활동을 통해 정상화를 거듭하며 신체, 정서, 인지가 조화를 이루고 독립적으로 성장할 수 있답니다.

교구장 세팅하기

아이의 노는 모습을 관찰하여 흥미, 발달 수준, 선호도에 따라 교구를 구성해 주세요. 교구장에 다양한 영역(일상, 감각, 수, 언어, 문화 등)의 교구를 골고루 비치함으로써 아이의 고른 발달을 도울 수 있어요. 처음에는 아이의 수준에 맞춰 교구를 구성하기가 어렵게 느껴질 수 있지만, 몇 번 하다 보면 아이를 관찰하고 교구를 선별하는 능력이 길러져요. 교구를 세팅할 때는 다음을 유념해 주세요.

교구장 준비하기 꼭 좋은 교구장일 필요는 없어요. 선반이나 수납장, 책장 등 교구를 올려놓을 수 있는 곳은 모두 괜찮아요. 칸막이가 있으면 한 칸에 하나의 교구를 넣을 수 있어 정리정돈이 쉬운 대신 칸보다 더 큰 교구는 비치할 수 없어요. 반대로 칸막이가 없으면 정리는 어려워도 다양한 크기의 교구를 넣을 수 있지요. 어떤 것을 선택해도 괜찮지만, 큰 상자 안에 교구를 모두 몰아넣는 것은 추천하지 않아요. 아이 스스로 놀잇감을 선택할 수 없기 때문이에요.

적당한 가짓수로 구성하기 6개월 이상은 5~6개, 12개월 이상부터는 8~10개 정도로 준비하여 10개가 넘지 않도록 해요. 탐색해야 할 것이 너무 많으면 과한 자극이 될 수 있고, 각각의 교구에 대한 집중력을 약화시킬 수 있어요. 적당한 만큼만 세팅하여 자신이 원하는 것을 선택하고 이에 몰두할 수 있도록 준비해 주세요.

8개월, 총 6개 교구 배치   18개월, 총 9개 교구 배치

필요한 모든 것을 하나의 쟁반에 두기 　작업을 시작하고 정리하기까지 필요한 모든 것을 하나의 쟁반 안에 두어 아이가 독립적으로 활동할 수 있도록 준비해 주세요. 무엇에 관련된 것인지 예측하고, 작업을 마친 후 스스로 정리할 수 있답니다. 사진의 예처럼 숟가락으로 단추를 옮기는 놀이라면, 숟가락과 빈 그릇을 쟁반에 미리 준비하여 스스로 시작할 수 있도록 도와요. 숟가락 놓는 자리를 테이프로 표시해 둠으로써 모든 사물은 각자의 자리가 있음을 알려 주세요.

완성되기 전 상태로 준비하기 　쟁반 위에 놓인 교구의 모습은 활동의 목적에 따라 달라져요. 고리가 담겨 있는 바구니와 아무것도 걸려 있지 않은 휴지걸이를 보면, 자연스레 고리를 휴지걸이에 끼워야 함을 예측할 수 있어요. 반대로 휴지걸이에 고리가 이미 끼워져 있다면, 아이가 고리를 꺼내는 것에 흥미를 보일 확률이 높아요. 활동의 목적이 '끼우기'에 있었다면 목적에서 멀어지겠지요. 따라서 교구는 완성되기 전 상태로 준비해야 해요. 활동을 마친 후에는 다음 활동을 위해 교구를 처음 상태로 정리해야 한다는 뜻이지요.

아이의 신체 발달에 맞추기 　교구를 세팅한 다음 무릎을 바닥에 대고 앉아서 아이의 눈높이로 교구장을 바라봐요. 교구가 아이 스스로 옮길 수 있는 위치에 놓여 있는지, 벽에 건 아이의 그림이 너무 높지는 않은지 잘 살펴서 아이 손이 닿는 곳, 아이의 눈높이로 옮겨 주세요. 교구 쟁반이 아이가 옮기기에 너무 크다면 작은 쟁반으로 바꿔야 해요.

점진적으로 교구 바꿔 주기 　교구를 세팅한 뒤 1주일 정도 지나면 호기심이 떨어지는 교구들이 한두 개씩 생겨요. 일요일마다 혹은 격주로 아이가 놀지 않는 교구들을 바꿔 주되(교체 주기는 상황에 따라 조절 가능), 아이가 좋아하고 즐겨 하는 교구는 조금 더 오래 두어도 괜찮아요. 익숙한 영역 안에서의 작은 변화는 아이에게 호기심과 도전 정신을 불러일으키지만, 한꺼번에 모든 교구를 바꾸는 것은 내면의 질서감에 혼란을 줄 수 있어요. 새로운 교구를 천천히 탐색할 수 있도록 한두 개씩 점진적으로 바꿔 주세요. 교체된 교구들은 아이 눈에 띄지 않도록 상자나 창고에 보관하여 교구장의 교구를 온전히 탐색할 수 있도록 합니다.

같은 교구로 새로운 자극 주기 교구를 매번 새로 준비할 필요는 없어요. 아이가 놀이를 충분히 즐긴 후 치워 두었다가 나중에 꺼내 줌으로써 새로운 시각으로 교구를 활용할 수 있어요. 아이의 발달 수준이 여러 방면으로 향상되었기 때문에 같은 교구라도 전혀 다른 방향으로 접근하게 됩니다. 예전 교구에서 내용물의 색과 종류, 그릇 모양, 도구의 종류 등을 조금씩 바꾸며 놀이를 다양하게 응용하고 확장해 보세요.

14개월, 골프티 끼우기   24개월, 골프티 위에 폼폼 올리기

단계적으로 난이도 높이기 모든 교구는 쉬운 것에서 어려운 것으로, 구체적인 것에서 추상적인 것으로, 단순한 것에서 복잡한 것으로, 전체에서 부분으로, 모르는 것을 하나씩 추가하며 난이도를 점차 높여서 제시해야 해요. 이처럼 체계적으로 다룸으로써 아이는 자신의 지식을 조금씩 세분화할 수 있고, 자신을 둘러싼 환경에 대한 시야를 점차 넓혀 갈 수 있어요.

자주 묻는 질문

Q1. 권장 월령을 꼭 지켜야 하나요?

본문에 적혀 있는 권장 월령은 말 그대로 '권장'일 뿐 절대적인 기준이 아니에요. 권장 월령보다 미리 시도하거나 반대로 더 늦게 제시해도 괜찮아요. 아이마다 기질, 발달 속도, 잘하는 것, 관심 분야 등이 다르므로 내 아이에 맞추는 게 중요해요. 아이가 즐겁게 놀이에 참여하면서 놀이 목표를 달성할 수 있다면 그것만으로 충분하답니다.

Q2. 전문 교구 없이 엄마표 놀이로만 몬테소리 활동이 가능한가요?

물론 몬테소리 전문 교구가 있다면 정확한 모양과 규칙적인 크기, 심미감 등을 충족하여 좋아요. 하지만 전문 교구가 없어도 충분히 몬테소리 활동의 목표를 이룰 수 있어요. 이 책의 놀이는 몬테소리 활동을 통해 즉각적으로 이룰 수 있는 직접 목표를 비롯해 OCCI라는 간접 목표 달성까지 도움되는 놀이로 구성되어 있어요. 여기서 OCCI는 Order(질서감), Concentration(집중력), Coordination(협응력), Independence(독립심)의 약자로 모든 활동의 공통 목표가 된답니다.

Q3. 아이에게 막상 시범을 보이려니 우왕좌왕하게 돼요.

단순한 활동이라도 막상 시범을 보이려면 헷갈리거나 버벅댈 때가 많아요. 시범 중간에 "아니다, 이렇게 하자."라며 바꾸거나 "가위가 없네? 잠깐만." 하며 자리를 비우기도 하지요. 엄마의 우왕좌왕하는 모습에 아이는 유심히 보고 있다가도 집중력이 흐트러질 수밖에 없답니다. 아이에게 시범을 보이기 전에 여러 차례 활동을 수행해 보며 빠진 준비물은 없는지 확인하고 엄마 손에 익숙해지도록 해야 해요. 아이에게 시범을 보일 때는 말을 최대한 간결하게 줄여서 아이가 놀이 과정에 집중할 수 있게 합니다.

Q4. 어디에서 시범을 보여야 아이가 잘 볼 수 있을까요?

원칙은 엄마가 아이 오른편에 앉아서 왼쪽에서 오른쪽으로 움직이며 시범을 보이는 거예요. 왼쪽에서 오른쪽으로 진행하는 이유는 읽기를 간접적으로 경험할 수 있기 때문이에요. 엄마가 왼손잡이라면 아이 왼편에 앉아야 손이 아이 몸에 부딪히지 않겠지요. 만약 아이가 엄마에게 기대거나 무릎에 앉으려는 등 자세가 흐트러진다면, 아이 앞에 앉는 걸 추천해요. 대신 이때는 옆에 앉을 때와 반대로 엄마의 왼손을 이용해 오른쪽에서 왼쪽으로 움직여야 아이 위치에서 제대로 볼 수 있어요. 엄마가 왼쪽에서 오른쪽으로 시범 보이는 것을 아이가 그대로 따라 하게 할 필요는 없어요. 아직 어리기도 하고, 자칫 아이의 흥미와 관심이 반감될 수 있으니 활동의 큰 틀을 따르는 선에서 아이의 놀이를 존중해 주세요.

Q5. 모든 놀이에 시범이 필요한가요?

아니에요. 바구니 탐색하기(90p)처럼 방법이 따로 없는 놀이는 별다른 시범 없이 아이가 자유롭게 접근할 수 있도록 기회를 주세요. 이때 지시나 제지는 최소화하는 게 좋아요. 놀이 방법이 정해져 있는 놀이라면 시범을 보여 주세요. 교구를 가져오며 "오늘은 숟가락으로 단추 옮기기를 하자."고 말하면, 아이는 교구를 보며 무슨 놀이일지 머릿속으로 예측하고 기대하며 시범을 볼 수 있어요. 시범이 끝나면 교구장에 정리한 후, "이번에는 ○○가 해 볼까?" 하며 아이가 직접 활동해 보도록 해요. 유사한 놀이를 통해 놀이 방법을 알고 있다면 시범을 생략할 수 있어요. 시범을 보여 준 놀이에 관심을 보이지 않고 다른 놀이를 하려는 경우도 있을 거예요. 시범한 놀이는 흥미가 생겼을 때 다시 하면 되니 아이 뜻에 맞춰 주세요.

Q6. 교구 정리는 엄마가 하면 되나요?

교구장의 바구니를 뒤엎거나 바닥으로 끌어 내리는 아이 모습을 보고 아이에게 정리 개념이 없을 것으로 흔히 생각하지만, 아이는 엄마의 모습을 모두 관찰하며 익히고 있어요. 엄마의 시범을 반복적으로 접하며 놀이의 처음과 끝이 교구 선택부터 정리까지임을 알게 되고, 나아가 모든 일이 단계적으로 이뤄지는 것을 깨닫게 된답니다. 본문에서 따로 설명하지 않더라도 활동을 마치면 교구를 처음 모습으로 되돌려 놓고 교구장에 정리하는 단계를 꼭 기억해 주세요!

Q7. 시범대로 활동하지 않을 때는 어떻게 해야 하나요?

엄마가 제시한 것과 다르게 한다고 잘못된 것은 아니에요. 아이의 성향, 놀이 습관, 발달 수준이 모두 다르기 때문에 같은 교구라도 구현되는 모습이 달라질 수 있어요. 예를 들어, 통 안에 공 넣기(43p)를 위해 공과 통을 세 개씩 준비했는데, 아이가 공 하나만 넣었다 꺼내며 반복할지도 몰라요. 그렇더라도 기대한 놀이 목표를 이루는 데는 문제가 없으니 아이가 자기 방식으로 놀이를 즐길 수 있도록 기다려 주세요.

Q8. 아이가 틀릴 땐 어떻게 바로잡아 주나요?

아이의 실수를 나무라거나 엄마가 직접 고쳐 주기보다는 틀린 것을 스스로 알고 바로잡을 수 있게 도와야 해요. 점 3개를 보고 숫자 4를 놓았다면, "하나, 둘, 셋" 하며 점을 센 다음 "셋은 어떤 숫자일까? 3이구나. 우리 다시 놓아 볼까?" 하며 아이가 고칠 수 있도록 해요. 오류를 정정하며 도전과 실패를 두려워하지 않게 된답니다. 만약 자신 없어 한다면 엄마와 같이하며 도전을 격려하고, 흥미가 떨어졌다면 시간이 지난 후에 다시 시도하는 게 좋아요. 아이가 반복적으로 틀리거나 어려워할 경우 발달 수준에 아직 맞지 않을 수 있으니 확인해 보세요.

Q9. 시범을 보여 준 후로는 아이가 놀이를 주도하도록 맡기면 되나요?

"유리병 속에 무엇이 보이니?"와 같이 아이의 관심과 탐색을 유도하기 위해 말을 건넬 수 있어요. 단, 강요하거나 지시하는 말투는 삼가야 해요. 아이가 놀이하는 모습을 보며 "병에 주황색 구슬을 넣었네.", "땡그랑 소리가 났어."와 같이 아이의 행동과 그 결과를 설명해 주세요. 다양한 의성어, 의태어로 묘사하며 언어 발달을 돕고, 활동에 대한 흥미와 재미를 끌어낼 수 있어요. 미술 활동 역시 "빙글빙글 달팽이 같네.", "사과처럼 빨간색이구나." 등 선의 모양과 색을 그대로 말해 줘요. 엄마의 묘사를 통해 아이는 자신의 표현을 존중받는다고 느끼며 그림에 대한 언어적 표현을 인지해요. 놀이 단계마다 필요한 지문을 예시로 수록했으니 참고해 보세요.

Q10. 교구를 입에 자주 넣어서 놀이 진행이 어려워요.

프로이트의 발달 단계 중 첫 단계인 구강기에는 사물을 입으로 물거나 빨며 생김새와 특징을 파악하고, 그 안에서 즐거움을 느끼며 긴장을 해소하기도 해요. 입으로 충분히 탐색을 마치고서야 다음 단계로 넘어갈 수 있지요. 아이가 교구를 입에 자주 넣는다고 문제가 있는 건 아니에요. 구강기적 욕구가 강하고 약한 차이일 뿐이랍니다. 교구를 입에 넣으려 하면 일단은 놀이를 방해하지 않는 선에서 아이의 시선을 돌려 보세요. 본래 놀이보다 교구를 입에 넣는 것에만 계속 관심을 보인다면 1~2주 후에 다시 제시하는 게 좋아요. 성장하며 점차 손 활용이 이전보다 자유로워지면 입으로 탐색하는 시간은 다소 줄고 손으로 탐색하는 모습을 많이 볼 수 있을 거예요.

Q11. 한두 번 관심을 보이고 놀지 않는 교구들이 있어요.

아이가 놀지 않는 가장 큰 이유는 흥미와 난이도예요. 발달 수준에 비해 쉬우면 호기심이 모두 충족되어 지루함과 시시함을 느낄 수 있고, 처음 교구를 접했을 때 '어렵다. 이거 못하겠어.'라는 생각이 들면 실망감과 좌절감을 경험하게 됩니다. "엄마와 한번 해 볼까?" 이야기하기 전에 아이 수준에 적합한 교구인지를 먼저 살펴보세요. 엄마에게는 별것 아닌 차이가 아이에게는 매우 클 수 있으니까요. 스스로 해낼 수 있을 만큼의 적절한 난이도가 아이의 도전 정신을 자극하고, 이뤄냈을 때 더 큰 성취감을 선물한답니다.

Q12. 아이가 교구에 쉽게 싫증 내는데, 새로운 교구로 자극하는 게 좋을까요?

같은 교구여도 며칠 만에 탐색을 마치는 아이가 있는가 하면, 오랫동안 놀이하며 탐색을 즐기는 아이가 있어요. 어떤 교구는 오래 가지고 노는 반면, 관심이 별로 없는 교구도 있지요. 아이가 쉽게 싫증을 낸다고 하여 매번 교구를 바꿔 주는 것은 아이를 매번 다른 장소에 데려다 놓는 것과 같아요. 완전히 새로운 교구를 준비하기보다는 기존 교구를 아이 수준에 맞게 활용하는 식으로 시도해 보세요. 아이의 관심사를 최대한 활용하는 것도 좋아요. 만약 아이가 자동차를 좋아한다면, 자동차 모형과 같은 색 사물 연결하기, 자동차 모형의 개수 세기로 응용할 수 있어요.

Q13. 소리에 굉장히 예민한 아이라 쉐이커처럼 소리 나는 것을 무서워해요.

아이들은 저마다 예민하게 느끼는 부분이 있어요. 특정한 감각에 유난히 민감한 아이들은 깜짝 놀라 소리를 지르거나 우는 것으로 싫음을 표현하곤 하지요. 그럴 경우에는 자극을 최소한으로 줄여 제시하고, 점진적으로 자극을 키워 보세요. 쉐이커를 만든다면, 입자가 작은 좁쌀로 시작하여 입자가 큰 콩으로 바꾸는 식으로 하면 됩니다. 아이가 쉐이커를 직접 흔들 때도 예민함이 한결 줄어들어요. 자기 행동의 결과를 준비할 수 있기 때문이지요.

Q14. 놀이가 뜻대로 되지 않으면 던져버리거나 화를 내며 울어요.

부정적인 감정을 표현한다면 현재 상황에 만족하지 못했을 확률이 높아요. 배가 고프거나 기저귀가 젖거나 덥거나 춥거나 등 생리적인 불편함이 있는지를 먼저 파악하여 해결해야 해요. 그런 원인이 아니라면 놀이가 마음에 들지 않아서일 수 있어요. 중요한 건 내 아이에 맞추는 것이므로 아이에 따라 융통성 있게 교구를 제시해 주세요. 바구니에서 리본 당기기가 어렵다면 리본을 더 짧게 잘라서 쉽게 당겨지도록 하고, 상자가 잘 안 열린다면 엄마가 뚜껑을 반 정도 열어 두고 나머지를 아이가 여는 등 아이가 성취감을 느낄 수 있도록 도와주세요.

Q15. 아이가 색을 아직 잘 모르는 것 같아요. 감각 발달이 늦은 건 아닌지 걱정이에요.

생후 20개월 정도가 되면 색에 관심이 많아지고 색과 관련된 놀이도 즐기곤 해요. 하지만 색을 아직 모른다고 하여 늦은 게 아니에요. 아직 색에 특별한 관심이 없을 뿐, 분명 색이 아닌 다른 것에 관심을 두고 있을 거예요. 아이를 잘 관찰하여 지금 관심이 있는 것에 맞춰 교구를 제시해 주세요. 지금 흥미로워하는 것을 즐기다 보면, 어느새 아이가 색에 관심을 보일 거예요.

Q16. 동화책을 읽어 주면 듣지 않고 책장을 넘기기만 해요.

책이 재미없거나 읽는 시간이 익숙하지 않은 경우, 책을 얼른 넘겨 버리고 다른 놀이를 하고 싶어 할 수 있어요. 어린 월령일수록 일상(집, 장난감 등)에 관련되거나 실제 사진이 담긴 사실적인 책이 이해하기 쉬워요. 책 속의 사물을 주변에서 찾아보거나 동물 관련 책을 보며 동물 장난감을 책 위에 올려 보는 등, 연계 활동으로 아이의 흥미를 자극해 주세요. 책의 모든 문장을 읽지 않아도 괜찮아요. 그림을 보며 "딸기가 있구나. 빨간색이네." 하며 이야기 나누는 것으로 충분해요. 책의 목적을 '읽기'가 아닌 '탐색하기'로 생각하며 접근해 보세요. 책장 넘기는 행위 자체를 즐기는 경우도 있어요. 책장을 넘기는 것은 손가락의 집기 능력, 팔과 어깨의 조절력을 발달시켜요. 아이들은 성장 과정에서 필요한 기술에 흥미를 보이며 습득하고자 노력한답니다. 책장 넘길 때 들리는 사각사각거리는 소리나 살짝 불어지는 바람이 좋을 수도 있고, 넘길 때마다 움직이는 자신의 몸이 신기할 수도 있어요. 단순해 보이는 아이의 행동 안에 복합적인 욕구가 담겨 있음을 이해해 주세요.

Q17. 칭찬은 어떻게 해 줘야 하나요?

아이가 같은 색 사물끼리 짝을 맞췄으면 "잘했어!" 보다 "○○가 보라색 포도를 놓아 주었구나.", "노란색 친구들끼리 두었네." 등 아이가 한 행동을 구체적으로 묘사하여 칭찬해 주세요. 아이는 놀이의 결과보다 과정을 통해 자랑스럽고 뿌듯함을 경험해요. 아이가 놀이한 모습은 스스로 노력한 소중한 결과물이기 때문이지요. 그 외에도 박수 치기, 하이파이브하기, 엄지를 위로 올리기, 머리 쓰다듬기 등 다양한 비언어적 표현으로도 아이를 칭찬할 수 있어요.

Q18. 가드를 설치했더니 자꾸 밖으로 나오고 싶어 해요.

저는 아이가 배밀이를 시작하면서부터 매트만 깔고 가드는 따로 설치하지 않았어요. 아이가 탐색할 수 있는 범위가 집 전체로 넓어지면서 아이의 호기심을 충족시킬 수 있기 때문이에요. 아이가 돌아다니며 꺼내 놓은 서랍 속 물건들로 집이 금방 어질러지고, 위험한 일이 생기지 않을지 살펴야 해서 조금 번거롭지요. 가드 밖의 환경을 안전하게 준비할 수 있다면 아이가 독립적이고 자유롭게 탐색할 수 있도록 가드를 없애는 것을 추천해요.

이 책의 활용법

권장 월령
월령에 맞는 놀이를 고를 수 있도록 도와요. 단, 권장 월령은 참고용일 뿐 절대적인 기준이 아니니 아이의 발달 상황에 맞춰 권장 월령보다 앞서 하거나 늦게 해도 무방해요.

놀이 목표
놀이를 통해 이루고자 하는 핵심 목표와 부수 목표를 제시해요. 질서감, 집중력, 협응력, 독립심은 목표에 모두 명시하지 않아도 책의 모든 놀이가 공통으로 지향하는 목표랍니다.

놀이 제목
어떤 놀이인지 쉽게 파악할 수 있도록 직관적인 제목으로 놀이를 소개해요.

도입글
발달 과정 중 어떤 모습을 보일 때 해당 놀이가 필요한지, 추천하는 이유, 다른 놀이와의 차이, 관련된 개념이나 유의할 점 등을 설명해요.

준비물
필요한 재료와 수량, 도구를 꼼꼼히 확인해요. 전문 교구를 사지 않아도 누구나 엄마표 몬테소리를 시작할 수 있도록 구하기 쉬운 재료들로 이뤄져 있어요. 대체할 재료와 준비할 때의 고려 사항까지 상세히 기재했으니 참고하세요.

놀이팁
안전 유의사항, 교구를 이용한 다양한 놀이법, 시범을 보이는 순서, 놀이가 어려울 때 도울 방법이나 난이도를 더 높여서 활용할 수 있는 방법 등 놀이 전반에 걸친 팁을 확인해 주세요.

교구 준비 및 놀이 과정
교구를 준비하는 과정부터 놀이를 진행하는 과정까지 단계별로 설명해요. 놀이 진행 순서는 아이의 발달 과정이나 관심사, 호응에 따라 유연하게 조절할 수 있어요.

단계별 팁
교구를 준비하는 개별 단계에서 참고할 만한 정보나 유의 사항, 놀이 진행 단계에서 아이의 호기심을 자극하고 발달을 이끌 수 있는 방법을 수록했어요.

3가지 길이 경험하기

권장 월령 18개월 이상
놀이 목표 길이 변별력 발달 / 수와 순서 개념 경험

몬테소리 교구 중 '빨간 막대'는 길이를 익히기 위한 것으로 10cm부터 100cm까지 10cm씩 길어져요. 폭과 색은 동일하고 길이만 달라져 길이 개념을 익히기에 좋지요. 집에서도 휴지심을 이용해 간단한 교구를 만들 수 있어요. '짧다, 길다' 두 가지를 명확히 분류하게 되면, '짧다, 조금 길다, 가장 길다' 세 가지로 길이의 개념을 확장해 보세요.

준비물
- 휴지심 3개
- 휴지심 담을 바구니 1개
- 글루건
- 커터칼

응용 블록 여러 개

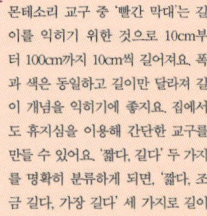

1. 휴지심 하나는 반으로 잘라요.

2. 휴지심 반쪽 중 하나를 휴지심에 붙여서 서로 다른 길이의 휴지심 3개를 만들어요.
Tip 자르지 않은 휴지심 길이를 기준으로 0.5 : 1 : 1.5 비율이 됩니다.

3. 휴지심을 탐색해요.
"길쭉길쭉하네."
"구멍이 뚫려 있어."

4. 휴지심을 하나씩 꺼내 세워요.
(짧은 것을 꺼내며) "이건 짧아."
(중간 것을 꺼내며) "이건 조금 더 기네."
(가장 긴 것을 꺼내며) "이건 더, 더 길구나."

5. 길이에 대한 질문을 듣고 가리켜요.
"짧은 것을 머리에 올려 볼까?"
"가장 긴 것을 엄마에게 주세요."

응용 블록을 쌓아서 휴지심 길이를 비교해요.
(긴 것을 짚으며) "긴 것은 블록이 많아."
(짧은 것을 짚으며) "짧은 것은 블록이 적어."

* '길다'를 말할 때는 소리를 길게 늘여서 말하며 손을 위로 올리고, '짧다'를 말할 때는 소리를 짧게 말하며 손을 아래로 내리는 등 감각적으로 표현해요.

그림자 짝

권장 월령 18개월 이상
놀이 목표 시각적

사물을 다양하게 경험함으로써 색이나 생김새, 사물에 대한 느낌을 기억할 수 있어요. 이런 것들이 쌓여 점차 분류가 세밀해지지요. 짝 맞추기의 네 번째 단계는 그림자끼리 맞추는 활동이에요. 다른 특징 없이 형태로만 파악해야 하므로 그림끼리 맞추기보다 어려울 수 있어요. 햇빛에 비친 자기 그림자를 탐색하며 그림자에 익숙해진 후 시도해도 됩니다.

준비물
- 동물 사진 6개 형태 차이가 확연히 나야 해요.
- 종이 12장 가로세로 10cm 내외로 준비해요.
- 16절 검은 도화지 2~3장
- 카드 담을 바구니 1개
- 연필 · 가위 · 풀

응용 투명 일회용 숟가락 10개, 숟가락 담을 컵 1개, 유성매직

놀이팁
* 시범 방법 _ 카드 하나를 꺼내 놓아요. 다음 카드를 꺼내며 첫 번째 카드와 같으면 "똑같다"고 말하며 옆에 붙여 놓고, 다르면 "다르다"고 말하며 떨어뜨려 놓아요. 반복하며 전체를 짝 맞춰요.

자료 다운로드

놀이에 필요한 각종 카드와 이미지 자료를 QR코드를 통해 다운로드하도록 준비했어요. 사용하는 프린터의 모바일 애플리케이션과 QR코드 애플리케이션이 스마트폰에 설치되어 있으면, 스마트폰에서 손쉽게 자료를 출력할 수 있어요.

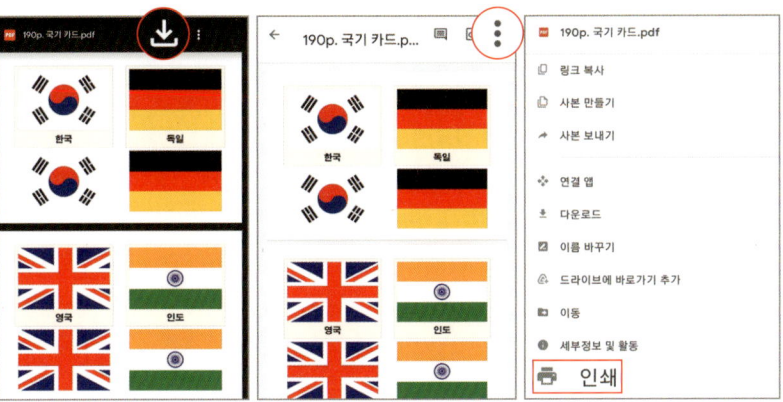

1) QR코드로 자료 다운로드하기
2) 더보기 버튼 누르기
3) 인쇄하기

PC에서 자료를 다운로드하려면 몬테소리 파일 공유 URL(https://sites.google.com/view/slowrabbit)로 접속한 후 필요한 자료를 선택하면 됩니다. 자료를 저장한 후 아크로벳 리더에서 인쇄할 때는 인쇄창의 페이지 크기 조정 및 처리 옵션을 '실제 크기'로 지정해야 축소되지 않으니 유념하세요!

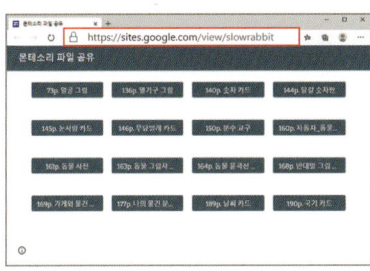 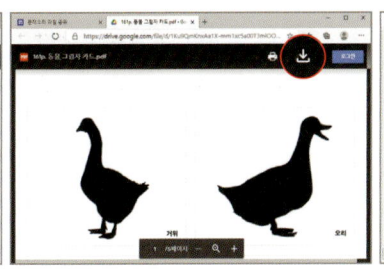 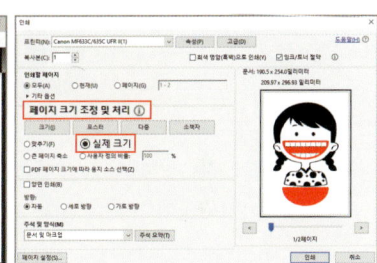

1) 파일 공유 URL 접속하기
2) 자료 선택하여 저장하기
3) 파일 인쇄하기

참고 지문

아이의 관심과 탐색을 유도하고, 언어 발달을 돕기 위한 표현을 놀이 단계마다 대화체로 수록했어요. 아이의 행동과 결과를 각 가정의 놀이 상황에 맞춰 더욱 풍성하게 표현해 보세요.

응용 놀이

본 놀이의 교구를 활용한 놀이 방법이나 재료를 바꾸어 확장할 수 있는 놀이를 소개해요.

음원 듣기

이 책의 놀이에 필요한 동물 울음소리를 QR코드로 간단히 들을 수 있어요. 총 10종류의 동물(돼지, 강아지, 고양이, 수탉, 소, 말, 염소, 오리, 사자, 참새) 소리가 수록되어 있으니 활용해 보세요.

차례

서문 _ 0~3세 결정적 시기를 몬테소리와 함께해요 • 4

몬테소리 교육의 핵심 키워드 5가지 • 6

교구장 세팅하기 • 9

자주 묻는 질문 • 12

이 책의 활용법 • 18

권장 월령별 놀이 및 표준보육과정 연계 • 202

01 일상에 필요한 기술을 배우는 일상 영역

훌라후프 안에서 방향 돌리기 • 26 | 엎드려서 지퍼백 만지기 • 27 | 휴지심에서 양말 당기기 • 28 | 페트병에서 손수건 당기기 • 29 | 머그컵에서 샤워볼 당기기 • 30 | 샤워볼에서 꼬치 당기기 • 31 | 바구니의 리본끈 당기기 • 32 | 빨대컵에서 리본끈 당기기 • 33 | 상자에서 골프티 당기기 • 34 | 테이프 당기기 • 35 | 필름통에서 헤어롤 당기기 • 36 | 줄에 매달린 뚜껑 당기기 • 37 | 분유통에서 병뚜껑 떼기 • 38 | 초콜릿 상자에서 사물 떼기 • 39 | 헤어롤 떼기 • 40 | 줄 사이로 꺼내기 • 41 | 종이를 당겨서 찢기 • 42 | 통 안에 공 넣기 • 43 | 냄비 뚜껑 열기 • 44 | 반지 상자 열기 • 45 | 원통형 용기 당겨서 열기 • 46 | 손으로 공 옮기기 • 47 | 휴지걸이에 고리 끼우고 빼내기 • 48 | 젖병에 병뚜껑 넣기 • 49 | 구멍에 폼폼 밀어 넣기 • 50 | 빨대컵에 꼬치 넣기 • 51 | 상자에 잼뚜껑 넣기 • 52 | 요거트통에 커튼고리 넣기 • 53 | 저금통에 단추 넣기 • 54 | 유리병에 방울 넣기 • 55 | 깔때기에 파스타 넣기 • 56 | 선 따라 걷기 • 57 | 쟁반 나르기 • 58 | 꼬치에 연필 그립 끼우기 • 59 | 빨대에 면봉 끼우기 • 60 | 폼폼 떼어 빨대컵에 넣기 • 61 | 국자로 오리 인형 옮기기 • 62 | 아이스크림 국자로 호두 옮기기 • 63 | 숟가락으로 콩 옮기기 • 64 | 집게로 폼폼 옮기기 • 65 | 뚜껑 돌려서 열기 • 66 | 마른 것 따르기 • 67 | 깔때기로 쌀 따르기 • 68 | 깔때기로 물 따르기 • 69 | 상 차리기 • 70 | 광고지로 음식 차리기 • 71 | 빗자루 사용하기 • 72 | 이 닦는 연습하기 • 73 | 손수건 접기 • 74 | 머리핀 꽂기 • 75 | 식사 준비하기 • 76 | 나 돌보기 • 78 | 일상 예절 익히기 • 80 | 집안일 돕기 • 81

02 학습 능력의 기초를 다지는 감각 영역

흑백 경험하기 • 84 │ 레인스틱 흔들기 • 85 │ 페트병 마라카스 흔들기 • 86 │ 감각 주사위 탐색하기 • 88 │ 감각 손가락 탐색하기 • 89 │ 바구니 탐색하기 • 90 │ 호기심 주머니 탐색하기 • 91 │ 필름통 쉐이커 흔들기 • 92 │ 뚜껑 탐색하기 • 93 │ 물티슈 뚜껑 감각판 여닫기 • 94 │ 대상 영속성 상자 경험하기 • 95 │ 모양 퍼즐 꺼내기 • 96 │ 콩 만지기 • 98 │ 쌀 속에서 퍼즐 찾아 맞추기 • 99 │ 얼음 탐색하기 • 100 │ 냄비 뚜껑 여닫기 • 101 │ 밀폐 용기 여닫기 • 102 │ 페트병에 구슬 넣어 흔들기 • 103 │ 셀로판지로 색과 도형 경험하기 • 104 │ 세 가지 색 분류하기 • 105 │ 같은 색 경험하기 • 106 │ 3색 막대 끼우기 • 107 │ 4색 숟가락 꽂기 • 108 │ 5색 폼폼 넣기 • 110 │ 색깔별로 카드링 걸기 • 111 │ 평면도형과 입체도형 짝 맞추기 • 112 │ 도형 완성하기 • 113 │ 같은 모양 뚜껑 붙이기 • 114 │ 같은 것끼리 뚜껑 닫기 • 115 │ 크기에 맞춰 넣기 • 116 │ 마트료시카 크기 비교하기 • 117 │ 3가지 길이 경험하기 • 118 │ 길이 분류하기 • 119 │ 비닐 속 사물 예측하기 • 120 │ 무게 경험하기 • 121 │ 촉감 막대 맞추기 • 122 │ 촉각 표현 익히기 • 123 │ 촉각 짝 맞추기 • 124 │ 똑같은 것 꺼내기 • 125 │ 색깔 퍼즐 맞추기 • 126 │ 모양 스티커 붙이기 • 127 │ 동물의 색깔 찾기 • 128 │ 모양 돈으로 역할놀이 하기 • 129

03 수학적 사고 발달을 돕는 수 영역

얼음틀과 블록 대응하기 • 132 | 휴지심과 탁구공 대응하기 • 133 | 초콜릿 상자와 폼폼 대응하기 • 134 | 1~5개 병뚜껑 개수만큼 돌멩이 놓기 • 135 | 1~5까지 숫자만큼 꼬치 끼우기 • 136 | 1~5까지 숫자 익히기 • 137 | 1~5까지 숫자 찾기 • 138 | 1~5까지 숫자 블록 짝 맞추기 • 139 | 1~5까지 숫자만큼 도장 찍기 • 140 | 1~6까지 숫자만큼 블록 놓기 • 141 | 1~5까지 숫자 고리 끼우기 • 142 | 주사위 점 개수만큼 이동하기 • 143 | 1~10까지 같은 숫자 뚜껑 찾기 • 144 | 6~10까지 수와 양 연결하기 ① • 145 | 6~10까지 수와 양 연결하기 ② • 146 | 1~10까지 숫자 퍼즐 연결하기 • 147 | 1~10까지 숫자만큼 돌멩이 놓기 • 148 | 수를 가르고 모으기 • 149 | 전체와 부분 경험하기 • 150

04 4가지 언어 능력을 기르는 언어 영역

3단계 교수법으로 단어 익히기 • 154 | 사물 명칭을 듣고 찾기 • 155 | 2~3종류 분류하기 • 156 | 4종류 분류하기 • 157 | 큰 사물과 작은 사물 짝 맞추기 • 158 | 사물과 사물 짝 맞추기 • 159 | 사물과 그림 짝 맞추기 • 160 | 그림과 그림 짝 맞추기 • 161 | 같은 꽃 그림 맞추기 • 162 | 그림자 짝 맞추기 • 163 | 외곽선 짝 맞추기 • 164 | 동물 소리 듣고 맞추기 • 165 | 지시에 따라 행동하기 • 166 | 모양 따라 그리기 • 167 | 반대말 짝짓기 • 168 | 주제별로 분류하기 • 169 | 패턴 맞추기 • 170 | 없어진 사물 찾기 • 171

05 문화 영역
나를 둘러싼 세상을 탐색하는

거울 보기 • 174 | 신체 명칭 알기 • 175 | 가족사진 보기 • 176 | 나의 물건 분류하기 • 177 | 얼굴 퍼즐 맞추기 • 178 | 감정 카드 보며 이야기하기 • 179 | 성장책 보며 이야기하기 • 180 | 동물 소개하기 • 181 | 동물 소리 듣기 • 182 | 동물의 생김새 알기 • 183 | 동물의 특징 알기 • 184 | 동물무늬 분류하기 • 185 | 동물이 사는 곳 알기 • 186 | 식물 관찰하기 • 187 | 지구의 구성 요소 알기 • 188 | 날씨에 맞는 물건 연결하기 • 189 | 국기 퍼즐 맞추기 • 190 | 자석 붙이고 떼기 • 191 | 자석 경험하기 • 192 | 뜨는 것과 가라앉는 것 관찰하기 • 193 | 스티커 붙이기 • 194 | 스티커로 그림 완성하기 • 195 | 유토 탐색하기 • 196 | 붓으로 물감 섞기 • 198 | 면봉으로 물감 찍기 • 199 | 데칼코마니 만들기 • 200 | 풀과 가위 사용하기 • 201

01 일상에 필요한 기술을 배우는
일상 영역

일상 영역은 몬테소리 교육을 생각하면 흔히 떠오르는 활동들로 이뤄져 있어요. 대·소근육 발달을 돕는 활동으로 신체 근육을 세밀하고 정교하게 발달시키고 생활에서 필요한 기술을 습득해요. 나와 환경을 돌보는 활동으로 기본적인 생활 습관을 익히며 스스로 할 수 있다는 자신감과 자존감을 키우고, 나아가 타인과 환경을 배려하는 태도를 갖추도록 도와요. 일상 속에서 필요한 기술들을 경험해 보며 환경에 적응하고 독립하는 방법을 배운답니다.

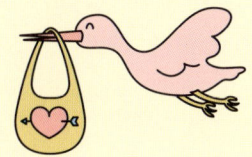

✅ 아이가 쉽게 볼 수 있는 생활 도구로 교구를 구성해요.
냄비, 숟가락, 그릇, 컵 등 실제 사용되는 사물로 활동함으로써 일상 참여도를 높이고, 주변 환경과 생활 문화를 보다 친숙하게 받아들이도록 도와요. 단, 유리 재질은 깨질 우려가 있으므로 안전에 대해 충분히 인지하고 행동을 조절할 수 있는 월령의 아이에게 제시하고, 부모의 관찰 하에 매트 위에서 활동하는 게 좋아요.

✅ 발달 수준에 따라 교구를 제시해요.
소근육 활동은 발달 수준에 따라 당기기→넣기→옮기기→따르기 순으로 전개해요. 같은 넣기 활동이라도 어디에 넣는지, 무엇을 넣는지에 따라 난이도가 달라져요. 큰 것에서 작은 것으로, 두꺼운 것에서 얇은 것으로 제시해 주세요. 도구를 사용한 활동은 손의 움직임이 능숙해졌을 때 도전하고, 따르기의 경우 콩이나 쌀처럼 마른 것부터 시작하여 액체 따르기로 전개합니다.

✅ 구성물 개수는 점차 늘려 가요.
처음에는 구성물을 3~4개 정도로 준비하고 점차 개수를 늘리는 게 좋아요. 공을 옮기는 활동이라면 공 3개를 준비하는 거예요. 준비한 공을 모두 옮기고 빈 그릇을 보며 스스로 놀이를 마쳤다는 성취감을 느낄 수 있답니다. 활동에 익숙해지면 구성물 개수를 늘려 난이도를 조절하고, 활동에 지루해질 즈음 구성물을 다른 종류로 바꿔서 호기심을 자극해 주세요.

✅ 아이의 활동을 기다림으로 존중해요.
아직 대·소근육이 발달하지 않아 행동을 스스로 조절하기 어려우므로 제대로 못 하는 게 당연해요. 아이 혼자서 할 수 있는 범주라면 개입하지 말고 도전하는 모습을 지켜보고 기다려 주세요. 시행착오를 겪고 해내며 한 단계 더 성장할 거예요. 만약 제시한 활동을 너무 어려워하거나 장난만 치려 한다면 시간이 흐른 뒤 다시 소개해 주세요.

훌라후프 안에서 방향 돌리기

권장 월령 6개월 전후
놀이 목표 대근육 발달 / 주변 세계 경험 및 사물 탐색

뒤집기에 성공한 아이는 팔과 다리를 움직이며 자신의 몸을 왼쪽, 오른쪽으로 바꾸려 해요. 반복적인 시도를 통해 몸과 팔다리에 힘이 생기면 배밀이가 가능해지지요. 몸의 방향을 바꾸려는 아이들부터 앞으로 나아가려 하는 아이들에게 이 놀이를 추천해요. 배밀이가 익숙해지면 훌라후프 안에서 놀다가도 밖으로 휙 넘어가 버리곤 한답니다.

선행
방향에 따라 오른쪽, 왼쪽으로 몸을 움직일 수 있어요.

1
리본끈의 한쪽 끝은 훌라후프에 묶고, 한쪽 끝은 사물에 묶어요.
Tip 끈이 너무 길면 아이가 움직이다 몸이나 발에 걸려 엉킬 수 있어요.

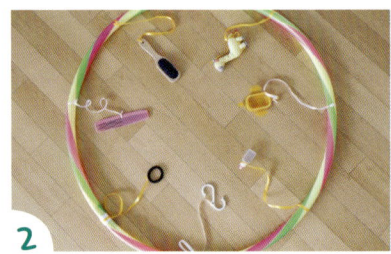

2
일정한 간격으로 사물을 묶어서 교구를 준비해요.

3
훌라후프 안에 아이를 데려다 놓아요.
"동그라미 안에 쏙 들어갔구나."
"여러 가지가 달랑달랑 묶여 있어."

준비물
- 훌라후프 1개
- 리본끈 7~8개 서로 다른 끈으로 묶으면 감각 자극이 더해져요.
- 훌라후프에 고정할 사물 7~8개 빗, 인형, 물약통, 그릇 뚜껑, 스펀지, 치발기 등. 물약통 뚜껑은 작아서 위험하니 꽉 닫아서 준비해요. 당겨서 여는 통은 아이가 탐색하다 열릴 수 있어요.

4
사물을 다양한 방법으로 탐색해요.
"바닥에 톡톡 쳐 보고 있구나. 콩콩 소리가 나네."
"입에 쏙 넣고 냠냠 먹어 보고 있네."

놀이팁
- 아이가 아직 몸을 이동하지 못한다면 엄마가 훌라후프를 돌려 아이 앞으로 사물을 옮겨 주세요.
- 훌라후프를 살짝 들면 아이의 시야를 바닥에서 위쪽으로 옮겨 줄 수 있어요.

엎드려서 지퍼백 만지기

권장 월령 6개월 이상
놀이 목표 대근육 발달 / 감각 자극을 통한 탐구력 발달

지퍼백에 다양한 재료를 넣어 바닥에 붙여 놓고 아이가 자유롭게 탐색하도록 준비해 주세요. 재료를 향해 방향을 돌리거나 나아가는 과정에서 대근육 발달을 돕고, 다양한 촉감을 경험하며 감각을 자극함과 동시에 주변에 대한 호기심을 충족시킬 수 있어요. 지퍼백을 통해 재료를 만지는 것은 직접 만지는 것과 다른 새로운 경험이 된답니다.

선행
팔다리를 이용해 앞으로 나아갈 수 있어요.

1
지퍼백에 재료를 넣은 다음, 셀로판테이프로 입구를 단단히 밀봉해요.

Tip 쌀이나 콩처럼 작은 입자는 지퍼백이 열리면 다시 담기 번거로우니 꼭 테이프로 밀봉해요.

준비물
- 지퍼백 4개
- 지퍼백에 넣을 재료 4가지 빨대, 콩, 쌀, 폼폼 등 촉감의 차이가 확연한 것으로 준비해요.
- 셀로판테이프 폭이 넓은 것으로 준비해요.

2
지퍼백을 바닥에 놓고 가장자리를 셀로판테이프로 꼼꼼히 붙여서 고정해요.

Tip 위아래만 고정하면 아이가 지퍼백을 당겼을 때 떼어질 수 있어요.

3
바닥에 붙은 지퍼백을 탐색해요.
"바닥에 뭐가 붙어 있네."
"만져 보니 느낌이 어떠니?"

놀이팁
- 아직 방향을 바꿀 수 없는 아이는 손이 닿는 곳에 모든 지퍼백을 붙여요. 방향은 바꿀 수 있지만, 아직 나아갈 수 없는 아이는 원 모양으로 손이 닿는 곳에 붙여요. 배밀이로 이동할 수 있는 아이는 반원이나 일직선으로 간격을 두고 붙여서 이동하며 탐색하도록 준비해요.

4
다음 재료를 향해 움직여요.
"어? 옆에는 다른 것이 있네?"
"○○가 엉금엉금 기어왔구나."

5
재료를 자유롭게 탐색해요.
"손으로 긁으니 드르륵드르륵 소리가 나."
"길쭉길쭉하구나."

휴지심에서 양말 당기기

권장 월령 6개월 이상

놀이 목표 대·소근육 및 눈·손의 협응력 발달 / 양말의 색, 무늬, 촉감 경험

아이들은 휴지갑에서 휴지를 뽑는 것을 즐기며 대표적인 조작 운동 중 하나인 당기기 기술을 익히곤 하지요. 휴지심 안에 끼워 둔 양말을 당겨서 꺼내는 놀이로 손의 힘을 조절하고 기르도록 준비해 보세요. 처음에는 양말을 당겨 꺼내다가 월령이 높아지면 휴지심 안에 양말을 넣었다가 빼는 놀이로 변형하여 대상영속성 개념을 경험할 수 있어요.

준비물
- 양말 5개 서로 다른 색과 무늬, 재질을 가진 양말을 넣어 시각과 촉각을 자극해요.
- 휴지심 5개
- 휴지심 붙일 상자 1개
- 글루건
- **응용** 구멍 뚫린 장난감

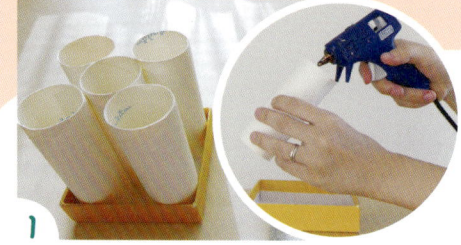

1 휴지심에 글루건을 쏴서 상자에 붙여요.

Tip 5색 폼폼 넣기(110p)에서 활용하니 잘 보관해 주세요.

2 휴지심에 양말을 하나씩 넣어요.

Tip 당기기 쉽도록 휴지심 밖으로 양말을 살짝 빼놓아요.

3 양말을 탐색해요.

"양말이 쏙쏙 숨어 있어."
"노란색도 있고 초록색도 있네."

4 양말을 당겨서 꺼내요.

"우와, ○○가 스스로 당겼구나."
"양말이 밖으로 쑥 나왔네."

5 없음의 개념을 경험해요.

(빈 휴지심을 가리키며) "아무것도 없어."
"○○가 양말을 당겨서 없구나."

응용 구멍 뚫린 장난감을 이용해도 좋아요.

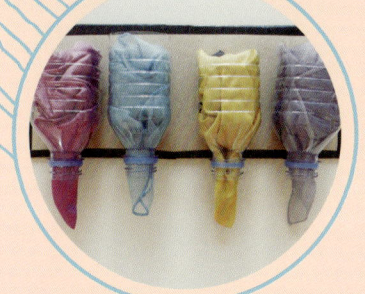

페트병에서 손수건 당기기

권장 월령 6개월 이상
놀이 목표 대·소근육 및 눈·손의 협응력 발달 / 다양한 색으로 시각적 변별력 향상

목과 등에 제법 힘이 생겨서 앉은 채로 활동하는 것에 익숙해졌을 때, 앉은 아이의 눈높이에 맞게 페트병을 붙여 놓고 손수건을 잡아당기는 놀이를 추천해요. 아직 손의 힘이 약한 어린 월령이라면, 면보다 잘 당겨지는 실크·마 등의 얇고 가벼운 소재로 준비하면 좋아요. 스스로 당기기 어려운 아이는 손수건 끝을 쥐어 주도록 합니다.

준비물
- 500mL 페트병 4개
- 판지 1장 페트병 4개를 붙일 수 있도록 가로세로 40x15cm 내외로 잘라서 준비해요.
- 손수건 4개
- 케이블타이 또는 빵끈 4개
- 커터칼   • 가위   • 송곳

놀이팁
- 교구를 벽면에 붙일 때, 테이프 자국이 남지 않는 냉장고나 책장 옆면을 활용해요. 아기 침대나 안전 울타리에 묶어 놓아도 좋고, 아이가 손수건을 당길 동안 엄마가 교구를 들고 있어도 됩니다.

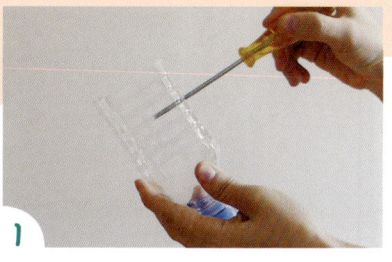

1 페트병 4개를 반으로 자른 다음, 페트병마다 구멍을 세로로 2개씩 뚫어요.

Tip 자른 단면이 날카로우면 마스킹테이프로 감싸 주세요.

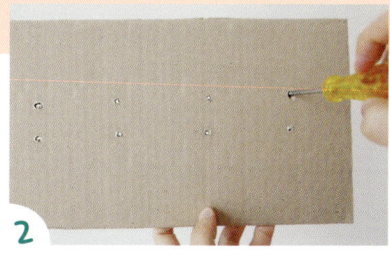

2 판지에 송곳을 이용해 세로로 2개씩 4군데 (총 8개)에 구멍을 뚫어요.

Tip 세로 간격은 페트병 구멍과 같게, 가로 간격은 페트병 가로보다 넓게 뚫어요.

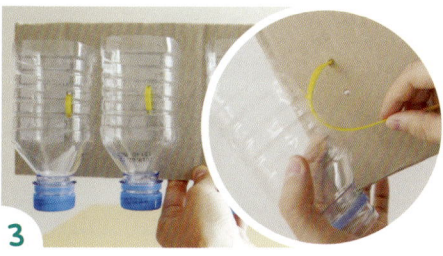

3 케이블타이를 이용해 판지에 페트병을 매달아요.

Tip 묶고 난 케이블타이는 판지 아래로 삐져나오지 않도록 짧게 잘라요.

4 페트병 뚜껑을 열고 손수건 끝이 입구로 나오도록 넣어요.

Tip 손수건을 뭉쳐 넣으면 끝부분을 입구로 빼내기 어려워요.

5 아이 눈높이에 교구를 붙여 놓고 놀이를 시작합니다.

"병을 만져 보고 있구나."
"병 속에 손수건이 들어 있네."

6 페트병에서 손수건을 잡아당겨요.

"회색 손수건을 잡았구나."
"영차영차, 아래로 당겨 보자."

머그컵에서 샤워볼 당기기

권장 월령 6개월 이상

놀이 목표 대·소근육 및 눈·손의 협응력 발달 / 샤워볼의 촉감 경험

아이를 관찰하다 보면 관심 있는 기술을 습득하기 위해 일상 속 여러 상황에 적용하는 모습을 확인할 수 있어요. 부모는 아이의 그런 모습을 포착하고 관련된 놀이를 다양하게 제시해 줘야 해요. 준비된 환경 안에서 반복적으로 연습하며 기술을 완전히 습득하게 된 아이는 내적 만족감과 정서적 안정감, 행복감을 느끼게 된답니다.

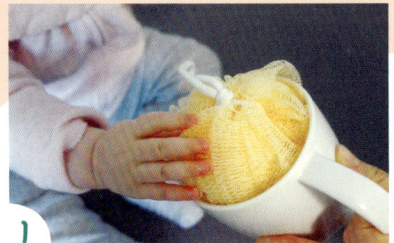

1
샤워볼을 컵에 넣어서 준비해요.
"이건 무엇일까?"
"폭신폭신하네."

2
샤워볼을 잡아당겨요.
"○○가 고리를 잡았구나."
"우리 한번 당겨 볼까?"

3
행동의 인과관계와 없음의 개념을 경험할 수 있어요.
"○○가 샤워볼을 꺼내서 컵이 비었네."
"아무것도 없구나."

4
샤워볼을 탐색해요.
"샤워볼을 만지니 어떠니?"
"부들부들한 느낌이네."

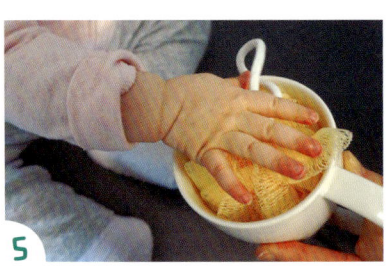

5
컵 안에 샤워볼을 다시 넣고 반복해요.
"또 당겨 봐도 괜찮아."
"컵 안에 다시 쏙 들어갔네."

준비물

- **샤워볼 1개** 입으로 탐색할 수 있으니 깨끗이 세척하고 말려서 준비해요.
- **머그컵 1개** 아이가 힘을 줘서 샤워볼을 당길 수 있도록 샤워볼에 딱 맞는 크기로 준비해요.

놀이팁

- 컵을 떨어뜨려 깨질 수 있으니 폭신한 매트 위에서 활동해요.
- 아이가 직접 컵 안에 샤워볼을 넣는 것은 어려우니 엄마가 넣어 주세요.

샤워볼에서 꼬치 당기기

권장 월령 6개월 이상
놀이 목표 대·소근육 및 눈·손의 협응력 발달 / 성취감 및 호기심 충족

샤워볼에 박힌 꼬치를 하나씩 당기는 재미는 물론이고, 숨어 있는 꼬치를 찾아보는 호기심까지 충족시킬 수 있는 놀이입니다. 처음에는 아이의 시선에 맞게 엄마가 샤워볼을 잡고 돌리며 쉽게 꼬치를 찾을 수 있도록 도와주세요. 차차 양손의 협응이 가능해지면 도움 없이도 아이 스스로 샤워볼을 돌리며 꼬치를 당길 수 있어요.

1
샤워볼 곳곳에 꼬치를 꽂아서 준비해요.
"동그란 공처럼 생겼어."
"어? 동그란 게 콕콕 박혀 있네!"

2
샤워볼에서 꼬치를 찾아서 당겨요.
"동그란 꼬치가 어디 있을까?"
(꼬치를 가리키며) "여기 있어."

3
꼬치를 탐색해요.
"OO가 꼬치를 당겼구나."
"뽕! 뱀처럼 길쭉한 꼬치가 나왔네."

4
빈 샤워볼이 될 때까지 계속해요.
"또 어디 있나 찾아보자."
"꼬치가 이렇게 많이 숨어 있었네."

준비물

- **샤워볼 1개** 입으로 탐색할 수 있으니 깨끗이 세척하고 말려서 준비해요.
- **꼬치 10개 내외** 뾰족한 끝을 뭉툭하게 잘라서 다치지 않도록 해요.
- **응용** 골프티 10개 내외 8cm 길이의 롱롱티로 준비해요.

응용
꼬치 대신 골프티를 활용할 수 있어요.

놀이팁

- 꼬치를 입에 넣거나 눈을 찌르는 등 안전사고가 발생하지 않도록 잘 관찰해요.
- 꼬치를 모두 당겨서 빈 샤워볼로 성취감을 경험한 다음, 꼬치를 다시 끼워 주세요.

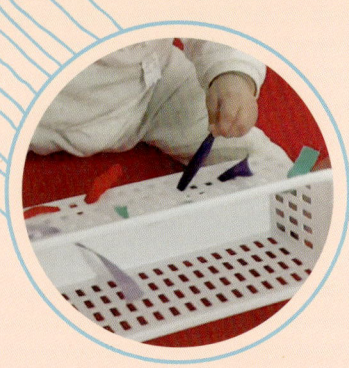

바구니의 리본끈 당기기

권장 월령 6개월 이상

놀이 목표 눈·손의 협응력 및 집기 능력 발달 / 리본끈의 색, 무늬, 길이, 질감 경험

리본끈을 당겨 빼내며 어깨와 팔의 움직임을 경험하는 동시에 손가락의 근육을 강화시킬 수 있어요. 이때 리본끈은 서로 다른 길이로 준비하면 좋아요. 긴 리본끈을 바구니에서 완전히 뽑아내려면 시간이 오래 걸리지만, 짧은 리본끈은 빠르게 빼낼 수 있어요. 잡아당길 때 나는 소리도 달라서 길이에 따른 차이를 감각적으로 인지하는 데 도움이 된답니다.

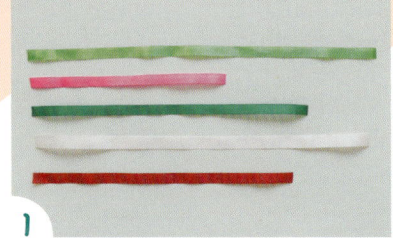

1 리본끈을 다양한 길이로 잘라요.

2 리본끈을 직조하듯 바구니에 끼워요.

준비물

- 구멍 뚫린 바구니 1개
- 리본끈 여러 개 바구니 구멍보다 폭이 넓거나 질감이 거칠면 아이가 당겨서 빼기 어려워요.
- 가위

3 리본끈이 끼워진 바구니를 탐색해요.
"알록달록한 바구니네."
"여기저기 끈이 끼워져 있구나."

4 바구니에서 리본끈을 당겨서 빼내요.
"팔을 위로 쭈욱 올렸구나."
"리본이 엄청나게 기네."

놀이팁

- 리본끈을 모두 잡아당겨 완전히 빈 바구니가 되었을 때 리본끈을 다시 끼워 주세요. 아이가 '더 이상 당길 리본이 없네.', '내가 리본을 모두 당겼어!' 생각하며 성취감을 느낄 수 있고, 자발적으로 놀이를 반복하는 동기가 됩니다.

5 소리와 색깔을 다양하게 표현하며 언어를 자극해요.
"주황색 리본을 쏙 잡아당겼구나."
"리본이 스르륵 소리를 내며 나오고 있네."

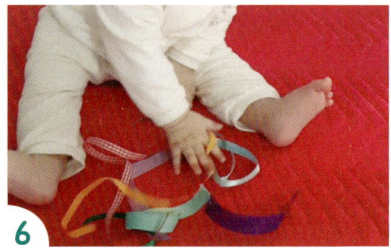

6 길이의 개념을 이해해요.
"○○가 모두 당겨서 바닥에 있어."
(길고 짧은 리본끈을 가리키며) "이건 길~고 이건 짧구나."

빨대컵에서 리본끈 당기기

권장 월령 6개월 이상

놀이 목표 대·소근육 조절력 향상 / 행동의 인과관계 경험

바구니의 리본끈 당기기(32p) 활동이 리본끈을 쏙쏙 당겨 빼내는 놀이라면, 이번에는 빨대컵 안에 리본끈을 길게 넣어 줄줄이 당기도록 준비합니다. 리본끈이 길수록 빨대컵을 완전히 비우기까지 시간이 더 걸리니, 처음에는 짧은 길이로 시작하여 점차 길게 만들어 주세요. 집중력, 인내심을 기르고, 행동의 인과관계를 경험할 수 있어요.

1 리본끈끼리 끝을 묶어서 길게 만들어요.

2 리본끈을 빨대컵 안에 넣어요.

3 빨대컵 구멍으로 리본끈의 끝부분을 빼낸 다음, 뚜껑을 닫아요.

4 리본끈이 담긴 빨대컵을 탐색해요.
"컵을 번쩍 들었어."
"컵 안에 리본이 많구나."

준비물

- **빨대컵 1개** 또는 뚜껑에 구멍이 뚫린 병
- **리본끈 1~3개** 색이나 무늬가 다른 리본을 여러 개 묶어서 시각적 변화를 느끼게 합니다. 리본끈의 폭이 넓으면 리본끈을 서로 묶은 매듭이 빨대컵 구멍에 걸릴 수 있습니다.
- **응용** 상자 1개, 보자기 3~4개, 커터칼

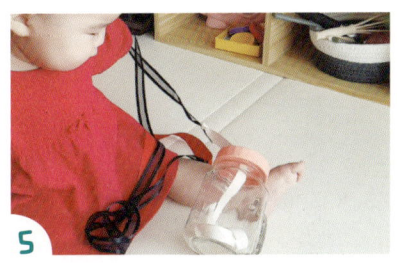

5 빨대컵에서 리본끈을 당겨서 빼내요.
"길~게 당겨 보았구나."
"검은색 리본이 나왔네."

응용 상자에 구멍을 뚫은 다음, 보자기를 여러 개 묶어 넣고 활동할 수 있어요.

Tip 아이가 당기기 쉽도록 보자기 끝부분을 구멍 밖으로 조금 꺼내 두세요.

놀이팁

- 놀이 중간에 뚜껑이 열리면 놀이의 초점이 뚜껑이 열리는 모습으로 맞춰질 거예요. 아이가 당기기에 온전히 집중할 수 있도록 뚜껑을 꽉 닫아서 준비합니다.

상자에서 골프티 당기기

권장 월령 6개월 이상

놀이 목표 집기를 통한 정교한 움직임 경험 / 행동의 인과관계 경험

골프공을 올려놓을 때 쓰는 골프티는 이쑤시개나 꼬치처럼 얇고 뾰족하지 않아 안전할 뿐만 아니라 가격도 저렴해 아이들 놀이에 다양하게 활용할 수 있어요. 처음에는 당기기 놀이에 사용하다가 아이 발달 수준에 따라 구멍에 끼우기, 골프티 위에 사물 올리기로 놀이를 확장해 보세요. 소근육의 정교한 발달과 손의 섬세한 움직임에 도움이 된답니다.

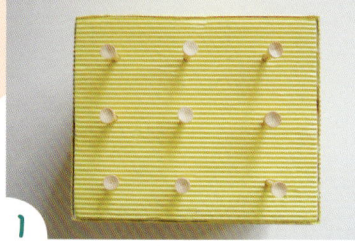

1
상자에 송곳으로 구멍 9개를 뚫은 다음, 골프티를 끼워요.

Tip 구멍을 아이 손보다 크게 일정 간격으로 뚫어서 잘 집을 수 있도록 해요.

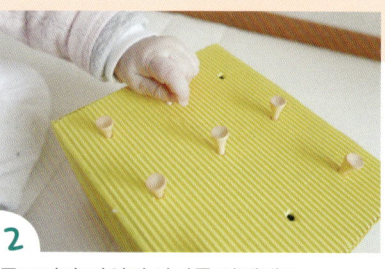

2
골프티가 끼워진 상자를 탐색해요.
"올록볼록 무엇일까?"
"○○가 한 개를 잡았구나."

3
골프티를 당겨서 빼내요.
"쏙! 당겨 보았네."
"'쉬이익' 하고 소리가 나."

4
행동의 인과관계를 경험해요.
"동그란 구멍이야."
"당기고 나니 구멍이 생겼어."

준비물

- 상자 1개 가로세로 15cm 내외로 준비해요.
- 골프티 9개 8cm 길이의 롱롱티로 준비해요.
- 송곳
- **응용 2** 폼폼 9개 골프티 헤드에 올릴 수 있도록 1cm 내외로 준비해요.

응용 1 12개월 이상
골프티 끼우기 놀이로 응용할 수 있어요.

응용 2 24개월 이상
구멍에 골프티를 끼우고, 그 위로 폼폼을 올려요.

테이프 당기기

권장 월령 6개월 이상
놀이 목표 행동의 인과관계 및 근육의 움직임 경험 / 새로운 재료 탐색

탁상달력의 삼각대를 활용하여 테이프를 당겨서 떼는 놀이입니다. 절연테이프는 아이 힘으로도 쉽게 뗄 수 있고, 여러 번 붙였다가 떼어도 테이프가 찢어지거나 자국이 남지 않아서 놀이에 활용하기 좋아요. 테이프를 위아래로 당기며 어깨와 팔의 근육을 이용하고, 좌우로 당기며 손목을 회전하는 등 새로운 기술을 습득할 수 있어요.

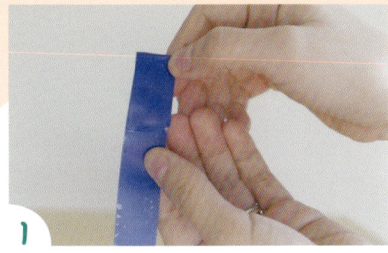

1 절연테이프 끝부분을 접어요.
Tip 끈적한 부분끼리 붙여서 손잡이를 만들어요.

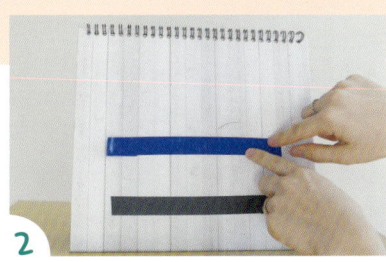

2 탁상달력의 삼각대에 절연테이프를 가로로 붙여요.

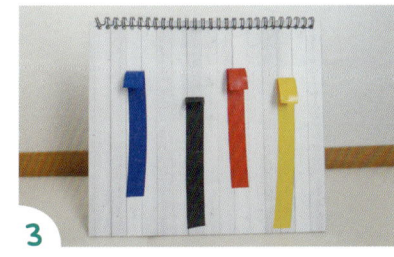

3 반대편에는 세로로 붙여서 위아래로 당길 수 있도록 준비해요.

4 테이프를 붙인 달력을 탐색해요.
"알록달록한 줄이 있네."
"손으로 만지고 있구나."

5 테이프를 당겨서 떼어 내요.
"영차영차 당기고 있구나."
('길다'를 감각적으로 인지하도록 늘여서)
"기린 목처럼 기~~다랗네."

6 테이프의 끈적한 촉감을 경험해요.
"손에 테이프가 붙었구나."
"끈적끈적한 느낌이야."

준비물

- **탁상달력 1개** 두꺼운 합지로 된 삼각대 부분을 이용합니다. 탁상달력이 없으면 테이프를 붙였다 떼기 쉬운 매트나 바닥에서 활동해요.
- **절연테이프 3~4개** 다양한 색으로 준비하여 시각적 자극을 도와요.
- **가위**

놀이팁

- 테이프를 당겨 뗄 때 삼각대가 움직이지 않도록 엄마가 붙잡아 주세요.

필름통에서 헤어롤 당기기

권장 월령 6개월 이상

놀이 목표 양손 협응력 및 신체의 움직임 향상 / 집중력 발달과 성취감 경험

협응력이란 어떤 작업을 하기 위해 근육이나 신체 부분을 동시에 움직이는 능력을 말해요. 두 손을 동시에 움직이면 손뼉치기, 양손으로 사물 옮기기, 종이를 잡고 가위질하기 등이 가능해져요. 필름통에서 헤어롤을 당겨 빼내며 안전하고 재밌게 양손 협응력을 길러 보세요. 처음에는 3~4개로 시작하고, 익숙해지면 개수를 늘리면 됩니다.

1 필름통 안에 헤어롤을 끼워요.

2 필름통을 탐색해요.
"검은 통 안에 무엇이 끼어 있어."
"만져 보니 까끌까끌하네."

3 필름통에서 헤어롤을 당겨서 빼내요.
"스스스슥. 소리가 나면서 빠졌네!"
"OO가 스스로 당겨 보았구나."

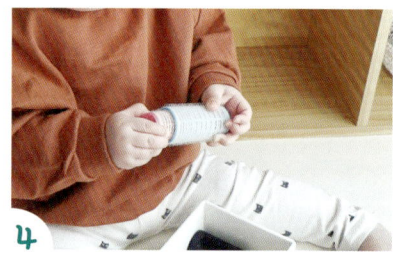

4 필름통이 없으면, 헤어롤을 좀 더 큰 헤어롤에 끼워서 활동해요.

Tip '작다'는 작은 소리로, '크다'는 큰소리로 말하여 크기를 감각적으로 인지할 수 있어요.

준비물

- **벨크로 헤어롤 5개 내외** 지름 3cm 내외의 필름통에 맞는 크기로 준비해요. 너무 작으면 필름통에서 쑥 빠져나와 당기기를 할 수 없어요.
- **필름통 5개 내외** 헤어롤과 같은 개수로 준비해요.
- **필름통 담을 바구니 1개**

응용 12개월 이상

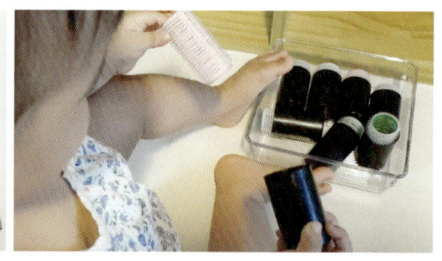

필름통과 헤어롤을 양손에 하나씩 잡은 다음, 필름통에 헤어롤을 끼워요.
"손에 하나씩 잡고 있구나." "구멍 안으로 쑤욱 들어갔어."

놀이팁

- 아이 혼자서 하기 어렵다면, 엄마가 필름통을 잡아 주도록 합니다.

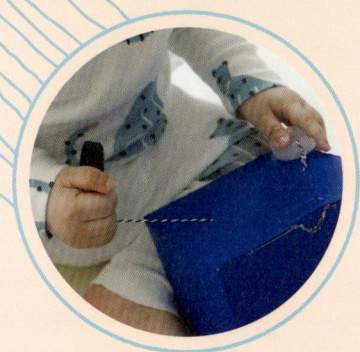

줄에 매달린 뚜껑 당기기

권장 월령 6개월 이상
놀이 목표 대·소근육의 움직임 경험 / 행동의 인과관계 인지

마시고 난 음료수의 뚜껑은 버리지 않고 모아서 다양한 놀이에 사용할 수 있어요. 그중 하나로 줄에 매달린 뚜껑을 이리저리 당기며 팔과 어깨의 움직임을 느껴 보는 놀이를 추천해요. 시중에 '감각 주사위'도 나오고 신기한 장난감도 많지만, 익숙한 것을 변형하여 새로운 개념을 단계적으로 쌓아 가는 것이 아이의 사고를 넓히는 데 더욱 좋답니다.

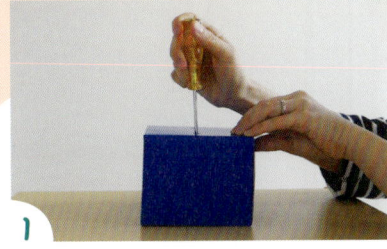

1
송곳으로 상자 윗면에 구멍을 2개 뚫어요.

Tip 상자의 다른 면에도 구멍을 뚫어서 뚜껑을 더 매달 수 있어요.

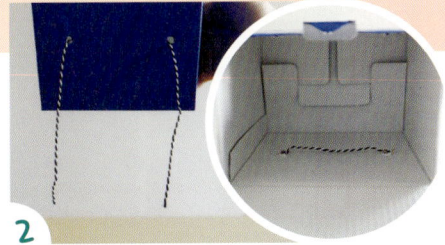

2
상자 안쪽에서 실을 끼워 상자 바깥쪽으로 꺼내요.

준비물

- 상자 1개
- 병뚜껑 2개 송곳으로 구멍을 뚫을 수 있는 플라스틱 소재로 준비해요.
- 실 실 대신 리본끈으로 묶으면 잘 엉키지 않아 활동이 더 편해요.
- 송곳

3
불에 달군 송곳으로 병뚜껑에 구멍을 뚫은 다음, 실을 끼워서 여러 번 묶어요.

Tip 매듭 부분에 글루건을 쏴서 마무리하면 풀리지 않아요.

4
나머지 병뚜껑에도 실을 끼워서 교구를 완성합니다.

5
상자를 탐색해요.
"상자에 무엇이 있니?"
"뚜껑이 달랑달랑 붙어 있네."

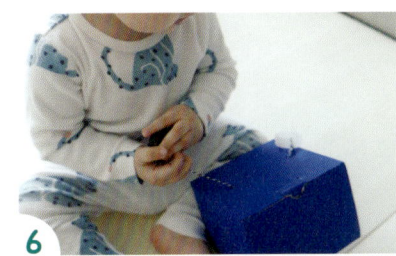

6
뚜껑을 당기며 행동의 인과관계를 경험해요.
"뚜껑을 잡아당겼구나."
(옆의 뚜껑을 가리키며) "어? 이쪽 뚜껑은 쏙 들어갔어."

분유통에서 병뚜껑 떼기

권장 월령 6개월 이상

놀이 목표 대·소근육 및 손가락 조절력 발달 / 촉감(보들함, 까슬함)의 차이 경험

분유통은 모서리가 날카롭지 않아 아이들 교구로 안전하게 활용할 수 있어요. 막대나 숟가락으로 두드리기, 분유통에 돌멩이나 구슬을 넣고 굴리기, 분유통 쌓아서 탑 만들기, 줄을 묶어 자동차처럼 끌기 등 다양한 놀잇감으로 변신한답니다. 분유통 둘레에 붙인 병뚜껑을 떼는 놀이를 통해 아이의 집중력과 성취감을 발달시켜 보세요!

1 깨끗이 씻은 분유통에 벨크로의 보들보들한 부분을 붙여요.

Tip 아이 손이 많이 닿는 부분이므로 반드시 보들보들한 쪽을 붙여야 해요.

2 병뚜껑에 벨크로의 까슬까슬한 부분을 붙인 다음, 분유통에 붙여요.

준비물

- 분유통 1개
- 벨크로 테이프
- 병뚜껑 8개 서로 다른 크기와 색으로 준비해요.
- 접착 시트지 분유통 겉면을 감싸기 위한 것으로 생략할 수 있어요.

응용 커터칼, 절연테이프

3 분유통을 탐색해요.

"동글동글한 뚜껑이 붙어 있어."
"검은색도 있고 흰색도 있네."

4 분유통에서 병뚜껑을 떼요.

"파란색 뚜껑을 떼었어."
"○○가 힘을 줘서 떼었구나."

놀이팁

- 손끝, 손등, 손바닥 등 분유통을 두드리는 방법이나 힘의 세기에 따라 소리가 다르게 들리는 것을 탐색해요.
- 아이와 떨어져 앉아서 아이 쪽으로 분유통을 굴리면, 분유통을 따라 움직이며 대근육 발달을 도울 수 있어요.

5 촉감의 차이를 감각적으로 인지할 수 있도록 도와요.

(까슬한 부분을 만질 때) "거칠거칠해"
"부드러운 부분을 만지고 있네."

응용 12개월 이상

분유통 뚜껑에 구멍을 내면, 병뚜껑을 떼서 넣는 놀이로 변형할 수 있어요.

Tip 구멍의 날카로운 면에 손이 다치지 않도록 절연테이프로 구멍 주변을 감싸요.

초콜릿 상자에서 사물 떼기

권장 월령 6개월 이상

놀이 목표 소근육 및 눈·손의 협응력 발달 / 집중력 발달과 성취감 경험

아이는 다섯 손가락을 한꺼번에 오므려 잡으며 사물을 쥐기 시작해요. 점차 조작 능력이 섬세해지면서 세 손가락이나 두 손가락으로 사물을 잡게 되지요. 초콜릿 상자에 안 쓰는 단추나 작은 장난감을 붙여서 떼는 놀이를 준비해 보세요. 집는 능력이 발달하면 손가락 조절이 섬세해져서 학령기에 바른 쓰기 습관을 형성하는 데 도움이 됩니다.

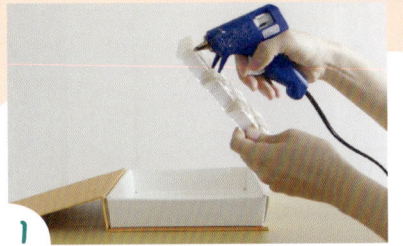

1 초콜릿 트레이를 들어서 바닥에 글루건을 쏴요.

2 초콜릿 상자에 초콜릿 트레이를 붙여요.

3 글루건을 이용해 벨크로의 보들보들한 면을 초콜릿 상자의 칸마다 붙여요.

4 사물마다 글루건으로 벨크로의 까슬까슬한 면을 붙여서 트레이에 붙여요.

준비물

- 초콜릿 상자 1개 칸이 나뉜 것으로 준비해요.
- 작은 사물 여러 개 단추, 머리끈 방울 등을 초콜릿 상자의 칸수에 맞춰 준비해요. 두께가 어느 정도 있어야 잡을 수 있어요.
- 벨크로 원형 벨크로를 준비하면 편해요.
- 글루건

5 초콜릿 상자를 탐색해요.
"우와, 여러 가지 동물이 있구나."
"동글동글 단추도 있어."

6 초콜릿 상자에서 사물을 떼요.
"영차영차. 떼어 볼까?"
"치지지직. 뗄 때마다 소리가 나네."

놀이팁

- 사물을 입에 넣지 않도록 관찰해요.
- 사물을 뗄 때마다 바로바로 다시 붙이지 말고, 상자 안의 사물을 모두 뗀 뒤에 붙여 주세요. 비어 있는 상자를 보며 스스로 다 뗐다는 성취감을 느낄 수 있어요.

헤어롤 떼기

권장 월령 6개월 이상
놀이 목표 새로운 도구 탐색 / 다양한 감각(시각, 청각, 촉각) 경험

물걸레 청소기의 청소 패드에 헤어롤을 붙여서 떼는 놀이입니다. 아이가 헤어롤의 까끌까끌한 촉감을 싫어할 수 있어요. 그런 경우는 강요하지 말고, 아이가 자주 볼 수 있는 곳에 두고 자연스럽게 노출하다가 나중에 다시 시도해 보세요. 다양한 감각을 경험하는 것이 감각의 변별력 향상에 좋지만, 항상 내 아이에 맞춰 제시해야 함을 잊지 마세요!

1
물걸레 청소 패드에 헤어롤을 붙여요.

2
헤어롤을 탐색해요.
"동그라미 판에 알록달록 붙어 있네."
"큰 것도 있고 작은 것도 있어."

3
청소 패드에서 헤어롤을 떼요.
"파란색을 떼어 보았구나."
"가운데에 구멍이 뚫려 있어."

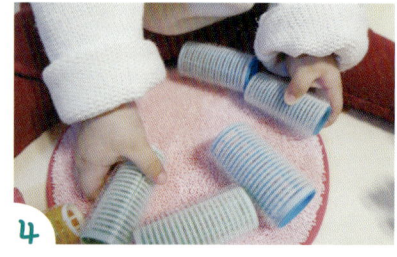

4
다양한 언어로 오감을 자극해요.
(헤어롤과 물걸레를 만지며) "이건 까끌까끌하고, 이건 부드럽해."
"떼어 낼 때, 치지지직 소리가 나네."

준비물

- 물걸레 청소 패드 1장 담요나 부직포, 커튼 등 헤어롤이 붙는 것으로 대체할 수 있어요.
- 헤어롤 6~7개 입으로 탐색할 수 있으니 깨끗이 세척하고 말려서 준비해요.

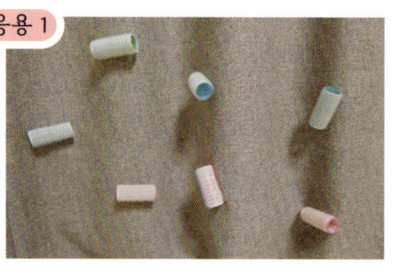

응용 1
커튼에 붙인 헤어롤을 떼요.
Tip 아이의 발달 상황에 맞춰 아이 손이 닿는 곳에 붙여 주세요.

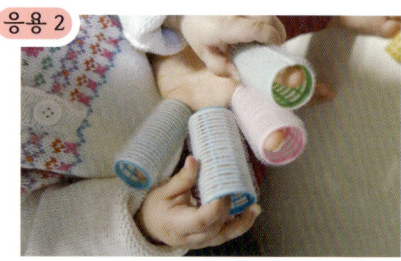

응용 2
엄마 손가락에 끼워진 헤어롤을 하나씩 잡아 빼요.
Tip 헤어롤을 빼낼 때마다 "하나, 둘, 셋." 하며 숫자 개념을 익힐 수 있어요.

놀이팁

- 아이가 헤어롤을 떼어 낼 때 청소 패드가 움직이지 않도록 잡아 주세요.
- 아이의 손끝을 잡고 헤어롤을 함께 긁어 보면서, 까슬까슬한 촉감과 부스럭거리는 소리를 느낄 수 있도록 도와요.

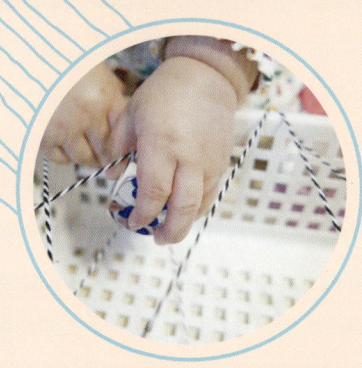

줄 사이로 꺼내기

권장 월령 6개월 이상
놀이 목표 사고력 및 문제 해결력 발달 / 줄 사이로 물건을 꺼내며 성취감 고취

생후 6개월이 지나 손을 본격적으로 사용하게 되면, 사물을 잡아 던지거나 통 안에 담긴 사물을 밖으로 꺼낼 수 있어요. 사물을 좀 더 재밌게 꺼낼 수 있도록 바구니에 줄을 엮어 보세요. 단, 줄이 너무 촘촘해 사물을 꺼내지 못하면 좌절할 수 있고, 반대로 줄 사이가 너무 넓으면 쉽게 꺼내어 흥미가 떨어지니 난이도를 적절히 조절해야 합니다.

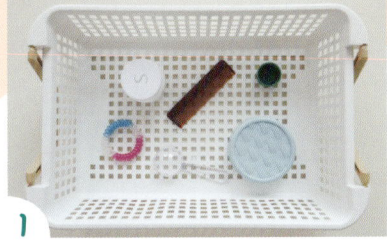

1
바구니 안에 물건을 넣어요.

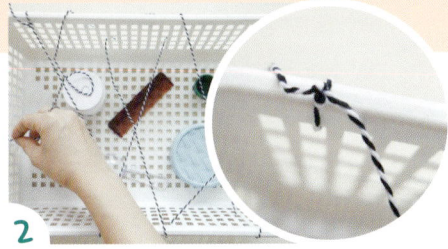

2
바구니의 구멍에 털실을 지그재그로 자유롭게 묶어요.

3
줄이 묶인 바구니를 탐색해요.
"여기저기 줄이 묶여 있어."
"동그란 공을 어떻게 꺼내지?"

4
줄 사이로 사물을 꺼내요.
"공을 꺼내고 싶구나."
"줄 사이로 손을 넣어 봐!"

5
꺼낸 사물을 자유롭게 탐색해요.
"공을 흔들흔들 흔들어 보았니?"
"데구루루 굴려 볼까?"

준비물

- 구멍 뚫린 바구니 1개
- 바구니에 넣을 사물 여러 개 입에 넣어도 안전한 재질과 모양으로 준비해요. 아이 혼자 사물을 꺼낼 수 있도록 한 손에 잡히는 사물이 좋아요.
- 털실 혹은 노끈

놀이팁

- 사물을 모두 꺼내고 난 후 바구니가 비어 있는 모습을 보면서 없음의 개념을 경험할 수 있어요.

종이를 당겨서 찢기

권장 월령 6개월 이상

놀이 목표 대·소근육 및 눈·손의 협응력 발달 / 종이를 탐색하며 오감 자극

종이를 당겨서 찢으며 소근육 발달을 돕는 놀이입니다. 종이를 찢을 때 나는 소리, 종이의 느낌 등을 리듬감 있는 언어로 표현하면 더욱 즐겁게 활동할 수 있어요. 아이가 종이를 입에 넣으려 하면, 제지하기보다는 시선을 다른 곳으로 끌거나 살며시 종이를 빼내도록 합니다. 종이를 입에 넣는 것에만 관심을 보이면, 1~2주 후 다시 시도해 보세요.

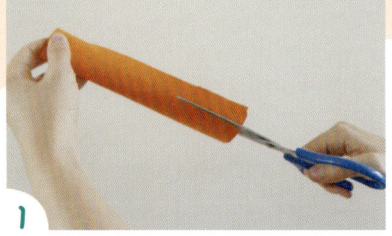

1 종이를 돌돌 말아서 종이 윗부분을 약 2cm 남기고 여러 번 잘라요.

Tip 종이를 돌돌 말아서 자르면 가위질을 줄일 수 있어요.

2 종이를 책상에 펼쳐 놓고 가장자리를 테이프로 고정해요.

준비물

- 종이 1장 그림이 있는 잡지나 광고지, 포장지는 시각적 감각을 자극할 수 있어요.
- 가위
- 셀로판테이프

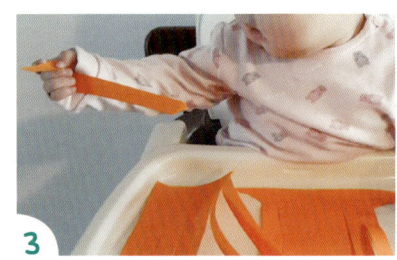

3 책상에 앉아 종이를 탐색해요.
"이건 종이라고 해."
"종이를 쭉 당겨 보았구나."

4 종이를 자유롭게 당겨서 찢어요.
"어? 종이가 찢어졌네?"
"부스럭부스럭 소리가 나는구나."

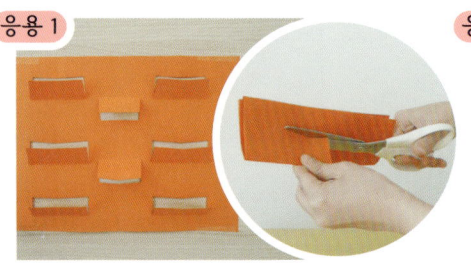

응용 1 종이에 창문처럼 구멍을 내서 활동할 수 있어요.

Tip 종이를 두 번 접어서 접힌 부분을 ㄱ(기역), ㄴ(니은) 모양으로 자르면 됩니다.

응용 2 12개월 이상

아이 발달 수준에 따라 종이를 다른 모양으로 잘라서 난이도를 높여요.

Tip 종이를 여러 번 접어 자르면 구멍이 많아져요.

통 안에 공 넣기

권장 월령 6개월 이상

놀이 목표 대·소근육 조절 및 자신의 신체 인식 / 공의 특성과 안팎의 개념 이해

물건을 엎고 쏟는 것을 즐기던 아이가 숟가락을 컵에 넣었다가 빼고, 밥풀을 그릇 안으로 주워 넣는 등 넣기에 흥미를 보이는 때가 옵니다. 넣기를 막 즐기기 시작한 아이에게 통 안에 공을 넣고 빼며 협응력을 키우고, 손의 움직임을 유연하게 만들어 주는 놀이를 추천해요. 끊임없이 반복하며 넣기를 습득한 아이는 만족감과 성취감을 느낀답니다.

1 준비한 공과 통을 탐색해요.
"통 안에 아무것도 없구나."
"이 공은 크고, 이 공은 작아."

2 통 안에 공을 넣어요.
"공을 잡았다!"
"통 안에 쏙 집어넣어 볼까?"

3 공을 넣었다 빼며 안팎의 의미를 배워요
"흰색 공이 땡그랑 하며 들어갔네."
"통 안에서 공을 꺼내고 있구나."

4 뚜껑을 닫고 흔들며 소리를 탐색해요.
"흔드니까 어떤 소리가 들리니?"
"쿵쿵 소리가 나."

준비물

- **뚜껑 있는 통 2~3개** 이유식 통, 믹서 통, 잼병 등. 통의 재질을 다양하게 하면, 공을 넣고 흔들 때 서로 다른 소리를 경험할 수 있어요.
- **공 2~3개** 장난감 공, 탁구공, 야구공 등. 공의 개수와 통의 개수를 같게 준비해요.

응용 원목 달걀 1개, 컵 1개

응용

타원형의 원목 달걀을 컵에 넣고 빼는 놀이로 응용할 수 있어요.

Tip 조금 작은 컵에 넣으면 타원형의 균형을 잡으며 힘 조절력을 기를 수 있어요.

놀이팁

- 놀이에 사용한 공과 통에 익숙해지면, 점차 공의 크기나 통의 모양 등을 변화시켜서 아이의 호기심을 자극해 주세요.

냄비 뚜껑 열기

권장 월령 6개월 이상
놀이 목표 대·소근육 조절력 발달 / 생활 속 도구 탐색

눈앞에 있는 사물을 만져 보며 탐색하는 것과 달리 냄비 안에 있는 사물은 아이에게 탐구심을 끌어내요. 안이 보이지 않는 냄비라면 더 큰 호기심이 생기곤 하지요. 냄비에 동물 인형을 넣어서 동물 카드나 책과 함께 준비해 보세요. 처음에는 뚜껑을 열기 어려워도 팔의 근육과 손의 쥐기 능력이 강화되면서 혼자서도 잘 열 수 있게 된답니다.

1
동물 그림을 탐색해요.
(동물 그림을 가리키며) "이건 토끼야."
"귀가 뾰족하고, 눈이 동그랗네."

2
동물 인형이 담긴 냄비를 탐색해요.
"어? 냄비 속에 뭐가 들어 있네."
"뚜껑을 열어 볼까?"

 준비물

- 양수 냄비 1개 편수 냄비는 손잡이가 길게 튀어나와 아이가 다칠 수 있어요.
- 동물 인형 1개
- 동물 그림 1개 낱말 카드, 책, 프린트 등. 준비한 인형과 같은 동물 그림으로 준비해요.
- **응용** 뚜껑이 붙은 상자 1개

3
손잡이를 잡고 냄비 뚜껑을 열어요.
"OO가 뚜껑을 열었구나."
"동그란 손잡이를 잡고 열었네."

4
동물 그림과 인형을 비교해요.
"여기에 토끼가 있구나."
(그림과 인형을 가리키며) "이것도 토끼, 이것도 토끼, 똑같아."

놀이팁

- 냄비 안에 과일이나 자연물 등의 실물을 넣어도 좋아요. 실물을 만지고 향을 맡으며 오감을 자극할 수 있어요.
- 아이 혼자 뚜껑을 열기 어렵다면 아이의 손을 잡고 함께 뚜껑을 열어요.

5
동물 인형을 꺼내어 행동의 인과관계와 없음의 개념을 경험해요.
"토끼를 꺼냈더니 냄비가 비었어."
"냄비 안에 아무것도 없네."

응용
뚜껑이 붙은 상자 안에 동물 인형을 넣고 같은 방법으로 활동해요.
Tip 뚜껑을 닫고 상자를 흔들어 소리를 들으며 상자 속 물건에 대한 호기심을 자극해요.

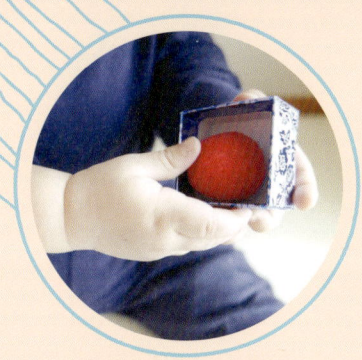

반지 상자 열기

권장 월령 12개월 이상
놀이 목표 손가락의 힘 및 양손의 협응력 발달 / 호기심 충족 및 집중력 향상

아이 첫돌을 맞아 선물받은 반지 상자를 놀이에 활용해 보세요. 상자를 잡는 방법부터 여는 방법, 물건을 꺼내는 방법까지 하나씩 차근차근 시범을 보여야 해요. 아이가 어려워하면 아이 손 위에 엄마 손을 포개 잡고 함께 열어 보는 것도 좋아요. 놀이를 반복할 때, 상자 속의 사물을 다른 것으로 바꿔 넣어서 어떤 사물이 들어 있을지 기대감을 높여 주세요.

1 반지 상자 안에 사물을 넣어요.

2 상자의 뚜껑을 닫아서 준비해요.

Tip 처음에는 아이가 열기 쉽도록 뚜껑을 너무 꽉 눌러 닫지 마세요. 점차 손가락 조절력이 향상되면 꽉 닫아도 스스로 열 수 있어요.

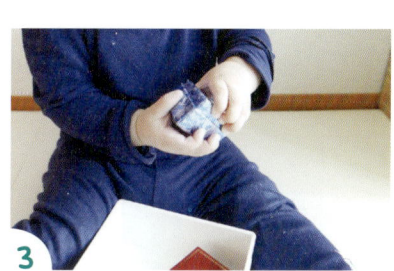

3 반지 상자를 탐색해요.
"이런 작은 상자를 본 적 있니?"
"빨간색도 있고 파란색도 있네."

4 반지 상자를 열어요.
"상자 안에 무엇이 있을까?"
"우리 한번 열어 보자."

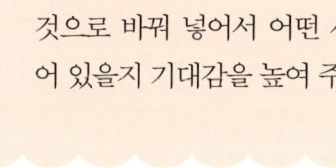

준비물

- 반지 상자 3~4개 위아래가 분리되지 않은 상자(1번 사진 맨 오른쪽)는 뚜껑이 닫히면서 손가락이 낄 수 있어요. 엄마가 미리 여닫아 보면서 아이가 다칠 위험이 없는지 확인해야 해요.
- 반지 상자에 넣을 사물 여러 개 폼폼, 머리끈, 단추, 작은 인형 등. 사물을 바꿔 넣을 수 있도록 상자보다 많이 준비해요.

5 상자 속의 사물을 탐색해요.
"영차영차! OO가 상자를 열었구나."
"우와~ 꼬불꼬불 머리끈이 있네."

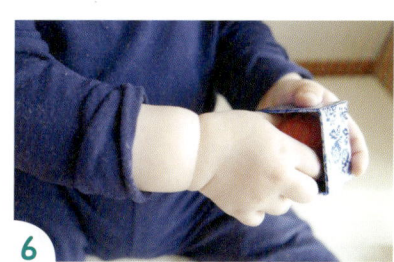

6 사물을 넣었다 빼며 안팎의 개념을 배워요.
"이번에는 상자 안에 넣어 볼까?"
"쏙 넣었구나."

놀이팁

- 반지 상자에 들어가는 사물이 작으니 아이가 사물을 입에 넣거나 삼키지 않도록 잘 관찰해 주세요.

원통형 용기 당겨서 열기

권장 월령 12개월 이상
놀이 목표 대·소근육 및 양손의 협응력 발달 / 호기심 충족 및 독립심 향상

하루는 아이가 화장품 파우치 속에 있던 립스틱을 열어 손바닥을 빨갛게 칠한 적이 있어요. 빨개진 손바닥을 바닥에 온통 꾹꾹 찍어 놓아서 닦아 내기 힘들었지만, 스스로 립스틱을 열었다는 사실이 매우 놀라웠지요. 여기에서 착안하여 원통형 용기를 준비해 보았어요. 원통형 용기 안에 다양한 사물을 넣어서 호기심과 흥미도 자극할 수 있었답니다.

1 원통형 용기 안에 사물을 넣어요.

2 나머지 용기에도 사물을 넣어 준비해요.

준비물
- 원통형 용기 3~4개 립스틱, 지관 필통, 휴대용 칫솔통 등 당겨서 여는 통으로 준비해요.
- 용기에 넣을 사물 여러 개 빨대, 연필 등.

3 원통형 용기를 당겨서 열어요.
('길다'를 감각적으로 인지하도록) "바나나처럼 길~~구나. 어떻게 열 수 있을까?"

4 용기 속의 사물을 탐색해요.
"양옆으로 당기니 뚜껑이 열렸구나."
"빨대가 뿅 나왔네!"

놀이팁
- 립스틱을 입에 넣거나 만지지 않도록 거의 닳은 립스틱을 사용하고, 최대한 돌려서 아래로 내려가게 합니다.
- 뚜껑을 당겨 여는 것이 주목적이지만, 아이에 따라 통 안의 사물을 빼고 넣으며 놀 수 있어요. 탐구력과 호기심을 발휘하여 주도적으로 노는 아이를 믿고 기다려요.

5 사물을 입에 넣지 않도록 주의하며 놀이를 계속해요.
"통 안을 보고 있네. 뭐가 보이니?"
"빨간색이 있구나."

손으로 공 옮기기

권장 월령 12개월 이상

놀이 목표 대·소근육 및 눈·손의 협응력 발달 / 공을 쥐었다 놓으며 옮기기 개념 이해

사물을 잡아서 현재 있는 곳으로부터 다른 곳으로 이동해 놓는 옮기기는 넣기의 확장 활동이에요. 아이가 옮기기를 자유롭게 경험할 수 있도록 한 손에 쥘 수 있는 크기의 사물을 준비해 주세요. 그릇의 모양, 높이, 크기도 다양하게 변화를 주고, 옮길 사물도 소근육 발달 수준에 따라 점차 작은 크기로 바꾸며 활동을 전개하도록 합니다.

준비물
* 공 담을 그릇 2개
* 공 3개

  응용 호두 담을 통 1개,
  호두 담을 그릇 1개, 호두 4~5개

놀이팁
* 그릇에 옮기는 과정이 익숙하지 않다면, 공을 탐색하는 아이에게 엄마가 손을 내밀며 "주세요."라고 말해 보세요. 아이가 공을 주면 엄마가 다시 아이에게 공을 주는 것을 반복하면 됩니다. 이 과정을 통해 옮기기의 개념을 인지하고, 엄마와 애착을 형성할 수 있어요.

1
공을 자유롭게 탐색해요.
"초록색 공이야."
(공을 굴리면) "공이 떼구루루 가는구나."

2
그릇에 공을 옮겨요.
"그릇 안에 공을 놓았구나."
(그릇을 뒤집을 때) "어? 뒤집었더니 공이 떨어졌네."

3
그릇이 빌 때까지 공을 계속해서 옮겨요.
"빨간색 공을 연두색 공 쪽으로 옮겨 볼까?"
"○○가 공을 옮겼어."

4
없음의 개념을 경험할 수 있어요.
(빈 그릇을 가리키며) "아무것도 없네."
"공을 원래 있던 곳으로 다시 옮겨 볼까?"

응용

통에 담긴 호두를 손으로 꺼내서 그릇으로 옮겨요.

Tip 통이 넘어지지 않도록 붙잡아 주세요.

휴지걸이에 고리 끼우고 빼내기

권장 월령 12개월 이상
놀이 목표 소근육 조절력 및 눈·손의 협응력 발달 / 집중력 발달 및 성취감 경험

돌 전후의 아이들에게 고리 끼우기 교구를 준비해 주는 가정이 많아요. 집에서 사용하는 휴지걸이와 알록달록한 절연테이프를 이용하면 시중에 판매하는 것 못지않은 교구를 만들 수 있어요. 고리 모양의 사물을 끼우고 다시 잡아 빼내는 과정을 통해 손가락을 섬세히 활용하게 된답니다. 고리를 쌓으며 집중력도 발달하고 성취감까지 느낄 수 있어요!

1 바구니에 담긴 테이프를 탐색해요.
"테이프가 알록달록하구나."
"동글동글한 테이프네."

2 휴지걸이에 테이프를 끼워요.
"긴 막대에 검은색 테이프를 끼우고 있네."
"다음에는 어떤 색을 끼워 볼까?"

3 바구니를 보며 없음의 개념을 경험해요.
"○○가 테이프를 모두 끼웠구나."
(바구니를 가리키며) "아무것도 없다!"

4 바구니에 테이프를 다시 담아요.
"테이프를 원래 있던 곳으로 보내 보자!"
"하나씩 바구니에 넣고 있구나."

준비물

- 스탠드형 휴지걸이 1개
- 절연테이프 5개 다양한 색으로 준비하여 시각 감각을 기를 수 있도록 해요.
- 테이프 담을 바구니 1개
- **응용 1** 링머리끈 여러 개
- **응용 2** 키친타올걸이 1개, 휴지심 3개, 커터칼

응용 1
고리 모양의 머리끈으로 활동해요.
Tip 힘 조절이 미숙하면 고리 모양이 찌그러져 어려울 수 있어요.

응용 2
키친타올걸이에 반으로 자른 휴지심을 끼우며 높이의 개념을 경험해요.
(손을 위로 올리며) "높~다!"
"점점 높아지고 있어."

놀이팁

- 놀이가 익숙해지면 휴지걸이보다 긴 키친타올걸이로 바꿔서 아이가 점진적으로 도전할 수 있도록 해요.

젖병에 병뚜껑 넣기

권장 월령 12개월 이상
놀이 목표 소근육 조절력 및 눈·손의 협응력 발달 / 안팎의 개념 이해

젖병에서 실리콘으로 된 젖꼭지만 빼내면 통 부분만 사용하는 것보다 입구가 좁아져서 활동의 난이도가 높아져요. 적당한 어려움은 아이가 도전의식을 가지고 스스로 참여할 수 있게 하지만, 힘들어하며 좌절감을 느끼는 아이가 있을 수 있어요. 아이마다 어려움을 느끼는 기준이 다르니 아이에 맞춰 교구를 제시하고, 점차 난이도를 높여 주세요.

준비물

- 젖꼭지를 뺀 젖병 1개
- 병뚜껑 6개
- 병뚜껑 담을 그릇 1개

응용 페트병 1개, 색연필 5자루

1
병뚜껑을 탐색해요.
"그릇 안에 뚜껑이 담겨 있어."
"동글동글 파란색이야."

2
젖병에 병뚜껑을 넣어요.
"병을 들고 있구나."
"뚜껑을 하나씩 하나씩 넣어 보자."

3
다양한 의성어와 의태어를 사용하여 활동을 격려해요.
(아이가 뚜껑을 넣으면) "땡그랑! 들어갔네."
"퐁당퐁당 들어가는구나."

4
없음의 개념을 경험해요.
(뚜껑을 담았던 그릇을 가리키며) "없다!"
"그릇에 아무것도 없어."

응용

페트병에 색연필을 넣어요.

Tip 얇고 긴 색연필을 쥘 때 손가락과 손바닥의 세심한 조절이 필요하기 때문에 젖병에 뚜껑을 넣는 것보다 어려워요.

구멍에 폼폼 밀어 넣기

권장 월령 12개월 이상
놀이 목표 소근육 및 손가락의 힘 발달 / 시각과 촉각 자극

손가락 힘을 기를 뿐 아니라 공을 누르면 구멍 안으로 들어가 사라진다는 인과관계를 경험할 수 있는 놀이예요. 넣을 구멍 순서가 정해져 있지 않으니 아이가 원하는 위치에 올려서 자유롭게 밀어 넣으면 됩니다. 검지로 밀어 넣는 걸 어려워한다면 손가락 두세 개나 손바닥을 사용하도록 지도하고, 공이 어디로 갔을지 호기심도 자극해 보세요.

1
상자 뚜껑에 십자 모양으로 칼집을 6개 넣어 주세요.

Tip 칼집을 폼폼보다 살짝 작게 만들어야 폼폼을 밀어 넣는 느낌을 경험할 수 있어요.

2
뚜껑을 뒤집은 후, 십자 칼집의 꼭짓점을 이어서 마름모 모양의 구멍을 만들어요.

준비물

- 뚜껑 있는 상자 1개
- 폼폼 10개 지름 2cm 이상
- 폼폼 담을 바구니 1개
- 커터칼

3
구멍 뚫린 상자를 탐색해요.
"여기저기 구멍이 뚫려 있네."
"구멍으로 무엇을 보고 있니?"

4
폼폼을 구멍 위에 올리고 검지로 눌러서 상자 안으로 밀어 넣어요.
"구멍 위에 올려놓았구나."
"우리 한번 눌러 볼까?"

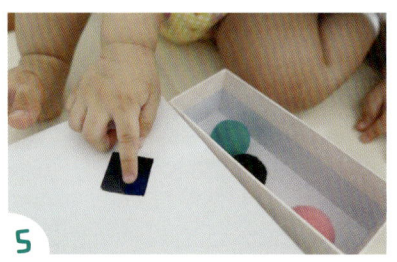

5
행동의 인과관계를 경험해요.
"어? 보라색 공이 어디로 갔지?"
"꾹 누르니깐 뿅 들어갔네!"

6
상자 뚜껑을 열어 폼폼을 확인해요.
"작은 공이 어디로 갔을까?"
"상자 안을 열어 보자."

빨대컵에 꼬치 넣기

권장 월령 12개월 이상
놀이 목표 소근육 조절력 및 협응력 발달 / 집중력 발달과 성취감 경험

아이가 사물 쥐는 법을 알게 되면 한 손에 꽉 쥐고만 있으려 해요. 그러다가 손을 펼치면 사물이 떨어지는 것을 알고는 사물을 일부러 떨어뜨리며 즐거워하지요. 사물이 아래로 떨어지는 것, 손에서 사라지는 것, 떨어질 때 나는 소리를 듣는 것 모두가 아이에게 신기한 일이랍니다. 이런 순간을 재밌게 묘사하며 아이의 소근육 발달을 응원해 주세요!

1 빨대컵의 구멍을 탐색해요.
"이런 걸 '구멍'이라고 해."
"구멍에 손가락이 쏙 들어갔네."

2 빨대컵 구멍 안에 꼬치를 넣어요.
"천천히 구멍을 맞춰 보자."
"구멍에 쏙 들어갔구나."

3 꼬치를 다 넣으면 뚜껑을 열어요.
"뚜껑을 열고 싶니? 엄마가 도와줄게."
(엄마가 거의 열어 준 뒤) "이제 ○○가 스스로 열어 보렴."

4 꼬치를 다시 꺼내요.
(빈 그릇을 보여 주며) "꼬치가 컵 안에 모두 들어갔네."
"병에서 어떻게 꺼낼 수 있을까?"

준비물

- 빨대컵 1개 유리 소재가 플라스틱 소재보다 사물이 떨어지는 소리를 크게 들을 수 있어요.
- 꼬치 6개 뾰족한 끝은 미리 뭉툭하게 잘라요.
- 꼬치 담을 그릇 1개
- 응용 1 반으로 자른 빨대 10개
- 응용 2 펜네 파스타 10개

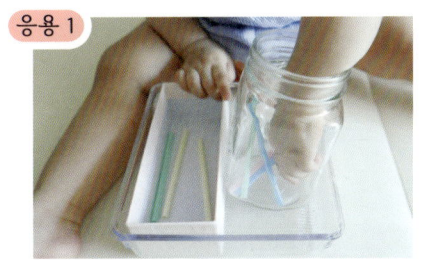

응용 1 꼬치 대신 빨대로도 활동할 수 있어요.
Tip 빨대는 빨대컵에 완전히 들어가는 크기로 잘라서 준비해요.

응용 2 펜네 파스타를 빨대컵에 다 넣은 다음, 다시 그릇에 따르는 활동까지 연결해요.
"물을 따르는 것 같구나."
"치이이익. 밖으로 나오고 있네."

놀이팁

- 꼬치를 입에 넣거나 눈을 찌르는 등 안전사고가 발생하지 않도록 잘 관찰해요.
- 뚜껑은 아이가 살짝만 돌려도 열리도록 헐겁게 풀어 두세요. 스스로 도전하며 성취감과 자조 능력을 키울 수 있어요.

상자에 잼뚜껑 넣기

권장 월령 12개월 이상
놀이 목표 눈·손의 협응력 발달 / 손목 돌리는 기술 습득

납작한 사물을 길쭉한 구멍에 넣는 활동은 손목을 방향에 알맞게 돌려야 해서 아이에게 쉽지 않아요. 하지만 손목 돌리기는 뚜껑을 열거나 수건을 비틀어 짜는 작업의 기반이 되므로 아주 중요해요. 아이가 어려워하면 좌절하도록 두지 말고 도와주세요. 작은 도움이 아이 스스로 성공하는 순간을 만들고, '다음에 또 할 수 있다'는 자신감을 높여 줍니다.

1
상자의 윗면에 기다란 구멍을 만들어요.
Tip 잼뚜껑을 세워서 넣을 수 있는 크기로 만들어요.

2
상자 앞면에 글루건으로 물티슈 뚜껑을 붙여요.

준비물
- 상자 1개
- 잼뚜껑 5~6개
- 물티슈 뚜껑 1개
- 잼뚜껑 담을 바구니 1개
- 커터칼
- 글루건

3
물티슈 뚜껑 안쪽의 경계를 따라 구멍을 내요.
Tip 구멍을 낸 다음, 물티슈 뚜껑은 다시 닫아 주세요.

4
기다란 구멍에 잼뚜껑을 넣어요.
"길쭉한 구멍에 동그라미를 넣어 보자."
"어떻게 넣을 수 있을까?"

놀이팁
- 아이가 구멍에 맞추기 어려워하면 잼뚜껑의 방향에 맞춰 상자를 돌려 주거나 아이의 손을 돌려서 잼뚜껑의 방향을 구멍에 맞춰 주세요.
- 잼뚜껑을 다 넣으면 상자를 흔들어 뚜껑이 서로 부딪히는 소리를 들을 수 있어요.

5
다양한 의성어와 의태어를 사용하여 활동을 격려해요.
"구멍 안에 쏙 들어갔네."
"쿵 소리가 났구나."

6
물티슈 뚜껑을 열고 상자 안을 탐색해요.
"손을 구멍 안에 넣었구나."
(잼뚜껑을 꺼내면) "우와, 동그라미를 꺼냈네!"

요거트통에 커튼고리 넣기

권장 월령 12개월 이상
놀이 목표 눈·손의 협응력 발달 / 손목 돌리는 기술 습득

상자에 잼뚜껑 넣기(52p)처럼 손목 돌리기를 연습할 수 있는 놀이예요. 비슷한 놀이라도 다양하게 응용하며 반복하는 것이 매우 중요해요. 이전에 습득한 기술을 조금 더 섬세하게 발달시킬 수 있고, 전과는 또 다른 기술을 터득하는 계기가 되기 때문이에요. 이렇게 반복을 통해 익힌 기술은 놀이뿐 아니라 일상에서 유용하게 활용된답니다.

 **준비물**

- 뚜껑 있는 대용량 요거트통 1개 커튼고리가 여러 개 들어갈 수 있는 크기로 준비해요.
- C자형 커튼고리 8개 동그란 커튼링, 아일렛링, 왕단추 등으로 대체할 수 있어요.
- 커튼고리 담을 그릇 1개
- 커터칼
- 절연테이프

1
요거트통을 깨끗이 씻은 다음, 기다란 구멍을 뚫어요.

Tip 커튼고리의 가로세로 중 긴 부분이 들어갈 수 있는 길이로 구멍을 내요.

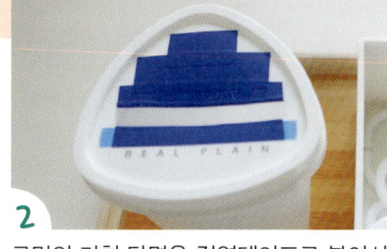

2
구멍의 거친 단면을 절연테이프로 붙여서 손이 다치지 않게 해요.

Tip 매끄럽게 자른 경우, 과정을 생략할 수 있어요.

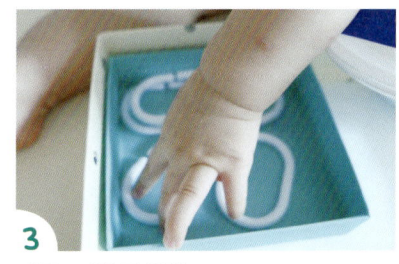

3
커튼고리를 탐색해요.
"길쭉한 고리야."
"팔찌처럼 손목에 끼울 수도 있네."

4
구멍 안에 커튼고리를 넣어요.
"구멍 안에 고리를 넣었구나."
"콩 하면서 떨어졌어."

5
아이가 넣기 어려워하면, 요거트통이나 아이 손을 돌려서 방향을 맞춰 주세요.
"잘 안 넣어지는구나."
"엄마랑 천천히 같이 할까?"

저금통에 단추 넣기

권장 월령 12개월 이상

놀이 목표 소근육 및 눈·손의 협응력 발달 / 손목 돌리는 기술 습득

어릴 적에 돼지 저금통에 동전을 넣어 본 경험이 있을 거예요. 동전을 땡그랑 넣을 때마다 '다음에 또 넣어야지!' 기대감에 부풀기도 하고, 무거워진 저금통 배를 갈라서 동전을 꺼낼 때는 '이렇게 많이 모였구나.' 하며 뿌듯함도 들었지요. 동전은 단추로, 동전 지갑은 수세미로 활용해 보았어요. 저금통에 하나둘 단추가 쌓여 갈 때 아이 마음은 어떨까요?

1 수세미에 단추 지름 크기의 구멍을 6개 만들어요.

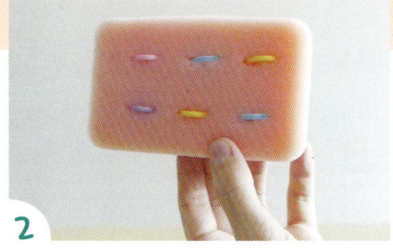

2 구멍에 단추를 끼워요.

Tip 단추가 너무 깊이 박히면 빼내기 어려우니 단추가 위로 살짝 올라오도록 합니다.

준비물

- 돼지 저금통 1개 단추를 다시 꺼내 활동할 수 있도록 바닥이 열리는 것으로 준비해요.
- 스펀지 수세미 1개   • 커터칼
- 단추 6개 너무 작으면 아이가 집기 어려워요.

3 엄지와 검지로 단추를 잡아서 빼내요.
"영차영차, 손가락으로 집어 보자."
"하늘색 단추를 집었네."

4 돼지저금통에 단추를 넣어요.
"우리 돼지에게 맘마를 줄까?"
"꿀꺽. 또 먹여 줘. 배고파!"

놀이팁

- 돼지 저금통을 의인화하여 역할놀이를 하면 재밌어요. 단추를 넣기 전에는 "돼지가 배고프대.", "우리 돼지에게 맘마를 줄까?" 하며 동기를 부여하고, 단추를 다 넣은 후에는 "돼지가 맘마를 다 먹었네.", "○○ 덕분에 돼지가 배부르겠구나." 하며 성취감을 북돋아 주세요.

5 단추를 다 넣으면 저금통을 뒤집어 바닥을 열어요.
"돼지에게 구멍이 뽕 뚫렸네."
"단추를 어떻게 꺼낼 수 있지?"

6 저금통을 흔들어서 단추를 꺼내요.
"뒤집어서 흔드니 단추가 나왔구나."
"수세미 안에 다시 단추를 넣어 보자."

유리병에 방울 넣기

권장 월령 12개월 이상
놀이 목표 손가락 조작 능력 및 눈·손의 협응력 발달 / 시각과 청각 자극

유리로 만든 사물은 아이에게 굉장히 매력적이에요. 주변 사람들이 조심히 다루는 모습에 아이의 호기심을 더욱 자극하지요. 투명한 유리병은 안에 넣은 사물을 직접 볼 수 있어 좋고, 불투명한 유리병은 사물이 보이지 않아 탐구심을 불러일으켜요. 다양한 재질의 사물을 경험하는 것은 주변 세계를 향한 시야를 넓히고 도전 정신을 길러 준답니다.

1 유리병과 방울을 탐색해요.
"유리병 속에 무엇이 보이니?"
"동그란 방울이 딸랑딸랑 소리가 나네."

2 방울을 유리병 안에 넣어요.
"방울을 잡아서 넣어 보자."
"땡그랑! 소리가 나네."

3 없음의 개념을 경험해요.
"어? 그릇이 비어 있구나."
"방울을 모두 병에 넣었네."

4 병을 흔들어 소리를 들어요.
"병을 흔들어서 소리를 들어 보자!"
"어떤 소리가 나니?"

준비물
- 유리병 1개 입구가 좁은 병은 도전 정신과 인내심, 집중력을 향상하는 데 도움이 됩니다.
- 방울 10개
- 방울 담을 그릇 1개
- **응용** 체인 구슬 여러 줄 체인이 너무 길면 병에 넣기 어려워 좌절하고, 너무 짧으면 시시해서 흥미가 떨어질 수 있으니 10cm 내외로 잘라야 해요.

5 방울을 그릇에 다시 쏟아서 정리해요.
"병을 뒤집으니 방울이 모두 나왔네."
"이제는 병 안에 아무것도 없다!"

응용 체인 구슬로 난이도를 높여서 활동해요.
Tip 체인 구슬이 다 들어갈 때까지 구멍에 맞추고 있어야 해서 협응력과 집중력이 더 필요해요.

놀이팁
- 방울이 떨어지는 소리를 쨍그랑, 팅, 타당, 또르르 등 다양하게 표현해 주세요.
- 유리병 종류도 다양하게 바꾸며 놀이에 변화를 주세요.

55

깔때기에 파스타 넣기

권장 월령 12개월 이상
놀이 목표 대상영속성 개념 이해 / 새로운 도구 탐색

액체나 가루를 깔때기에 붓기에는 아직 양손의 협응이 미숙하지만, 깔때기를 엎어 놓고 배출구에 작은 사물을 넣으며 깔때기를 간접적으로 경험하는 놀이를 준비해 보세요. 점차 협응력이 발달하여 작은 구멍에도 사물을 넣을 수 있게 될 뿐 아니라 사물이 눈앞에서 사라져도 여전히 존재한다는 대상영속성 개념을 이해하게 된답니다.

1 상자 뚜껑에 구멍을 뚫어요.
Tip 깔때기의 입구보다 구멍을 작게 만들어요.

2 깔때기 입구에 글루건을 쏜 다음, 상자의 구멍 위로 붙여요.

준비물

- 깔때기 1개
- 뚜껑 달린 상자 1개
- 펜네 파스타 10개 구슬, 꼬치, 빨대, 막대 등 작은 사물로 대체하여 반복적으로 놀이해요.
- 파스타 담을 그릇 1개
- 커터칼 • 글루건
- <응용> 클립 10개

3 깔때기의 배출구에 파스타를 넣어요.
"구멍 안으로 파스타를 쏙 넣었네."
"파스타가 없어졌어!"

4 파스타가 떨어지는 소리를 들어요.
(귀에 손을 모으며) "어? 무슨 소리지?"
"구멍 안으로 넣었더니 토독 소리가 났네."

놀이팁

- 엄마가 상자의 밑면을 잡고 아이가 뚜껑에 붙어 있는 깔때기를 잡아당기면 아이 스스로 상자를 열 수 있어요.

5 대상영속성 개념을 이해해요.
"파스타가 모두 어디로 갔을까?"
(상자를 열어 주며) "여기 숨어 있었네!"

<응용>
깔때기를 바닥에 엎어 놓고 배출구에 클립을 넣어요.

선 따라 걷기

권장 월령 18개월 이상

놀이 목표 대근육 발달 및 신체의 움직임 경험 / 신체 조절력 향상

몬테소리 교육에서는 수업 전후에 선을 따라 걷는 활동을 해요. 천천히 따라 걸으며 주의력과 집중력을 키우고, 다음 활동을 위해 마음을 가라앉히지요. 어린 월령은 선을 벗어나지 않고 걷는 것이 어렵기 때문에 두 개의 선 사이를 걷는 것으로 시작해요. 균형을 잘 잡고 안정적으로 움직이게 되면 하나의 선을 따라 걷는 활동으로 확장할 수 있어요.

준비물
- 절연테이프 바닥에 붙였을 때 잘 표시되는 색으로 준비해요.

선행
스스로 걸을 수 있어요.

1
바닥에 절연테이프를 붙여서 3~4m 길이의 선을 두 개 만들어요.

Tip 간격이 너무 좁으면 걸을 공간이 제약되니 처음에는 간격을 넓게 한 뒤 점차 줄여 주세요.

2
선 밖으로 발이 나가지 않도록 하며 줄 끝까지 걸어요.
"줄 사이에 쏙 들어갔네."
"한 발 한 발 걸어 보자."

3
줄 끝에 도착하면 뒤로 돌아서 출발점으로 돌아와요.
"끝까지 잘 걸어왔구나."
"이제 다시 되돌아가자!"

놀이팁
- 음악에 맞춰 걷기, 선 위에 앉기, 한 발로 서기, 뛰어가기, 인형을 안고 걷기, 엄마와 손잡고 걷기, 발끝으로 걷기, 팔을 벌려 걷기, 박수 치며 걷기 등 다양하게 활동해요.

4
다양한 방법으로 선을 따라 움직일 수 있어요.
"거북이처럼 엉금엉금 기어 볼까?" "빙글빙글 발레리나 같구나."
"꿈틀꿈틀 뱀은 어떻게 움직일까?"

쟁반 나르기

권장 월령 18개월 이상

놀이 목표 대근육 발달 / 동작 조절 및 신체의 균형 유지

쟁반으로 물건을 나르며 행동을 조절하는 활동이에요. 처음에는 아이와 함께 걸어갔다 돌아오며 옆에서 지켜봐 주세요. 쟁반 사용이 익숙지 않아 쟁반을 위로 높이 들 수도 있고, 쟁반을 흔들며 갈지도 몰라요. 점차 쟁반에 익숙해지고 동작을 조절하게 되면 혼자서 하도록 격려해 주세요. 스스로 했다는 뿌듯함에 한 뼘 더 성장할 거예요.

준비물

- 쟁반 1개
- 절연테이프
- 사물 3~4개 굴러가지 않도록 밑면이 넓거나 납작한 형태를 추천해요. 크기, 무게, 높이가 다른 사물을 쟁반으로 나르며 사물의 차이를 감각적으로 경험할 수 있어요.
- 사물 놓을 책상 1개

놀이팁

- 엄마가 시범을 보일 때 아이가 함께 걸으며 옆에서 지켜보도록 해요. 출발점에 앉아서 보는 것과 큰 차이가 있어요.
- 쟁반에 담은 사물의 개수가 많아질수록, 사물의 밑면이 좁아질수록, 사물의 높이가 높아질수록 어려워져요.

1 반환점에 책상을 두고, 그 위에 준비한 사물을 올려놓아요.

Tip 절연테이프로 출발점을 표시해요.

2 쟁반 잡는 법을 익혀요.

"쟁반을 두 손으로 잡았구나."
"쟁반으로 무엇을 할 수 있을까?"

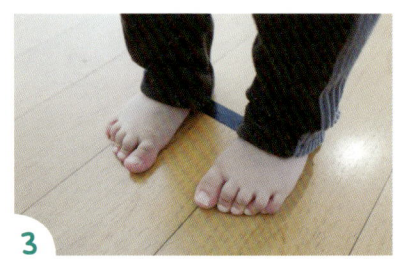

3 출발점에서 책상까지 걸어가요.

"여기부터 시작하는 거야."
(사물을 가리키며) "저기 있는 물건을 가져오자."

4 책상 위의 물건을 골라서 쟁반에 담아요.

"어떤 것을 고르고 싶니?"
"기린 인형을 쟁반 위에 올려놓았구나."

5 쟁반을 들고 출발점으로 돌아와요.

"그럼 이제 다시 출발해 볼까?"
"떨어지지 않게 조심조심 가자."

6 물건을 다시 책상 위에 가져다 놓고 활동을 마무리해요.

"이제 다시 갖다 놓자."
"두 손으로 조심조심 옮겨 주렴."

꼬치에 연필그립 끼우기

권장 월령 18개월 이상
놀이 목표 소근육 및 힘 조절력 발달 / 말랑말랑한 촉감 경험

끼우기 활동은 넣기 활동의 연장선에 있어요. 넣기를 반복하며 손과 손가락의 힘을 잘 조절하게 되면 사물의 구멍에 맞춰 끼우기를 할 수 있어요. 손가락을 보호하기 위한 연필그립은 말랑말랑한 고무 재질이라 딱딱한 재질보다 꼬치에 끼우기가 어려워요. 처음에는 딱딱한 펜네 파스타나 빨대를 끼우다 익숙해지면 연필그립으로 난이도를 높여 보세요.

준비물

- 꼬치 2개 산적용 20cm 정도가 적당해요.
- 3cm 폼폼 1개
- 연필그립 8개 20cm 꼬치를 폼폼에 꽂았을 때, 꼬치 하나에 4cm 길이의 연필그립이 4개씩 필요해요. 상황에 맞게 개수를 조절합니다.
- 연필그립 담을 그릇 1개
- 가위   글루건
- 소주잔 1개 폼폼을 넣어 바닥에 놓고 활동하기 위한 것으로 생략할 수 있어요.

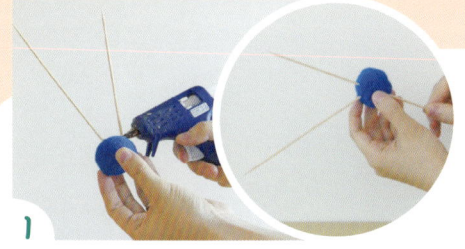

1
폼폼에 꼬치 2개를 'V'자 모양으로 꽂은 다음, 위아래 틈새를 글루건으로 고정해요.

Tip 꼬치의 간격이 좁으면 연필그립을 끼울 때 불편해요.

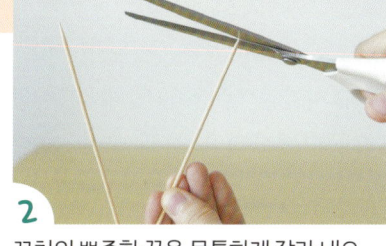

2
꼬치의 뾰족한 끝을 뭉툭하게 잘라 내요.

Tip 뾰족한 부분을 미리 자르면 폼폼에 꼬치를 꽂을 수 없으니 순서를 꼭 지켜 주세요.

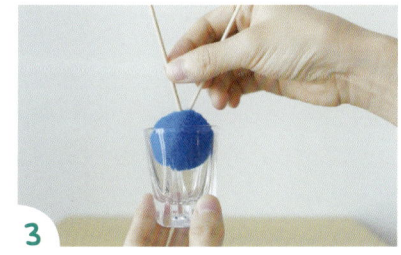

3
소주잔 안에 폼폼을 넣어 고정해요.

Tip 소주잔이 없는 경우, 아이가 활동하는 동안 엄마가 폼폼을 잡아 주세요.

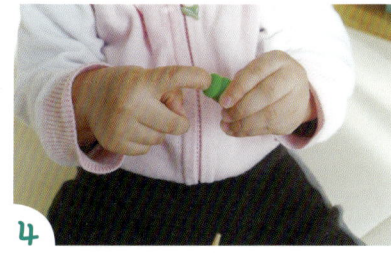

4
연필그립을 탐색해요.

"말랑말랑하구나."
"구멍에 손가락이 쏙 들어가네."

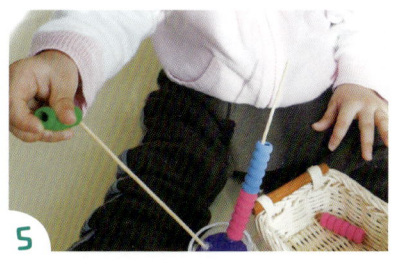

5
꼬치에 연필그립을 끼워요.

"구멍을 보면서 천천히 끼워 보렴."
"우와, OO가 스스로 끼웠구나!"

6
꼬치 끝까지 다 끼우면, 하나씩 빼서 그릇에 정리해요.

"어떻게 꼬치에서 빼면 좋을까?"
"OO가 바구니에 정리해 보자."

빨대에 면봉 끼우기

권장 월령 18개월 이상
놀이 목표 정교한 움직임을 위한 연습 / 일대일대응 경험

눈과 손의 협응력이 발달해 작은 구멍에 사물을 넣을 수 있게 되면 일대일대응 놀이에 도전해 보세요. 빨대와 면봉을 같은 수로 준비해 주면, 빨대에 면봉을 하나씩 끼우며 빈 빨대는 없는지, 안 끼운 면봉이 있는지 확인하며 일대일대응 개념을 습득할 수 있어요. 이런 일대일대응 놀이는 스스로 오류를 정정하며 활동하기 때문에 자립심을 높여 준답니다.

 준비물

- **빨대 3개** 빨대를 잘라서 면봉과 같은 개수로 만들어요.
- **면봉 8개** 면봉이 빨대에 잘 끼워지는지 미리 확인해 주세요.
- **원형 통의 뚜껑 1개** 이쑤시개나 면봉 통 등. 아이가 손에 쥘 수 있는 크기로 준비해요.
- **면봉 담을 바구니 1개**
- **가위**   **글루건**

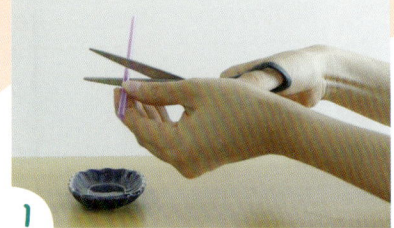

1
빨대를 통보다 길고 면봉보다 짧게 잘라요.
Tip 면봉을 다 끼운 후 스스로 뺄 수 있도록 면봉보다 1cm가량 짧게 잘라요.

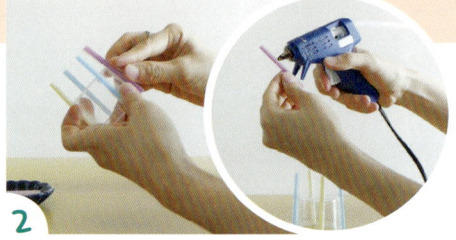

2
원형 통에 일정한 간격으로 빨대를 붙여요.
Tip 3번 사진과 같이 빨대 끝을 원형 통의 가장자리에 맞춰요.

3
빨대가 붙은 통을 탐색해요.
"뾰족뾰족 이게 뭘까?"
"통에 빨대가 하나씩 붙어 있어."

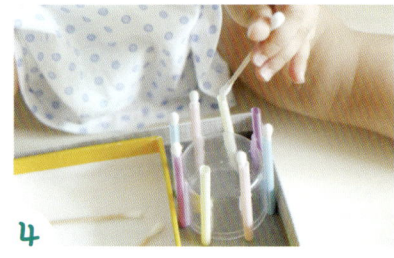

4
빨대에 면봉을 끼워요.
"하나씩 천천히 넣어 보자."
"꾹 누르니 쏙 들어갔네."

5
빈 빨대를 찾으며 일대일대응을 경험해요.
"통을 들고 보고 있구나."
"어떤 빨대가 비어 있는지 볼까?"

6
면봉을 빨대에서 당겨서 정리해요.
(꽉 찬 빨대를 가리키며) "면봉이 모두 들어가 있어."
"이제 하나씩 당겨서 꺼내 보자."

폼폼 떼어 빨대컵에 넣기

권장 월령 18개월 이상

놀이 목표 손목의 힘 조절력 및 대·소근육 발달 / 두 가지 이상 행동의 협응 경험

손을 반복적으로 사용하면 뇌 안의 신경세포들이 촘촘하게 연결되면서 두뇌가 발달합니다. 다양한 감각이 발달하며 생각의 폭이 넓어지고, 두 가지 이상의 행동을 동시에 혹은 차례대로 진행할 수 있게 되지요. 롤러테이프를 굴려서 폼폼을 붙이고, 손으로 폼폼을 떼어 빨대컵에 집어넣는 행동을 차례로 진행하는 놀이로 두뇌 발달을 도와 볼까요?

 준비물
- 청소용 롤러테이프 1개 상하로 움직이는 것이 좌우로 움직이는 것보다 조작하기 쉬워요.
- 폼폼 여러 개 빨대컵 구멍에 들어가는 크기로 준비해요.
- 폼폼 담을 그릇 1개
- 빨대컵
- 선행 대야

 놀이팁
- 롤러테이프 조작법을 익힐 때는 폼폼을 풍성하게 붙이면 좋지만, 빨대컵에 넣기까지 진행할 때는 폼폼이 너무 많으면 아이가 놀이 도중에 지칠 수 있어요.

선행 대야에 폼폼을 담아 놓고 롤러테이프 조작법을 익혀요.

Tip 아이 혼자 롤러테이프를 다루기 어렵다면, 엄마가 아이 손을 잡고 도와주세요.

1 그릇에 담긴 폼폼을 붙여요.
"테이프에 폼폼을 붙이고 있구나."
"알록달록 여러 가지 색이 붙었어!"

2 테이프에 붙은 폼폼을 탐색해요.
"손으로 만져 보니 느낌이 어떠니?"
"폭신폭신하네."

3 폼폼을 떼어 빨대컵 구멍에 넣어요.
"하나씩 하나씩 넣어 보자."
"컵 안으로 풍덩!"

4 그릇에 폼폼을 담아서 정리해요.
(빨대컵 뚜껑을 열어 주며) "그릇에 좌르르 따라 보자."
"○○가 하고 싶다면 또 해도 괜찮아."

국자로 오리 인형 옮기기

권장 월령 18개월 이상

놀이 목표 대·소근육 조절 및 생활 도구 탐색 / 물놀이로 정서적 안정감 경험

부엌에서 요리하고 있다 보면 어느새 아이가 다가와 찬장 문을 열고 조리 도구를 꺼내는 일이 어느 집이나 있을 거예요. 그만큼 엄마가 사용하는 생활 도구가 아이에게 매력적인 대상이랍니다. 대야 속에 둥둥 뜬 오리 인형을 국자로 떠서 그릇에 옮기며 물놀이를 해 보세요. 국자 사용에 익숙해지면, 입구가 좁은 병이나 컵에도 내용물을 옮길 수 있어요.

준비물

- 대야 1개
- 오리 인형 담을 그릇 1개
- 구멍 뚫린 국자 1개
- 오리 인형 10개 내외 물에 뜨는 장난감으로 대체할 수 있어요.
- 마른 수건 1개 액체로 활동할 때는 꼭 마른 수건을 준비하여 물을 흘렸을 때 스스로 정리할 수 있도록 합니다.
- **응용** 모양이 다른 국자 1개

놀이팁

- 베란다나 욕실 등 물을 흘려도 괜찮은 장소에서 활동해요. 김장 매트처럼 테두리가 올라온 놀이 매트도 좋아요.

1 대야에 물을 담고 오리 인형을 띄워서 준비해요.

2 물 위에 뜬 오리 인형을 탐색해요.
"그릇 안에 무엇이 있니?"
"꽥꽥 오리가 동동 떠 있구나."

3 국자로 오리 인형을 떠요.
"국자 안에 오리가 쏙 들어갔네."
"손으로 국자에 담아도 괜찮아."

4 그릇으로 오리 인형을 옮겨요.
"국자에서 그릇으로 콩 떨어졌네."
(숫자 개념을 익히도록) "하나, 둘, 셋."

5 오리 인형을 다시 물에 넣어요.
(빈 대야를 가리키며) "찰랑찰랑 물만 있네."
"오리를 다시 물에 넣어 주자."

응용 구멍이 뚫리지 않은 국자로 활동해요.
"이 국자는 구멍이 없네."
"물까지 같이 뜰 수 있구나."

아이스크림 국자로 호두 옮기기

권장 월령 18개월 이상

놀이 목표 손목의 유연성 향상 / 손가락 힘을 길러 운필력 발달

손으로 당기기, 넣기, 옮기기 등의 활동을 즐기던 아이는 점차 도구에 관심을 보이게 됩니다. 아직 소근육 조절력이 세밀하게 발달하지 않아 도구 사용이 어려울 수 있으니 국자 위에 손으로 사물을 올려서 옮기거나 엄마와 함께 도구를 잡고 옮기는 등 융통성 있게 활동을 조절해 주세요. 손가락으로 도구를 잡으며 글씨 쓰기 준비를 간접적으로 경험해요.

1 한쪽 그릇에 호두를 모두 담고, 빈 그릇을 나란히 놓아요.

2 아이스크림 국자를 탐색해요.
"커다란 숟가락이네."
(얼굴에 대면) "앗, 차가워."

3 아이스크림 국자로 호두를 떠요.
"호두가 숟가락 안으로 쏙 들어갔어."
"우리도 이렇게 냠냠 맘마 먹지."

4 반대편 그릇으로 호두를 옮겨요.
"초록색 그릇에서 호두를 폈네."
"노란색 그릇에 조심조심 놓자."

준비물

- 아이스크림 국자 1개 아이스크림 국자가 없으면 큰 숟가락이나 작은 국자 등 움푹 파인 도구로 대체할 수 있어요.
- 호두 5개
- 호두 담을 그릇 2개

응용 1 얼음 국자 1개, 공 4개

응용 2 분유 숟가락 1개, 얼음 모형 1줌

응용 1 얼음 국자로 공을 옮겨요.
"길쭉한 숟가락이야."
(하나씩 옮길 때마다) "하나, 둘, 셋, 넷."

응용 2 분유 숟가락으로 얼음 모형을 옮겨요.

Tip 얼음 모형이 없으면 레고 조각 등 분유 숟가락으로 뜰 수 있는 것을 사용해요.

놀이팁

- 좋아하는 인형에게 음식을 먹이는 역할 놀이로 확장하면 더욱 즐겁게 활동할 수 있어요.

숟가락으로 콩 옮기기

권장 월령 18개월 이상

놀이 목표 도구 탐색 및 사용법 인지 / 손가락 힘을 길러 운필력 발달

아이가 자조 능력이 발달하는 시기에 접어들면 무엇이든 자발적으로 해내려 해요. 아직은 숟가락으로 밥을 떠먹는 것이 서툴지만, 놀이를 통해 자연스럽게 기본 생활 습관을 익히도록 준비해 주세요. 처음에는 콩이나 돌, 쌀, 호두 등 무게감 있는 재료로 시작하고, 익숙해지면 폼폼, 과자, 뻥튀기 등 가벼운 재료로 바꿔서 활동해 보세요.

준비물

- 휴지심 3개
- 판지 1장
- 숟가락 1개
- 콩 2~3줌
- 콩 담을 그릇 1개
- 글루건
- 커터칼

응용 뻥튀기 여러 알

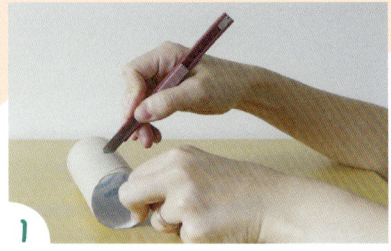

1 휴지심을 커터칼로 4등분해요.

Tip 휴지심이 없으면 종이컵을 잘라서 바닥 부분을 사용해요.

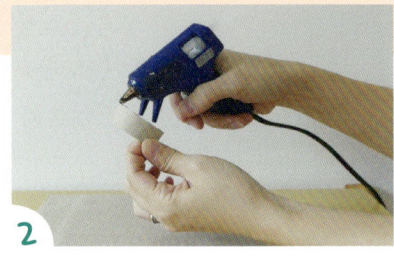

2 휴지심 조각을 글루건으로 판지에 붙여요.

Tip 4개, 3개, 4개로 붙여서 벌집 모양처럼 만들어요.

3 숟가락으로 콩을 떠서 옮겨요.

"동글동글한 콩이야."
"숟가락으로 퍼서 휴지심 안에 넣자."

4 콩을 옮기며 많고 적음을 경험해요.

"동그라미 안에 콩이 많이 들어갔네."
"여기는 조금만 들어가 있어."

응용

뻥튀기처럼 가벼운 재료로 바꿔서 활동해 보세요.

집게로 폼폼 옮기기

권장 월령 18개월 이상

놀이 목표 소근육 조작 능력 및 손가락의 힘 발달 / 새로운 도구 경험

아이는 성장하며 근육을 섬세하게 움직이는 것에 흥미를 느끼게 돼요. 엄지와 검지로 작은 사물을 집어 올리거나 집게로 사물을 집는 것 등을 예로 들 수 있지요. 아이가 숟가락 사용에 익숙해졌다면 이제 집게에 도전할 차례예요. 과자나 과일 등을 옮겨 담을 때 집게를 함께 놓아 주면 일상생활의 다양한 상황에서 집게를 사용할 수 있어요.

준비물

- **집게 1개** 조금만 힘을 들여도 집을 수 있는 것으로 준비해요.
- **폼폼 담을 그릇 2개**
- **2cm 폼폼 10개 내외**
- **절연테이프** 교구 쟁반 위에 집게 길이만큼 테이프를 붙여서 스스로 정리할 수 있도록 도와요.
- **응용** 다른 종류의 집게 1개

1
집게를 탐색해요.
"빨간 줄 위에 집게가 있구나."
"집게를 잡아 볼까?"

2
집게 사용법을 배워요.
(엄마가 집게를 움직이며) "모아졌다 벌려졌다 하는구나."
"OO도 집게를 움직여 보자."

3
집게로 폼폼을 집어서 옮겨요.
(빈 그릇을 가리키며) "이쪽 그릇에 옮기자."
"집게로 흰 공을 꾹 집었네."

4
행동의 인과관계를 경험해요.
"이제 하나 남았구나."
(폼폼이 많아진 그릇을 가리키며) "이쪽에 폼폼이 많아졌다!"

5
집게를 원위치로 놓고 활동을 정리해요.
"공을 모두 옮겨 주었어."
"빨간 줄 위에 집게를 놓으면 된단다."

응용
활동이 익숙해지면, 힘이 더 필요한 집게로 바꿔서 활동해요.

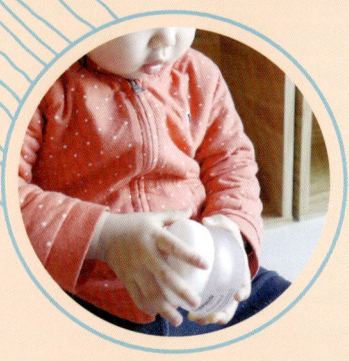

뚜껑 돌려서 열기

권장 월령 18개월 이상

놀이 목표 손목의 회전력 및 양손의 협응력 발달 / 인지력 및 독립심 향상

뚜껑을 돌려서 열려면 뚜껑과 용기를 각각 잡고 손목을 알맞게 회전해야 해요. 당기거나 결착 고리를 풀어서 여는 것보다 어렵고, 돌려서 닫는 것은 그보다 더 어렵지요. 반복적인 활동으로 손목을 자유롭게 회전할 수 있게 되면, 열쇠를 돌려 자물쇠를 풀고 잠그기, 수도꼭지를 틀고 잠그기 같은 일상생활에 필요한 기술로 확장됩니다.

준비물

- 돌려서 여는 둥근 통 5~6개 빈 병이나 다 쓴 화장품 등 용도와 크기를 다양하게 준비해요.
- 통 담을 바구니 1개

놀이팁

- 용기는 내용물 없이 깨끗이 씻어 준비해요. 용기 안에 남은 향기로 무엇을 담는 통인지 예측하며 호기심을 자극할 수 있어요.
- 뚜껑 열기를 어려워한다면 엄마가 아이의 손을 잡고 함께 열어서 성취감을 경험하도록 해요.

1 다양한 통을 바구니에 담아 준비해요.

Tip 아이 스스로 뚜껑을 돌려 열 수 있도록 너무 꽉 조이지 말고 헐겁게 닫아 두세요.

2 통을 자유롭게 탐색해요.

"바구니 안에 여러 가지 병이 있네."
"이건 주스 병이구나."

3 뚜껑을 돌려서 열어요.

"검은 통을 열고 싶구나."
"뚜껑과 병을 잘 잡고 살살 돌려 보렴."

4 후각을 이용해 통 안쪽을 탐색해요.

"○○가 뚜껑을 열었네."
"병 안에서 어떤 향기가 나니?"

5 용기와 뚜껑을 짝 맞춰서 닫아요.

"이 뚜껑은 어떤 병이랑 짝꿍일까?"
"빙글빙글 돌리며 잘 닫고 있구나."

6 통을 바구니에 담아서 정리해요.

"차곡차곡 담았구나."
"바구니에 잘 정리해 주었네."

마른 것 따르기

권장 월령 24개월 이상

놀이 목표 양손 및 눈·손의 협응력 발달 / 입구에 맞춰 따르며 집중력 향상

몬테소리 활동에서 따르기는 마른 것 따르기와 액체 따르기로 나뉘어요. 콩, 구슬, 쌀처럼 마른 것이 액체보다 따르기 수월해요. 마른 것 중에서는 알갱이가 큰 것이 따르기도 쉽고 바닥에 흘렸을 때 주워 담기 편하답니다. 쟁반에 컵을 놓을 때는 활동 사진 3번처럼 손잡이를 바깥으로 향하게 하여 양손 모두 컵을 잡을 수 있도록 준비해 주세요.

선행
소주잔에 담긴 마른 점토 덩어리를 다른 잔으로 따라서 옮겨요.

Tip 점토를 소주잔보다 작게 빚은 다음 잘 말려서 소주잔에 달라붙지 않도록 준비해요.

1
콩을 손으로 옮기며 재료를 탐색해요.
"컵 안에 하얀 콩이 있구나."
"손으로 콩을 옮기고 있네."

준비물

* **손잡이 있는 컵 2개** 시럽잔처럼 작고 가벼워야 한 손으로 들고 따를 수 있어요. 사진 속의 제품은 5온스(약 150mL) 중량의 크리머예요.
* **작두콩 약간** 컵 하나를 1/3 정도 채워요.
* **쟁반 1개**
* **선행** 소주잔 2개, 마른 점토 덩어리
* **응용** 구슬 약간

3
콩이 든 컵을 들어요.
"오른손으로 컵을 잡았구나."
"조심히 콩을 부어 볼까?"

4
컵을 기울여서 빈 컵에 콩을 따라요.
"천천히 잘 따라 주었구나."
"토도도독 소리가 났네."

놀이팁

* 아이가 어려워할 경우, 안정적으로 따를 수 있도록 컵의 바닥을 살짝 받쳐서 도와주세요.

5
콩을 원래 있던 잔으로 다시 따라요.
"이번에는 다시 원래대로 옮겨 줄까?"
"왼손으로 따라 보자."

응용
콩보다 알갱이가 더 작은 구슬을 따라요.

Tip 구슬 대신 알갱이가 작은 콩이나 다른 곡식을 활용할 수 있어요.

깔때기로 쌀 따르기

권장 월령 24개월 이상
놀이 목표 깔때기 사용법 탐색 및 인지 / 집중력 발달과 질서감 경험

깔때기에 파스타 넣기(56p)에서 깔때기를 엎어 놓고 배출구에 사물을 넣으며 깔때기를 경험했다면, 이번엔 깔때기의 원래 사용법대로 입구에 쌀을 따라서 넣는 놀이입니다. 처음에는 협응이 미숙하니 둘레가 너무 크지 않은 깔때기로 준비하는 게 좋아요. 깔때기의 둘레 쪽으로 치우쳐 재료를 따르게 되면 깔때기가 흔들려 쏟을 수 있어요.

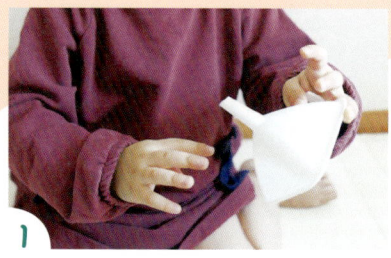

1 깔때기를 탐색해요.
"이건 깔때기라고 불러."
"뾰족한 구멍이 있지?"

2 깔때기를 빈 컵에 꽂아요.
"깔때기를 컵에 끼웠구나."
"그럼 쌀을 따라 볼까?"

3 컵을 기울여서 깔때기에 쌀을 따라요.
"손잡이를 잡고 천천히 따라 보자."
"차르르르 쌀이 쏟아지네."

4 깔때기의 특성과 대상영속성을 경험해요.
"쌀이 어디로 갔을까?"
(깔때기를 위로 들며) "여기로 옮겨졌네."

준비물

- **깔때기 1개** 컵에 꽂았을 때 컵 바닥에 깔때기의 배출구가 닿지 않아야 해요.
- **손잡이 있는 컵 2개** 시럽잔처럼 작고 가벼워야 한 손으로 들고 따를 수 있어요. 사진 속의 제품은 5온스(약 150mL) 중량의 크리머예요.
- **쌀 약간** 컵 하나를 1/3 정도 채워요.
- **쟁반 1개** 쌀을 흘려도 주워 담기 쉽도록 쟁반 위에서 활동해요.

5 깔때기를 빈 컵으로 옮겨 놓고 반복해요.
"깔때기를 다른 컵으로 옮겨 보자."
"쌀을 또 부어 볼까?"

6 깔때기를 쟁반에 엎어서 정리해요.
"넓적한 부분을 바닥에 놓아서 정리하자."
"다음에 또 해 보자."

놀이팁

- 아이가 어려워할 경우, 안정적으로 따를 수 있도록 컵의 바닥을 살짝 받쳐서 도와주세요.

깔때기로 물 따르기

권장 월령 24개월 이상
놀이 목표 신체 조절력 향상 / 집중력 및 주의력 발달

깔때기로 쌀 따르기(68p)를 통해 마른 것 따르기와 깔때기 사용에 익숙해졌다면, 이제 액체 따르기에 도전할 차례입니다. 물을 여러 번 따르며 한 병 가득 채우는 과정에서 집중력 발달은 물론이고 인내심, 성취감을 경험할 수 있어요. 꽃병에 물을 채워서 꽃을 꽂는 활동으로 확장하면, 정서적 안정감과 심미감까지 얻을 수 있답니다.

1
병 입구에 깔때기를 끼워요.
"깔때기의 어느 쪽을 끼워야 할까?"
"뾰족한 부분을 끼우자."

2
컵으로 대야의 물을 떠요.
"컵에 물이 채워졌네."
"이제 물을 따라 볼까?"

3
깔때기에 물을 따라서 병을 채워요.
"물이 병 안으로 들어가고 있어."
"쪼르르르 소리가 나네."

4
병에 채운 물을 대야에 다시 부어요.
"우와, 물이 가득 찼어."
(물을 부으면) "병 안에 아무것도 없네."

준비물

- 병 1개
- 컵 1개
- 대야 1개 1/2가량 물을 채워요.
- 쟁반 1개
- 깔때기 1개
- 마른 수건 1개 액체로 활동할 때는 꼭 마른 수건을 준비하여 물을 흘렸을 때 스스로 정리할 수 있도록 합니다.
- **응용** 손잡이 있는 투명컵 1개, 물감 또는 식용색소

5
쟁반이나 바닥에 흘린 물을 마른 수건으로 닦아서 정리해요.
"물을 흘렸구나."
"○○가 스스로 닦고 있구나."

응용
컵에 담긴 색깔물을 깔때기를 이용해 병에 따라요.

Tip 여름에는 시원한 느낌의 파란색, 겨울에는 따뜻한 느낌의 붉은색으로 계절감을 느껴요.

놀이팁

- 베란다나 욕실 등 물을 흘려도 괜찮은 장소에서 활동해요. 김장 매트처럼 테두리가 올라온 놀이 매트도 좋아요.

상 차리기

권장 월령 18개월 이상

놀이 목표 일상생활에 필요한 기술 습득 / 그릇 다루는 방법을 이해

식사는 아이 일상의 주된 활동 중 하나이므로 놀이를 통해 상 차리기를 간접적으로 경험하도록 합니다. 식기를 어디에 놓아야 할지, 어떤 그릇에 어떤 음식을 놓아야 하는지 이해하고, 실생활에서 주로 사용하는 유리 소재의 그릇을 안전히 다루는 방법도 배우게 돼요. 크기가 다른 그릇으로 크기 개념도 자연스럽게 인지할 수 있답니다.

 **준비물**

- 식기류 1인 세트 큰 접시, 작은 접시, 종지, 컵, 숟가락, 포크 등. 한식, 양식 등 종류에 따라 식기의 종류가 달라질 수 있어요.
- 손수건 1장
- 유성매직
- 음식 모형 여러 개
- 식기와 손수건 담을 바구니 1개

 **놀이팁**

- 식기와 손수건을 바구니에 담아서 정리하는 것까지 아이가 할 수 있도록 합니다.

1

손수건을 펼친 다음, 준비한 식기의 크기에 맞게 유성매직으로 윤곽선을 그려요.

Tip 손수건 위에 식기를 배치해 본 다음 그려야 실수 없이 그릴 수 있어요.

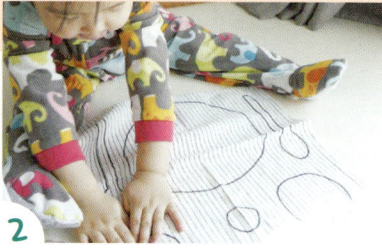

2

손수건을 펼쳐서 탐색해요.

"손수건을 펼치고 있구나."
"무엇이 그려져 있니?"

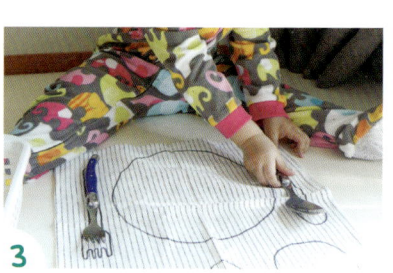

3

손수건의 그림을 보며 식기를 놓아요.

"포크를 두었구나."
"OO가 밥 먹을 때 쓰는 것들이야."

4

그릇을 놓으며 크기의 차이를 경험해요.

"조그만 그릇이네."
"작은 그릇은 작은 동그라미에 두었구나."

5

식기를 두 손으로 안전히 다루는 방법을 배워요.

"무거우니 두 손으로 옮겨 보렴."
"조심조심 천천히 옮겨 주자."

6

음식 모형으로 상을 차리며 역할놀이로 확장해 보세요.

"맛있는 과일 밥상을 차렸네."
"귤 주스도 있구나."

광고지로 음식 차리기

권장 월령 24개월 이상
놀이 목표 음식 명칭 및 관련 도구 경험 / 역할놀이를 통해 상상력 발달

아이가 좋아하는 과일부터 반찬까지 다양한 음식 사진이 담긴 슈퍼마켓 광고지를 활용해 음식을 함께 차려 보세요. 생생한 사진을 보며 아이가 무엇을 좋아하고 먹고 싶은지 이야기 나누다 보면 새로운 명칭도 쉽게 익히게 되지요. 아이가 실제 사용하는 식판에 사진을 놓고 놀이하면 재밌게 몰입하며 역할놀이를 할 수 있어요.

준비물
- **틴 케이스 1개** 자석이 붙는 철제 상자로 준비해요.
- **음식 사진 10개 내외** 광고지에서 음식 사진을 오려서 준비해요.
- **자석 테이프** 동전 자석을 이용할 경우 글루건을 이용해 붙여요.
- 접착 시트지   • 숟가락
- 유성매직

놀이팁
- 활동을 마치면 음식을 통에 모두 담고 뚜껑을 닫는 것까지 아이가 하도록 하여 자립심을 길러 주세요.

1
틴 케이스 뚜껑에 접착 시트지를 붙인 다음, 유성매직으로 칸을 그려요.
Tip 아이가 사용하는 식판과 똑같이 칸을 그리면 특별한 설명 없이도 식판임을 인지해요.

2
음식 사진을 잘라서 코팅하고 뒷면에 자석을 붙여요.
Tip 음식 사진 뒤에 색지를 붙여서 코팅하면 보다 견고하게 사용할 수 있어요.

3
틴 케이스 안에 음식 사진과 숟가락을 넣고 뚜껑을 닫아요.

4
음식이 담긴 통을 탐색해요.
(통을 흔들며) "어떤 소리가 나니?"
"뚜껑을 열어서 하나씩 꺼내 보자."

5
뚜껑의 칸 안에 먹고 싶은 음식을 차려요.
"음식을 차려 보자."
"○○가 좋아하는 바나나도 놓고, 고소한 고구마도 놓았구나."

6
음식을 먹는 역할놀이로 상상력을 자극해 보세요.
"숟가락에 노란 바나나를 올렸네."
"냠냠냠 맛있다."

빗자루 사용하기

권장 월령 24개월 이상
놀이 목표 양손 협응력 발달 / 주변을 정리하는 습관 형성

점차 스스로 하고자 하는 것이 많아지는 아이에게 한 손에 잡을 수 있는 작은 빗자루와 쓰레받기를 준비해 주세요. 주변을 스스로 정리하는 습관을 들여 일상생활의 참여를 높일 수 있어요. 흩어진 사물을 빗자루로 쓸어 모으고, 쓰레받기에 사물을 담고, 쓰레받기의 사물을 다른 그릇으로 비우는 작업의 순서를 기억하고 수행하며 두뇌 발달에도 좋아요.

준비물

- **미니 빗자루 세트 1개** 책상 정리용으로 작게 나온 빗자루와 쓰레받기 세트로 준비해요.
- **얼음 모형 10개 내외** 숏 파스타(펜네, 마카로니 등), 종이 뭉친 것 등 입체감 있는 것들로 대체할 수 있어요. 둥근 구슬이나 얇은 종이류는 빗자루로 쓸어 담기 어려워요.
- **얼음 모형 담을 그릇 1개**
- **쟁반 1개**   - **절연테이프**

놀이팁

- 빗자루로 쓸어서 쓰레받기에 담을 때 양손의 협응이 필요해요. 아이가 어려워할 수 있으니 엄마가 쓰레받기를 함께 잡고 기다려요.

1 쟁반에 절연테이프를 붙여서 네모를 만들어요.

2 빗자루를 탐색해요.
"머리카락처럼 생겼구나."
"이건 빗자루라고 한단다."

3 얼음 모형을 쟁반 위에 쏟아요.
"쟁반 위에 쏟아 보자."
"그릇을 조심히 뒤집어 보렴."

4 빗자루로 쓸어서 네모 안에 모아요.
"네모 안으로 모으고 있구나."
"빗자루를 잡고 쓱싹쓱싹."

5 쓰레받기에 담아요.
"그럼 이제 쓰레받기에 담아 볼까?"
"조각들을 빗자루로 쓸어서 담아 보자."

6 바구니에 얼음 모형을 쏟아 넣어요.
"바구니에 다시 넣어 주자."
"쟁반이 반짝반짝 깨끗해졌어."

이 닦는 연습하기

권장 월령 24개월 이상
놀이 목표 이 닦는 기술 익히기 / 몸 깨끗이 하기

두 돌 즈음이면 본격적으로 이를 닦을 시기예요. 얼굴 그림에 이를 검게 칠한 다음 충치가 생기는 이유를 함께 이야기해 보세요. 이 닦기의 필요성을 알고 위생 및 청결에 대한 개념을 형성할 수 있어요. 직접 칫솔을 잡아 보고, 칫솔을 스스로 움직이고, 이를 닦기 전후의 달라지는 모습을 확인하며 이 닦는 기술을 재미있게 익히도록 도와요.

 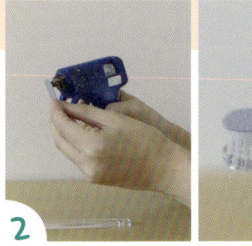

1
얼굴 그림을 코팅해 준비해요.
Tip 입과 같은 모양을 하나 더 만들어 붙이면, 입을 여닫을 수 있어요.

2
칫솔모 윗면 모양으로 부직포를 자른 다음, 글루건으로 칫솔모 위에 붙여서 치약을 표현해요.

 준비물
- 얼굴 그림 색지로 얼굴을 만들고, 유성매직으로 치아를 그려요.
- 칫솔 1개 놀이용 칫솔을 입에 넣지 않도록 주의해요.
- 부직포 혹은 펠트지 약간   • 글루건
- 셀로판테이프   • 보드마카

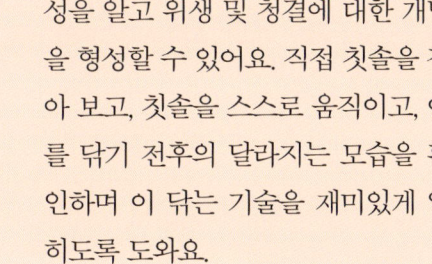

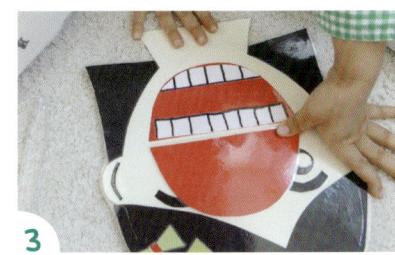 

3
깨끗한 이를 탐색해요.
"친구의 입을 열어 볼까?"
"이가 무슨 색이니?"

4
엄마가 깨끗한 이에 보드마카를 칠해 주며 충치에 대해 이야기 나눠요.
"이를 보렴. 어떻게 되었니?"
"왜 검은색이 되었을까?"

 놀이팁
거울에 비춰 아이의 이를 관찰해요. 하얀 이를 보며 양치를 깨끗이 하고 있다고 칭찬하여 앞으로 더 잘 닦을 수 있도록 해요. 엄마와 함께 거울을 보며 서로의 이를 비교해 보아도 흥미로워요.

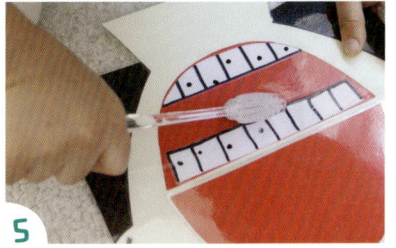 

5
칫솔로 깨끗하게 닦아요.
"치카치카 이를 닦고 있구나."
"이가 점점 하얘지고 있어!"

6
반복하며 이 닦기의 중요성을 알아요.
"충치가 생겼네."
"싹싹 닦아서 건강한 이로 만들어 주자."

손수건 접기

권장 월령 30개월 이상
놀이 목표 접고 펴는 기술 습득 / 기본 도형 인식

엄마 아빠가 빨래 개는 모습을 보고 아이도 빨래를 같이 개려고 할 때가 있어요. 접는 활동에 관심이 생긴 것이지요. 종이를 꼬깃꼬깃 여러 번 접어 책이라고 말하기도 하고, 종이를 잘못 접어 마음에 들지 않는다며 새로운 종이를 달라고 하기도 해요. 여러 번 접었다 펴도 자국이 남지 않는 손수건으로 손끝의 힘을 기른 뒤 차츰 종이접기를 시작해 보세요.

1
손수건의 양쪽 면에 선을 그려요.
Tip 양면 모두 선을 그려야 아이가 어떤 방향으로 펼쳐도 선이 보여요.

2
바구니에서 손수건을 꺼내요.
"바구니에 손수건이 들어 있네."
"하나 꺼내서 펼쳐 볼까?"

준비물
- 손수건 3장
- 손수건 담을 바구니 1개
- 유성매직

3
손수건을 펼쳐요.
"손수건을 쫙쫙 펼쳤구나."
"무엇이 있니?"

4
손수건의 선을 따라 그어요.
"엄마 손가락으로 쭉 따라 그어 보자."
"이 선을 따라 접는 거야."

놀이팁
- 접는 활동은 평평하고 반듯하게 접는 데 목적이 있지만, 아이들은 아직 손끝이 여물지 않아 삐뚤어지게 접곤 해요. 꼭 선을 따라 접지 않아도 괜찮아요. 선은 접는 기준을 제시해 주는 것일 뿐, 아이가 자유롭게 접고 싶다면 존중해 주세요.

5
선을 따라 손수건을 접어요.
(양쪽의 모서리를 가리키며) "끝과 끝이 만나게 접자!"
"접으면 어떤 모양이 될까?"

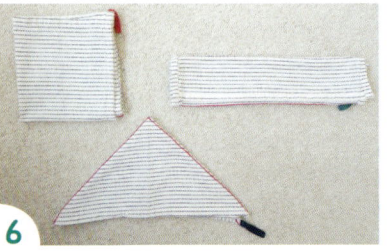

6
접고 펴는 과정을 반복하며 접는 방법을 익혀요.
"세모 모양이 되었구나."
"한 번 더 접으니 더 작아졌네."

머리핀 꽂기

권장 월령 30개월 이상
놀이 목표 집기 능력 발달 / 미의식 및 창의적 표현력 향상

아이는 거울을 보며 헝클어진 머리를 정돈하고 얼굴에 묻은 것을 닦아 낼 수 있어요. 나를 가꾸는 과정을 통해 자신을 소중히 여기고 건강하게 보호하는 방법을 경험하게 되지요. 아이가 직접 머리핀을 골라서 꽂을 수 있도록 털실을 이용한 활동을 준비해 보세요. 일상 속 작은 활동들을 스스로 해내며 자립심과 독립심이 향상된답니다.

1 판지에 얼굴을 그린 뒤, 털실을 적당한 길이로 잘라서 글루건으로 붙여요.

Tip 털실이 얼굴을 가리지 않도록 점선 부분의 털실 안팎에 글루건을 쏴서 고정해요.

2 판지 옆으로 머리핀을 꽂아서 준비해요.

3 털실을 머리빗으로 빗어요.
"머리카락이 기네. 빗으로 빗어 주자."
"○○의 머리카락은 친구보다 짧아."

4 머리핀을 탐색하고 조작 방법을 경험해요.
"이 머리핀은 부러뜨리듯 톡 힘을 줘야 해."
"똑딱 소리가 나면 된 거란다."

5 털실에 머리핀을 꽂아요.
"어떤 머리핀을 꽂아 주고 싶니?"
"두 손으로 꾹 누르면 된단다."

6 여러 종류의 머리핀을 꽂아요.
"알록달록 친구의 머리가 멋지네!"
(거울을 비춰 주며) "친구야, 머리가 마음에 드니?"

준비물

- 판지 1장 두꺼운 도화지로 대체 가능해요.
- 털실 한 줌 실제 머리카락처럼 검은색이나 갈색을 준비하여 사실감을 높여요.
- 머리빗 1개
- 머리핀 여러 개 집게핀보다 똑딱핀이 조작하기 더 쉬워요. 아이의 발달 수준에 따라 다양하게 준비하여 소근육 발달을 자극해요.
- 유성매직   가위   글루건

놀이팁

- 길고 짧음을 말할 때, '~보다', '~만큼', '~처럼' 등 비교와 관련된 조사를 활용하여 언어 발달을 도와요.

식사 준비하기

권장 월령 18개월 이상
놀이 목표 음식에 대한 즐거운 경험 / 도구 사용법 인지 / 일의 순서 기억 및 실행

식사 준비에 아이가 참여할 수 있도록 환경을 조성해 주세요. 음식을 스스로 준비함으로써 일상생활 속의 기술을 배우고 음식의 소중함도 느낄 수 있어요. 이때 음식의 크기나 양, 도구의 종류는 아이의 발달에 맞게 제시해야 하며 깨끗한 손으로 청결하게 먹도록 지도해요. 식탁에는 깔개나 도마, 접시 등을 두어 위생적으로 작업합니다.

식기 준비하기

숟가락과 포크, 식판 등 식사에 필요한 식기류는 아이의 손이 닿는 서랍장에 넣어 두고, "밥 먹을 시간이네. 같이 준비할까?" 말해 보세요. 가족의 식기를 자신이 도맡아 차리는 경험은 놀이처럼 매우 신나고도 가족의 구성원으로서 유대감을 형성하는 소중한 시간이 된답니다.

바나나 껍질 벗기기

바나나를 잘라서 칼집을 낸 다음 껍질 한쪽을 살짝 꺾어서 준비하면, 아이 스스로 바나나 껍질을 벗겨 내고 먹을 수 있어요. 바나나 껍질을 담을 빈 그릇도 함께 준비하여 정리하는 습관도 함께 길러요. 귤이나 고구마도 엄마가 껍질을 약간 까서 주고 아이가 이어서 까면 됩니다.

바나나 자르기

바나나처럼 무른 재료는 칼로 잘게 잘라서 그릇에 담는 것까지 확장해 보세요. 물결칼이나 빵칼 등 날카롭지 않은 칼을 이용하면 안전하답니다. 바나나 대신 아보카도나 찐 고구마로 응용할 수 있어요.

식빵에 잼 바르기 `24개월 이상`

필요한 모든 재료를 한 쟁반에 담아서 주면 아이가 한눈에 보고 작업 순서를 예측할 수 있어요. 숟가락으로 잼을 바르기 때문에 숟가락 활용이 자유로운 아이에게 추천해요. 크래커에 크림치즈 바르기, 샌드위치 만들기 등으로 응용해 보세요.

과일 갈아서 먹기 `24개월 이상`

전용 용기가 있는 강판을 준비하여 아이가 직접 과일을 갈아 먹도록 준비해요. 과일 문질러 갈기, 그릇에 담기, 숟가락으로 떠서 먹기를 순서대로 반복하며 복잡한 활동에 대한 기억력을 키워요. 거친 표면에 손을 다칠 수 있으니 엄마의 도움이 필요해요.

날달걀 깨기 `30개월 이상`

달걀을 그릇 모서리에 부딪쳐서 깨는 과정이 어려울 수 있으니 도와주세요. 힘 조절이 미숙해 껍데기를 벌리다가 그릇 안으로 껍데기가 들어가기 쉽고, 달걀 껍데기가 오염된 경우도 많으니 '사용 전' 흐르는 물에 씻어서 사용하도록 합니다.

식기 정리하기

 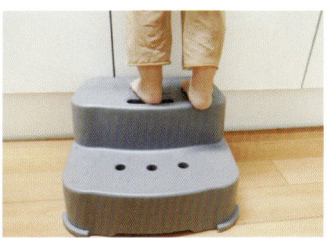

다 먹은 식기는 스스로 정리하도록 씽크대 앞에 아이 키에 맞는 발판을 준비해 주세요. 식기는 한 번에 하나씩, 두 손으로 잡고 안전하게 옮길 수 있게 지도합니다. 깨지는 그릇은 주의와 관찰이 필요하지만, 그릇에 따라 조심해야 함을 경험하며 스스로 행동을 조절할 수 있어요. 높은 곳의 사물을 꺼낼 때나 방의 불을 켤 때 등 다양한 상황에 발판을 활용하며 자립심을 키워요.

나 돌보기

권장 월령 18개월 이상

놀이 목표 기본 생활 습관 형성 / 독립심 및 자조 능력 향상 / 자아 존중감 향상

아이는 자신과 가장 가까운 부모를 모방하면서 자신을 돌보는 방법과 삶에 필요한 기본 기술을 배우게 됩니다. 아이가 자신을 스스로 돌볼 수 있도록 환경을 준비해 주세요. 어른에게는 아주 사소한 일이지만, 아이에게는 흥미로운 일이랍니다. 이런 자기 주도적 활동을 통해 자신을 소중히 여기게 될 뿐 아니라 독립적으로 성장할 수 있어요.

머리 빗기

머리카락이 있는 인형을 준비하여 아이에게 머리 빗는 법을 가르쳐 주면, 헝클어진 머리를 아이 스스로 빗을 수 있어요. 아이는 거울을 보며 나 자신을 돌보고, 나아가 다른 사람을 존중하는 마음을 가지게 됩니다.

얼굴에 묻은 것 닦기

작은 쟁반에 필요한 도구(휴지통, 거울, 휴지 적당량, 휴지 담을 상자)를 담아 준비해 놓아요. 아이 눈높이에 맞춰 준비된 환경은 어른의 도움에 의존할 필요 없이, 아이 혼자서 행동할 수 있도록 도와요. 처음에는 엄마가 휴지를 집어서 얼굴을 닦은 후 휴지통에 버리는 과정을 간단하게 보여 줘야 해요. 콧물이 흐를 때나 얼굴에 음식물이 묻었을 때 자신을 위생적으로 돌볼 수 있게 한답니다.

Tip 어린 월령은 휴지를 놀이의 재료로 생각할 수 있으니 손수건을 추천합니다.

옷과 신발 고르기

옷과 신발은 아이 손이 닿는 곳에 항상 두며, 3~4개 중 아이가 원하는 것을 직접 고르게 합니다. 가짓수가 많으면 아이가 선택에 부담을 느끼거나 어려워할 수 있어요. 계절과 날씨에 맞은 것을 종류별로 서랍 안에 정리해 놓거나 엄마가 미리 골라 둔 뒤, 아이가 선택할 수 있도록 해요.

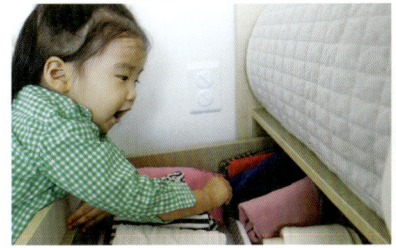 

지퍼 올리고 내리기

지퍼를 움직이는 작업은 눈과 손의 협응력을 키우고, 손가락의 조작 능력을 향상시켜요. 아이가 옷을 입을 때는 엄마가 지퍼를 끼워 준 다음, 아이가 직접 지퍼를 올릴 수 있도록 기다려 주세요.

옷 벗기

스스로 옷을 입는 건 어려워도 벗는 건 시도할 수 있어요. 지퍼를 내린 뒤, 한 손으로 다른 손 쪽의 소매를 잡아당기도록 합니다. 딱 맞는 옷을 벗을 때는 엄마가 도와줘야 하지만, 조금 크거나 헐렁한 겉옷은 혼자서도 벗기 편해 자존감 향상에 좋아요.

양말 벗기

외출하고 돌아오면 양말을 스스로 벗도록 해요. 세탁기가 위험한 곳에 있지 않다면 양말을 벗어 직접 세탁기에 넣도록 지도합니다.

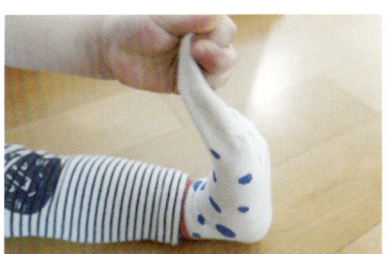

신발 벗어 정리하기

신발을 벗을 때에는 발뒤꿈치부터 벗을 수 있도록 지도하고, 벗은 신발은 가지런히 짝을 맞춰 놓도록 해요. 신발을 정리하는 것은 같은 사물이나 그림끼리 짝을 맞추는 언어 영역의 활동들과 같은 맥락을 지녀요.

일상 예절 익히기

권장 월령 18개월 이상

놀이 목표 긍정적 자아 및 안정적 애착 형성 / 사회적 기술 경험 / 기본 생활 습관 형성

우리는 언어적 표현뿐만 아니라 표정이나 몸짓, 눈빛 등을 이용해 비언어적으로도 표현해요. 아직 말을 시작하지 않은 아이들도 부모들의 다양한 표현을 보며 자연스럽게 일상에서의 예절을 익히게 되지요. 인사, 기침 예절, 줄서기, 물건 건네기 등 사회적 기술을 익히며 더불어 생활하는 법을 배우고, 남을 배려하고 존중할 수 있도록 지도해 주세요.

인사하기

인사는 타인과의 관계를 형성하는 가장 기본적인 사회적 기술이므로 집 밖에서 어른이나 친구를 만났을 때 인사하는 방법을 지도해 주세요. 어른에게는 손을 앞으로 모으고 고개를 숙이며 인사하고, 친구에게는 "안녕!" 하고 손을 흔들며 인사를 주고받도록 합니다. 인사를 하며 일상 예절을 경험하고 기분이 좋아짐을 느낄 수 있답니다.

기침하기

입을 막지 않고 기침이나 재채기를 하면 타인에게 불쾌감을 주고, 손으로 막고 하더라도 손에 병균이 묻어 다른 사람에게 옮겨질 수 있답니다. 어릴 때부터 팔을 구부려 팔꿈치 안쪽으로 입을 가리고 기침하도록 가르쳐야 해요. 기침이 나오기 전에 팔을 구부려 입을 막는 게 아이에게 쉽지 않지만, 점차 성장하며 자신의 행동을 조절 및 억제하게 되면서 올바른 방법으로 기침할 수 있어요.

두 손으로 사물 건네기

두 손으로 사물을 전달할 수 있도록 지도하여 예절을 경험해요. 보고 듣는 모든 것을 스펀지처럼 흡수하는 아이들에게는 "두 손으로 주세요."라는 말보다 부모가 두 손으로 건네고 두 손으로 받는 행동을 직접 보여 주는 게 더 중요해요. 가위를 이용할 때나 식사를 준비하며 그릇을 옮길 때 등 안전에도 중요한 생활 습관이랍니다.

집안일 돕기

권장 월령 24개월 이상

놀이 목표 일상생활 참여 / 독립심 발달 / 청결 습관 형성

흔히 우리는 일상 속의 여러 가지 일을 어른의 업무라고 생각하지만, 아이는 어른을 도우며 자신이 가족 구성원으로서 필요한 존재임을 깨닫고 스스로의 가치를 발달시켜요. 이러한 일들을 번거로운 집안일로 느끼는 게 아니라 환경을 질서 있게 유지하는 활동이라고 생각하지요. 정돈된 환경 속에서 안정감을 느끼며, 자신을 둘러싼 환경을 사랑할 수 있게 된답니다.

청소하기

간단한 청소 도구를 가까이에 비치하여 청소하는 습관을 들여요. 청소 도구는 조작이 어렵지 않아 간단한 시범으로 아이가 사용법을 익힐 수 있어요. 물을 흘리면 대걸레로 닦고, 작은 먼지는 롤러테이프로 치워요. 휴지나 종잇조각은 손으로 집어서 버릴 수 있도록 쓰레기통을 필요한 곳에 둡니다.

빨래 털고 널기

갈아입은 옷은 아이가 직접 세탁기나 빨래 바구니에 넣도록 해요. 세탁을 마친 옷은 양손으로 잡고 털어서 건조대에 널 수 있어요. 세탁을 마친 옷을 세탁기에서 꺼내는 것도 아이와 함께할 수 있지만, 안쪽 깊숙한 곳의 세탁물은 엄마가 꺼내야 해요.

옷 정리하기

아이가 옷을 개기는 아직 어려우니 엄마가 개어서 주세요. 티셔츠, 바지, 양말, 기저귀 등 종류에 따라 모으고, 서랍이나 바구니 안에 넣도록 지도해요. 옷 정리를 스스로 하면, 갈아입을 옷도 직접 가지고 올 수 있어요.

02 학습 능력의 기초를 다지는 감각 영역

감각 영역은 수, 언어, 문화 등 다양한 영역의 준비 단계예요. 모든 사물에 대한 인식은 감각으로부터 시작하기 때문이지요. 시각 활동으로 사물의 색, 모양, 크기 등을 분별하고, 청각 활동으로 주변의 소리를 주의 깊게 듣고 소리의 강약 및 고저를 느껴요. 사물의 질감, 무게, 실체를 손으로 경험하는 촉각 활동으로 사물의 성질을 인지해요. 이런 감각 활동을 통해 다양한 사물을 인지, 비교, 분류하며 자신의 세계를 확장해 나간답니다.

✅ **어린 월령일수록 완전히 대비되는 감각들로 구성해요.**
월령이 어린 아이들은 손바닥 전체를 사용하여 사물을 탐색하므로 감각이 확연히 대비되는 것들로 제공해야 그 차이를 쉽게 경험할 수 있어요. 점차 손을 자유롭게 다루고, 손끝을 섬세하게 움직이게 되면서 미세한 감각 차이를 변별할 수 있게 된답니다.

✅ **감각에 관련된 어휘는 간결하고 반복적으로 들려주세요.**
크다/작다, 길다/짧다, 높다/낮다, 거칠다/매끄럽다, 무겁다/가볍다, 밝다/어둡다 등은 이 시기의 아이가 익힐 수 있는 용어들이에요. 다양한 종류의 의성어·의태어를 활용하거나 친숙한 동물 또는 사물에 빗대어 아이가 느끼는 감각의 속성을 언어로 묘사해 주세요. 언어 영역의 3단계 교수법(154p)에 따라서도 어휘를 익힐 수 있어요.

✅ **하나의 특성만을 고립시켜 교구를 만들어요.**
색을 비교하는 색판은 크기와 모양, 재질은 모두 같고 색만 다르게 준비해요. 길이를 비교하는 휴지심은 색과 두께는 같고 길이만 다르게 준비해요. 이처럼 탐색하고자 하는 특성을 제외한 나머지 특성을 일정하게 유지하면, 다른 특성의 방해 없이 해당하는 특성의 차이를 더욱 집중하여 경험할 수 있어요. 몬테소리에서는 이렇게 하나의 특성만 고립시키는 것을 '개념의 고립화'라고 불러요.

✅ **활동 방법을 달리하여 반복적으로 경험해요.**
같은 교구라도 활동 방법에 따라 난이도가 달라져요. 처음에는 감각을 단순히 경험했다면, 다음 단계는 크기, 소리, 무게, 색, 모양 등 감각이 같은 것끼리 짝을 맞춰 봐요. 그다음은 길이, 높이, 거칠기, 두께 등을 비교하여 순서를 매길 수 있어요. 마지막으로 감각의 기준에 따라 서로 다른 사물을 분류하는 식으로 감각을 반복적으로 경험하며 변별력을 향상시켜 보세요.

흑백 경험하기

권장 월령 6개월 이전

놀이 목표 흑백을 경험하며 시각 자극 및 시력 발달 / 소근육 조절력 향상

신생아는 시력이 완전하지 않은 상태라 눈앞의 사물이 흐릿하게 보이고 흑백만 구분할 수 있어요. 성장하면서 점차 대상이 또렷해지고 3개월 전후로 색을 인식하기 시작하여 6개월 즈음에 색깔 구분이 완전해지지요. 6개월 이전에는 아이의 시각 발달 상황에 맞게 흑백 교구를 준비해 주세요. 모빌이나 초점책 말고도 흑백을 경험할 수 있답니다.

준비물

- 흑백 페트병 페트병, 쌀, 검은색 절연테이프
- 흑백 지퍼백 지퍼백, 검은콩, 흰색 절연테이프, 셀로판테이프
- 흑백 병뚜껑 흰색과 검은색 병뚜껑 여러 개, 털실, 송곳

놀이팁

- 색깔과 소리, 모양을 묘사하며 감각 발달을 도와요.
- 손바닥으로 치기, 누르기, 문지르기, 흔들기, 굴리기, 위에서 아래로 떨어뜨리기 등 다양한 방법으로 탐색할 수 있어요.

1 깨끗하게 씻어 말린 페트병 안에 쌀을 가득 담고 뚜껑을 닫아요.

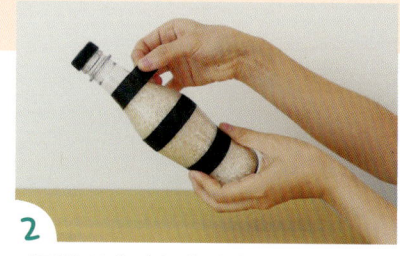

2 페트병 위에 검은색 절연테이프를 두르면 흑백 페트병이 완성됩니다.

Tip 페트병 뚜껑이 검은색이 아니라면 뚜껑까지 절연테이프를 둘러 주세요.

3 지퍼백에 검은콩을 담고 입구를 밀봉해요.

Tip 지퍼백이 열리지 않도록 입구를 셀로판테이프로 단단히 붙여 주세요.

4 지퍼백 위에 흰색 절연테이프를 줄무늬로 붙이면 흑백 지퍼백이 완성됩니다.

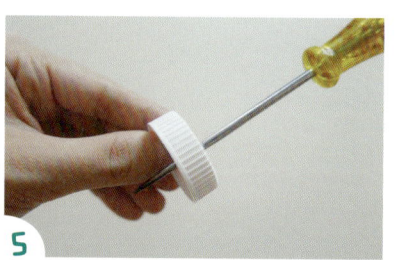

5 병뚜껑 중간에 송곳으로 구멍을 뚫어요.

Tip 송곳을 뜨겁게 달구면 쉽게 뚫려요.

6 털실에 흰색과 검은색 병뚜껑을 번갈아 끼워서 묶으면 흑백 병뚜껑이 완성됩니다.

레인스틱 흔들기

권장 월령 6개월 이상
놀이 목표 다양한 소리로 청각적 변별력 발달 / 레인스틱을 흔들며 대근육 발달

빗소리를 내는 악기인 레인스틱은 청각 발달 교구로 많이 활용됩니다. 주변의 재료로도 간단히 만들 수 있어요. 느린 속도로 약하게 흔들면 소리가 작게 나고, 빠른 속도로 강하게 흔들면 소리가 커져서 청각적 변별력을 기르는 데 도움이 됩니다. 소리에 예민한 아이는 큰 소리에 놀랄 수 있으니 아이의 성향에 맞게 활용해 주세요.

1 판지 위에 지관을 세워 놓고, 지관의 둘레를 따라 윤곽선을 2개 그려요.

2 윤곽선을 따라 오려서 지관의 위아래를 덮을 뚜껑을 준비해요.

Tip 윤곽선보다 1~2㎜ 정도 크게 오리면 지관에 쉽게 붙일 수 있어요.

3 지관의 한쪽 면에 글루건으로 뚜껑을 붙인 다음, 쌀을 넣어요.

4 지관의 나머지 면에 뚜껑을 단단히 붙이면 레인스틱이 완성됩니다.

준비물

- 지관 1개 쿠킹호일이나 키친타올 심처럼 길고 단단한 것으로 준비해요. 없으면 휴지심으로 대체할 수 있어요.
- 여분의 판지
- 연필 또는 펜
- 가위
- 글루건
- 쌀 약간

놀이팁

- 넣는 재료, 기울이는 속도, 흔드는 힘에 따라 들리는 소리와 크기가 달라요. 바닥에 굴리기, 바닥에 톡톡 치기, 손바닥에 치기, 빠르게 (혹은 느리게) 흔들기 등 다양한 방법으로 시범을 보여 주세요.

5 레인스틱을 탐색해요.
"이건 무엇일까?"
"길쭉하게 생겼구나."

6 레인스틱을 흔들며 소리를 탐색해요.
"차르르르르. 비 내리는 소리 같아."
"토도도독 소리가 나."

페트병 마라카스 흔들기

권장 월령 6개월 이상
놀이 목표 다양한 재료로 시각과 청각 자극 / 병을 흔들며 대근육 발달

청각적 변별력의 섬세한 발달을 위해 페트병에 다양한 재료를 넣어 소리에 관심을 가지고 경험할 수 있도록 준비해 주세요. '병을 흔드니 소리가 난다'는 행동의 인과관계도 경험할 수 있어요. 청각적 변별력이 점차 발달하면 페트병 속의 재료가 보이지 않도록 한 다음, 같은 소리가 나는 병끼리 짝을 맞추는 놀이로 확장해 보세요.

1 페트병을 깨끗하게 씻어 말려요.

2 페트병 안에 빨대를 2~3cm 길이로 잘라서 넣고 뚜껑을 닫아요.

 준비물

- **페트병 4개** 한 손에 잡기 편한 크기로 준비하여 자유롭게 소리를 경험할 수 있도록 해요. 뚜껑은 열리지 않게 꽉 잠가요.
- **페트병에 넣을 재료 4가지** 쌀, 구슬, 빨대, 색종이 등 다양한 소리를 경험하도록 준비해요.
- **가위**

응용 글루건, 투명한 통, 다양한 재료들

3 색종이도 가로세로 1cm 내외로 잘라 넣고, 쌀과 구슬도 각각 넣어서 준비해요.

4 페트병 마라카스를 탐색해요.
"병 속에 무엇이 들었니?"
"빨간색 구슬도 있고 노란색 구슬도 있네."

 놀이팁

- 처음에는 하나만 제시하여 소리를 집중하여 느낄 수 있도록 해요. 하나씩 추가하면서 아이는 다양한 소리를 경험하고 변별력을 높일 수 있답니다.

5 병을 흔들며 소리를 탐색해요.
"OO가 병을 번쩍 들었구나."
"흔들흔들 흔들고 있네."

6 소리를 다양하게 탐색할 수 있도록 도와요.
Tip 병끼리 부딪치기, 병으로 바닥 두드리기, 바닥에 굴리기, 세웠다가 손으로 쳐서 쓰러뜨리기 등 다양한 방법을 보여 주세요.

🔴 응용 재료 만지기 ; 12개월 이상

페트병에 넣은 재료를 뚜껑 위에도 붙여 보세요. 페트병 마라카스의 청각과 시각적 자극을 촉각적 자극으로 확장할 수 있어요. 재료를 만지며 페트병 속의 재료에 대한 호기심까지 충족시킬 수 있답니다. 재료를 붙일 때는 글루건을 이용해 단단히 붙이고, 쌀이나 구슬 등 입자가 작은 것들이 떨어져 입에 넣거나 빨지 않도록 관찰이 필요해요.

🔴 응용 재료 확장하기 ; 6개월 이상

병 속에 넣은 재료가 무엇인지에 따라, 병을 흔드는 힘과 속도에 따라 소리가 달라져요. 재료의 입자가 크고 무거우면 큰 소리가 나고, 쌀이나 빨대처럼 입자가 작거나 가벼우면 작은 소리가 나요. 무게, 소리, 색, 모양 등 서로 다른 것을 넣어 흔들어 보며 감각적으로 변별할 수 있도록 재료를 다양하게 준비해 주세요.

🔴 응용 자연물 관찰하기 ; 12개월 이상

바깥놀이를 할 때 주변의 자연물을 담아 와서 자연물에서 나는 소리도 들어 보세요. 걸을 수 있는 아이들은 직접 자연물을 모으도록 하면 더 좋아요. 병 안에 넣어 관찰하며 계절의 아름다움을 한눈에 볼 수 있고, 자연물의 모양과 질감, 색깔, 크기 등도 비교할 수 있어요.

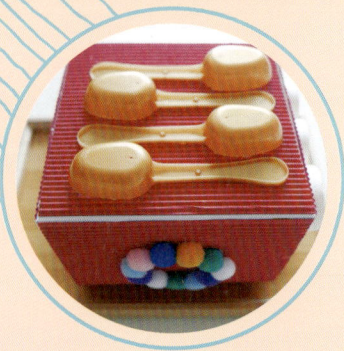

감각 주사위 탐색하기

권장 월령 6개월 이상
놀이 목표 주변의 사물을 감각적으로 탐색 / 소근육 조작력 발달

누워서 천장만 바라보던 아이가 뒤집기, 앉기 등 대근육 발달의 단계를 거쳐 시야가 더욱 높아지고 넓어지면서 볼 수 있는 사물이 다양해지고 궁금한 사물들이 많아져요. 자유로운 이동이 아직 어려운 아이를 위해 주변의 사물을 상자에 붙여서 감각 주사위를 만들어 주세요. 상자를 스스로 굴리며 독립심을 키우고 오감을 사용하여 탐색할 수 있어요.

 준비물

- **상자 1개** 아이가 만지다 망가질 수 있으니, 골판지로 감싸서 견고하게 만들어 주세요.
- **상자에 붙일 재료 6가지** 분유 숟가락, 휴지심, 폼폼, 병뚜껑, 면봉, 조약돌 등. 입으로 탐색할 수 있으니 깨끗하고 안전한 소재를 붙여요. 솜이나 종이는 추천하지 않아요.
- **글루건**
- **응용** 쟁반, 쟁반에 붙일 재료 여러 가지

놀이팁

- 엄마가 탐색하는 모습을 보여 주기, 아이의 손을 잡고 함께 만지기, 아이에게 주사위를 굴려서 전달하기 등 다양한 방법으로 아이의 흥미를 유도해요.

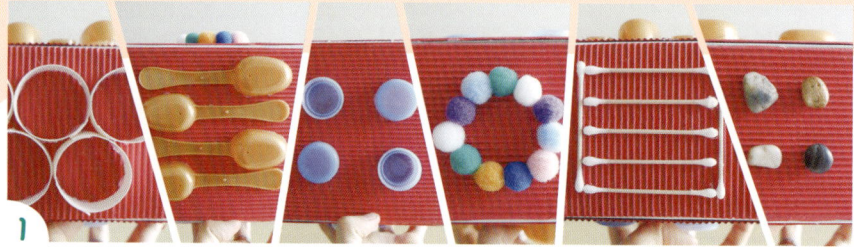

1 상자의 6면에 재료를 각각 붙여서 감각 주사위를 만들어요.

Tip 휴지심은 얇게 잘라서 붙여요. 분유 숟가락이나 병뚜껑처럼 윗면과 아랫면이 다른 사물은 번갈아 붙이는 등, 재료를 다양한 형태로 배열하여 아이가 자유롭게 상상하며 탐색할 수 있도록 도와요.

2 주사위를 탐색해요.
"폭신폭신한 폼폼을 만지고 있구나."
"파란색, 노란색, 초록색 알록달록해."

3 주사위를 계속 탐색하며 감각을 자극해요.
"돌멩이가 차갑지?"
"길쭉한 것도 있고 동그란 것도 있구나."

응용

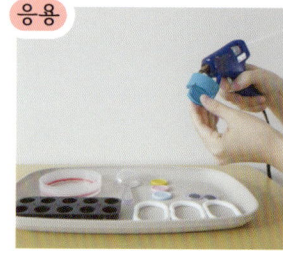  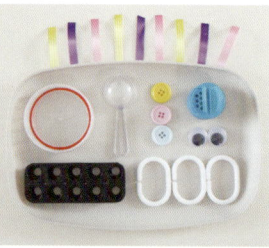

쟁반의 한쪽 면에 다양한 사물을 붙여서 감각 쟁반을 만들어요.

Tip 감각 주사위가 상자를 돌리며 탐색 대상을 찾는다면, 한 면에 모든 사물을 붙인 감각 쟁반은 다양한 사물을 한눈에 빠르게 탐색하여 호기심을 충족시킬 수 있어요.

감각 손가락 탐색하기

권장 월령 6개월 이상
놀이 목표 다양한 재료로 감각적 변별력 발달 / 무게를 감각적으로 경험

같은 재료라도 탐색 방법을 달리하여 사고력 발달을 도와요. 쌀이 담긴 장갑은 무겁고, 솜이 담기면 가벼워요. 콩이 담긴 장갑은 딱딱하지만, 밀가루가 담기면 폭신하지요. 이런 다양한 특징을 경험하며 감각적 변별력을 키울 수 있어요. 단, 아이가 장갑을 무서워하면 탐색을 강요하지 않고 교구장 한편에 비치하여 자연스럽게 관심을 유도하는 게 좋아요.

1
위생장갑의 다섯 손가락 안에 콩을 골고루 넣어요.

Tip 재료가 잘 들어가도록 장갑에 손을 넣었다가 빼거나 바람을 불어 넣어요.

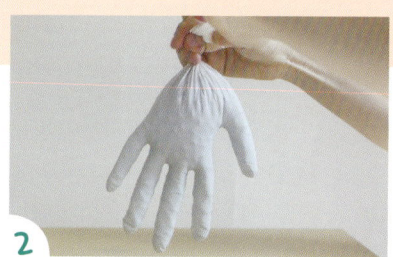

2
위생장갑의 손목 부분을 고무줄로 단단히 묶어요.

준비물
- 위생장갑 5개 니트릴이나 라텍스 소재의 위생장갑이 비닐 소재보다 질겨서 좋아요.
- 장갑에 넣을 재료 5가지 콩, 쌀, 밀가루, 솜, 폼폼 등. 장갑이 찢어지거나 고무줄이 풀릴 수 있으니 액체류나 위험한 재료는 넣지 않아요.
- 고무줄 5개

3
다른 재료도 마찬가지로 넣어서 감각 손가락을 준비해요.

Tip 아이가 장갑을 입에 넣을 수 있으니 겉면을 깨끗이 닦아 주세요.

4
감각 손가락을 탐색해요.
"손가락을 꾹꾹 눌러 보았구나."
"말랑말랑해."

놀이팁
- 손바닥끼리 부딪치기, 발에 문지르기, 손가락을 하나씩 접으며 숫자 세기, 위에서 아래로 떨어뜨리기 등 다양하게 놀아요.
- 감각 손가락을 입에 넣으려 할 때는 만지기, 누르기, 흔들기, 소리 듣기 등으로 시선을 다른 방향으로 돌리도록 유도해요.

5
감각 손가락에서 나는 소리를 들어요.
(아이 귀에 대고 흔들어 주며) "어떤 소리가 나니?"
"바스락바스락. 콩콩콩."

6
감각 손가락을 서로 비교해요.
"손 두 개로 짝짜꿍해 보았니?"
(콩 장갑을 가리키며) "이건 무겁고." (솜 장갑을 가리키며) "이건 가벼워."

바구니 탐색하기

권장 월령 6개월 이상
놀이 목표 사물에 대한 호기심 및 탐구심 향상 / 대·소근육 발달

아이 스스로 앉아 있을 수 있는 시기가 되면 탐색 바구니를 준비해 주세요. 탐색 바구니는 외부 세상을 경험하는 작은 통로가 된답니다. 엄마의 도움 없이 바구니 속 사물을 보고 만지고 향을 맡고 소리를 들으며 탐색 본능을 마음껏 발산하도록 돕는 활동이지요. 굴리기, 던지기, 누르기, 긁기, 부딪히기 등 다양하게 탐색하며 대·소근육도 발달시킬 수 있어요.

1 바구니에 사물을 담아서 준비해요.

Tip 4~5개 사물로 시작하고 하나씩 늘려 최대 7~8개까지 구성해요. 아이가 더는 사물에 관심을 보이지 않을 때 사물을 교체해요.

2 바구니를 탐색해요.

"바구니 안에 이것저것 많네."
"곰돌이 인형을 만지고 있구나."

3 사물을 하나씩 꺼내 자유롭게 탐색해요.

Tip 아이가 사물을 꺼내 탐색할 때마다 명확한 발음으로 명칭을 말해 주세요. 사물마다 명칭이 있음을 알고, 사물에 대한 인지적 사고를 높일 수 있어요.

 준비물

- 바구니에 넣을 사물 5~6개 입으로 탐색할 수 있으니 깨끗하고 안전한 것으로 구성해요. 자기 주변에 관심이 많은 때이니 집 안의 사물이면 충분해요.
- 바구니 1개 굵히거나 찔릴 위험이 없는 재질로 준비해요. 상자나 플라스틱 바구니도 괜찮아요.

응용 12개월 이상

주제별로 바구니를 준비해도 좋아요.

Tip 집 안의 사물들을 비슷한 것끼리 분류하여 구성하면 사물을 흥미롭게 탐색할 수 있어요. 같은 색, 같은 재질, 같은 모양, 같은 사용 장소, 같은 촉감 등 우리 주변을 둘러보면 같은 특성을 가진 것들이 많아요.

 놀이팁

- 아이가 온전히 자신만의 세상인 바구니 안에서 자신만의 방법으로 사물을 경험할 수 있도록 합니다. "입에 넣으면 안 돼.", "그건 위험해." 등 제지가 필요 없는 사물로 구성하고, 아이가 탐색하는 동안 아이의 활동을 묘사하며 언어 발달을 도와요.

호기심 주머니 탐색하기

권장 월령 6개월 이상
놀이 목표 다양한 사물의 감각적 경험 / 눈에 안 보이는 사물을 예측

화장하는 엄마의 모습은 아이에게 종종 관찰의 대상이 되곤 해요. 주머니 안에 손을 넣었다 빼면 밖에서는 보이지 않던 화장품이 나오니 요술처럼 재밌고 신기하겠지요. 아이가 사물을 하나씩 꺼내며 자유롭게 탐색할 수 있도록 주머니에 안전한 사물을 넣어 준비해 주세요. 주머니 속 사물을 감각적으로 경험하고 예측하며 호기심을 기를 수 있답니다.

1 주머니 안에 준비한 사물을 넣어요.
Tip 아이가 좋아하는 사물을 넣어 호기심을 유발해도 좋아요. 활동에 익숙해지면 개수를 늘려 주세요.

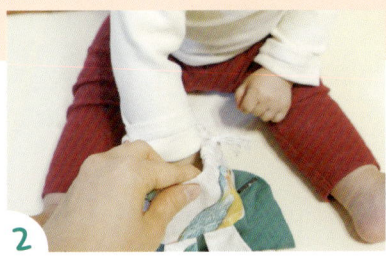

2 엄마가 주머니를 잡고, 아이가 주머니에 손을 넣어요.
"주머니 안에 손을 넣어 보자."
"뭐가 만져지니?"

3 주머니 속 물건을 하나씩 꺼내어 탐색해요.
"이건 무엇이니?"
"흔드니 찰랑찰랑 소리가 나네."

4 없음의 개념을 경험해요.
(주머니를 뒤집어 보이며) "아무것도 없네?"
"주머니에서 물건을 모두 꺼냈구나."

준비물

- 주머니 1개
- 주머니에 넣을 사물 4~5개 숟가락, 공, 블록, 뚜껑, 호두 등 안전한 것으로 준비해요.
- **응용** 지퍼 달린 주머니 지퍼가 부드럽게 잘 열리는 것으로 준비해요. 지퍼 손잡이가 작으면 열쇠고리나 인형 등의 사물을 달아요.

놀이팁

- 주머니를 흔들어 사물이 부딪히는 소리 들려주기, 주머니 겉면을 만지며 사물 예측하기, 안쪽을 살짝 들여다보며 기대감 표시하기 등으로 흥미를 끌어요.
- 주머니 안에 손 넣기를 무서워하면, 엄마와 함께 손을 잡고 넣거나 엄마가 주머니에서 사물을 꺼내 아이에게 줘도 좋아요.

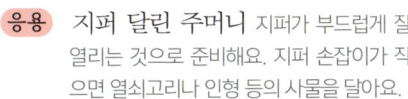

 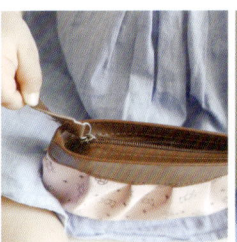 

지퍼 달린 주머니로 바꾸어 활동에 변화를 주세요.
Tip 매번 새로운 활동을 하는 것보다 이전 활동에서 새로운 작업(지퍼 열기)을 하나씩 추가하여 점진적인 변화를 주도록 합니다.

필름통 쉐이커 흔들기

권장 월령 6개월 이상
놀이 목표 청각적 변별력 발달 / 필름통을 잡고 흔들며 대근육 발달

눈과 손의 협응력이 발달하면 자기 앞에 놓인 사물을 손으로 쥘 수 있어요. 나아가 어깨와 팔의 근육이 발달하고 쥐는 힘이 강해지면 사물을 잡고 흔드는 게 가능해지지요. 아이가 직접 쉐이커를 흔들며 청각을 자극하는 놀이를 추천해요. 쥐기, 흔들기, 던지기, 두드리기 등 여러 방법으로 소리를 탐색하고, '흔들면 소리가 난다'는 인과관계도 경험할 수 있어요.

1
필름통 안에 넣을 재료를 준비해요.

2
필름통 안에 재료를 넣고 뚜껑을 닫아요.

3
나머지 재료도 필름통에 넣어서 상자에 담아 제시해요.
"상자 안에 동그랗고 검은 통이 있어."
(통을 하나씩 세며) "하나, 둘, 셋, 넷."

4
필름통을 자유롭게 탐색해요.
"통을 흔들흔들 흔들었네."
"이쪽에서는 콩콩, 저쪽에서는 딱딱 소리가 나는구나."

준비물

- 필름통 4개
- 필름통 담을 상자 1개
- 필름통 안에 넣을 재료 4가지 방울, 지우개, 집게, 단추 등.

응용 분유 숟가락 4쌍, 글루건, 숟가락 안에 넣을 재료 4가지

놀이팁

- 아이는 힘 조절이 어려워 세게 흔들 거예요. 아이 귀에 대고 살살 흔들어서 작은 소리도 경험하도록 도와요.
- 바닥에 굴리기, 탑처럼 높이 쌓기, 탑 무너뜨리기, 발바닥에 두드리기 등 다양하게 놀 수 있어요.

응용

  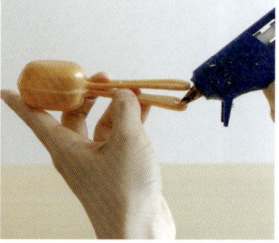

분유 숟가락에 재료를 넣고, 또 다른 분유 숟가락을 붙여서 숟가락 쉐이커를 3개 만들어요.

Tip 숟가락 머리의 테두리에 글루건을 쏜 다음 재료를 넣으면 편해요. 자루 부분까지 꼼꼼히 붙여 주세요.

뚜껑 탐색하기

권장 월령 6개월 이상
놀이 목표 다양한 촉감 경험 / 사물에 대한 호기심 및 탐구심 향상

뚜껑 안쪽에 붙여 놓은 사물을 만지며 다양한 촉감을 경험하는 놀이예요. 뚜껑을 모두 뒤집어 놓으면 안쪽의 재료가 보이지 않아 궁금증을 유발할 수 있어요. "이번에는 무엇이 나올까?" 이야기 나눈 다음, 뚜껑을 하나씩 뒤집고 만지며 호기심을 충족시켜요. 18개월 이상이 되면, 같은 재료를 2개씩 만들어 짝 맞추기 놀이로 응용해 보세요.

1 잼뚜껑 안쪽에 글루건으로 입체 눈알을 붙여요.

2 다른 재료도 붙여서 준비해요.

3 바구니를 탐색해요.
"바구니 안에 무엇이 들었니?"
"여러 가지 뚜껑이 있네."

4 잼뚜껑에 붙인 재료를 탐색해요.
"손으로 만져 보니 느낌이 어때?"
"파란 건 폭신폭신하고, 하얀 건 구멍이 뿅뿅 나 있구나."

준비물

- 잼뚜껑 5개
- 뚜껑에 붙일 재료 5가지 머리끈, 폼폼, 펜네 파스타, 입체 눈알, 레이스 천 등. 뾰족하거나 위험한 사물은 아이가 자유롭게 탐색할 수 없으니 입에 넣어도 괜찮은 사물들로 구성해요.
- 잼뚜껑 넣을 바구니 1개
- 글루건
- 응용 주머니 1개, 다양한 재료를 붙인 잼뚜껑 5쌍

응용 18개월 이상

마찬가지로 5쌍을 만들어서 주머니에 넣은 다음, 뚜껑을 하나씩 꺼내며 짝을 맞춰요.
(주머니를 흔들며) "주머니 안에 무엇이 들었을까?"
"하나씩 꺼내서 똑같은 짝꿍끼리 맞춰 주자."

물티슈 뚜껑 감각판 여닫기

권장 월령 6개월 이상
놀이 목표 여닫는 과정을 통해 소근육 발달 / 대상영속성 이해

10개월 즈음이 되면 눈앞의 사물을 숨겨도 완전히 사라진 것이 아니라는 대상영속성 개념을 인지하기 시작해요. 물티슈 뚜껑 안에 사물을 붙여 놓고, 뚜껑을 여닫으며 대상영속성을 자연스레 경험하도록 준비해 주세요. 물티슈 뚜껑 안에 촉감 재료 외에 가족 얼굴, 동물 사진 등 주변을 탐색할 수 있는 사물을 붙여서 다양하게 활용해도 좋아요.

 준비물
- 캔버스 1개 상자나 판지로 대체할 수 있어요.
- 물티슈 뚜껑 4개
- 뚜껑 안에 붙일 재료 4가지 단추, 커피스틱, 폼폼, 절연테이프 등. 물티슈 뚜껑 개수에 맞게 준비해요.
- 글루건

1
물티슈 뚜껑에 글루건을 쏴서 캔버스 위에 붙여요.

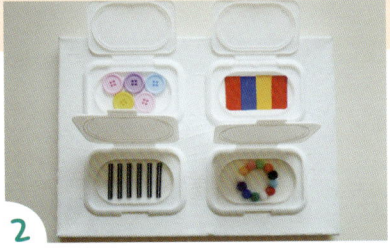

2
물티슈 뚜껑 안쪽에 준비한 재료를 붙인 다음, 뚜껑을 닫아요.

Tip 아이 스스로 뚜껑을 열 수 있도록 뚜껑을 꽉 눌러 닫지 마세요.

3
물티슈 뚜껑을 열어요.
"뚜껑을 열면 무엇이 있을까?"
"○○가 손을 넣었구나."

4
물티슈 뚜껑 속 재료를 탐색해요.
"동글동글 동그라미네."
"이건 단추라고 해."

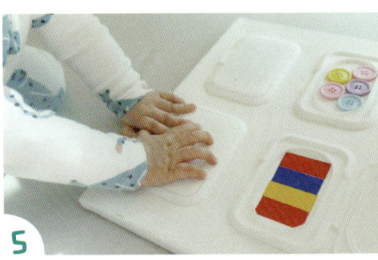
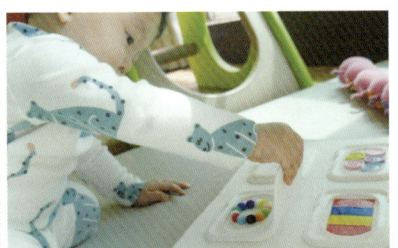

5
뚜껑을 열었다 닫았다 하며 대상영속성을 경험해요.
"어? 동그라미가 어디로 갔지?"
(다시 뚜껑을 열면) "아하, 여기 있구나."

대상 영속성 상자 경험하기

권장 월령 6개월 이상
놀이 목표 대상영속성 발달 / 행동의 인과관계 경험

대상영속성은 사물이 눈앞에 보이지 않더라도 아예 사라지는 게 아니라 계속 존재한다는 개념이에요. 손으로 얼굴을 가리거나 얼굴을 숙였다가 "까꿍" 하고 나타나는 까꿍 놀이가 대표적인 대상영속성 놀이지요. 공이 구르는 특징을 이용한 놀이도 추천해요. 상자를 열어 보지 않고도 공이 밖으로 빠져나와서 쉽게 대상영속성을 익힐 수 있어요.

1
상자 윗면에 탁구공보다 크게 구멍을 내요.
Tip 사진처럼 한쪽에 치우쳐서 뚫어야 3번 과정에서 만들 경사면과 연결될 수 있어요.

2
구멍에서 먼 쪽의 옆면을 잘라서 탁구공이 밖으로 나올 수 있도록 해요.

 준비물

- 뚜껑 있는 상자 1개 신발 상자를 사용하면 쉽게 만들 수 있어요.
- 탁구공 1개
- 탁구공 담을 바구니 1개
- 커터칼
- 글루건
- **응용** 6구 머핀틀 1개, 포스트잇 3~4장, 머핀틀 안에 들어갈 작은 사물 3~4개

경사면

3
잘라 낸 옆면을 구멍 아래쪽 옆면에 비스듬히 붙여 경사면을 만든 뒤 상자를 닫아요.
Tip 경사면 각도가 크면 공이 빨리 나오고, 각도가 작으면 공이 천천히 굴러 나와요.

4
탁구공을 상자의 구멍 안에 넣어요.
"구멍 안에 공을 넣어 보겠니?"
(공을 넣은 뒤) "어? 공이 없어졌네! 어디 갔지?"

 **놀이팁**

- 과자 위에 그릇을 엎어서 과자를 숨겨 놓고, 찾아보는 놀이도 재밌어요. 익숙해지면 그릇을 2개 준비하여 한 곳에만 과자를 숨기는 놀이로 확장할 수 있어요.

5
공이 없어지지 않음을 경험해요.
"까꿍, 공이 여기 있구나."
"공이 없어지지 않았어."

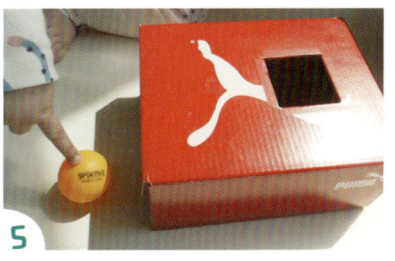

응용

머핀틀 안에 사물을 넣고 포스트잇을 붙인 다음, 포스트잇을 떼며 까꿍 놀이를 해요.
(종이를 가리키며) "이 안에 무엇이 있을까?"
"까꿍, 빨간 뚜껑이 있네."

모양 퍼즐 꺼내기

권장 월령 6개월 이상

놀이 목표 모양에 대한 변별력 향상 / 손잡이를 잡으며 쓰기를 위한 간접 경험

아이들이 처음부터 퍼즐 모양을 맞춰 끼우기는 어려우니 퍼즐 판에 끼워진 퍼즐 조각을 꺼내는 것으로 놀이를 시작해요. 퍼즐 판의 구멍 테두리와 퍼즐 조각의 테두리를 손가락으로 따라 그리며 모양에 대한 변별력을 키울 수 있어요. 눈과 손의 협응력이 어느 정도 발달하게 되면 퍼즐 판에 퍼즐 조각을 끼우는 놀이로 확장해 보세요.

1 판지 위에 동그라미, 세모, 네모를 그려요.

Tip 동그라미는 밑면이 둥근 사물의 테두리를 그리고, 세모와 네모는 자를 이용해 그려요.

2 도형 모양을 커터칼로 잘라 낸 다음, 판지 테두리에 절연테이프를 둘러서 퍼즐 판을 만들어요.

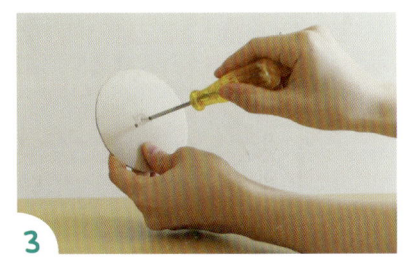

3 도형 모양으로 잘라 낸 판지에 송곳으로 구멍을 2개 뚫어요.

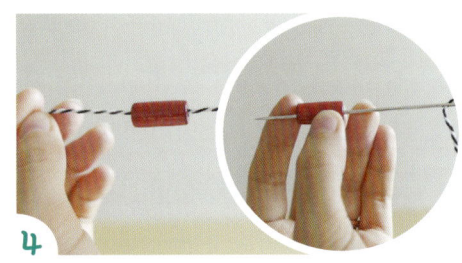

4 비즈에 실을 꿰어 주세요.

Tip 실이 잘 안 꿰지면 바늘을 이용합니다.

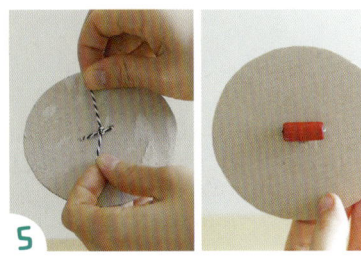

5 실의 양끝을 판지의 구멍에 넣고 단단히 묶어서 손잡이가 달린 퍼즐 조각을 만들어요.

6 나머지 도형도 같은 방법으로 만들어요.

Tip 장구핀의 장구 모양(니퍼로 뾰족한 부분을 잘라 내고 사용)이나 폼폼, 병뚜껑을 글루건으로 붙여서 손잡이를 만들어도 됩니다.

준비물

- **판지 1장** 가로세로 30x12cm 내외로 준비해요.
- **밑면이 둥근 사물** 원형을 대고 그려요.
- **비즈, 도톰한 실** 퍼즐의 손잡이를 만들 때 사용해요.
- **절연테이프** 퍼즐 판의 테두리를 정리하기 위한 것으로 생략할 수 있어요.
- **자** • **연필 또는 펜** • **커터칼** • **송곳**

놀이팁

- 동물이나 교통수단, 숫자 등 다른 모양의 퍼즐도 테두리를 손가락으로 따라 그리며 모양을 익힐 수 있어요.

7

퍼즐 조각을 퍼즐 판에 맞춰서 준비해요.

Tip 퍼즐 판을 매트나 바닥에 테이프로 붙여서 움직이지 않도록 고정하면, 퍼즐 조각을 꺼내기 쉽고 퍼즐 판도 구겨지지 않아요.

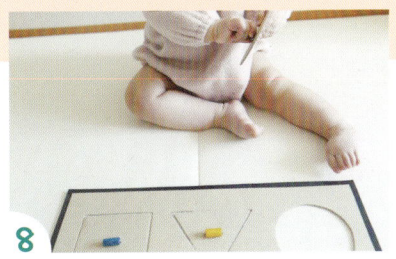

8

도형 퍼즐을 탐색해요.

"동그라미, 세모, 네모가 있어."
(퍼즐 조각을 들어 올리면) "어? 구멍이 뻥 뚫렸네!"

9

도형을 경험해요.

"네모를 번쩍 들어 볼까?"
(아이 손가락을 잡고 구멍의 테두리를 따라 그으며) "이게 네모란다."

응용 1

퍼즐 판만 창문에 붙여서 구멍 난 모양을 만지며 도형과 친해져요.

Tip 구멍을 통해 엄마와 까꿍 놀이를 하거나 구멍 사이로 들어오는 따사로운 햇볕을 느껴 보세요.

응용 2 12개월 이상

퍼즐 조각을 모양에 맞춰 퍼즐 판에 끼워서 모양 퍼즐을 완성해요.

Tip 모양을 하나씩 가리키며 명칭을 반복적으로 들려주고, "세모가 어디 있을까?" "네모를 정리하자."와 같은 말로 아이가 명칭을 인지할 수 있도록 도와요.

콩 만지기

권장 월령 12개월 이상
놀이 목표 촉각 및 청각적 자극 / 정서적 안정감 제공

양손을 고루 사용해 콩을 만지며 동그랗고 차가운 콩의 촉감을 느끼고, 콩이 떨어지며 나는 소리로 청각을 자극해요. 감각을 자극할 뿐 아니라 정서적 안정감도 준답니다. 이 시기의 아이는 콩처럼 작은 사물에 강한 호기심을 보이므로 이런 활동으로 적절히 자극해 주세요. 단, 작은 사물을 탐색할 때는 입에 넣지 않도록 세심한 관찰이 필요해요.

1 대야에 콩을 담아 준비해요.
"검은색 콩이 많구나."
"만져 보니 느낌이 어떠니?"

2 양손을 이용해 콩을 탐색해요.
"주먹에 꽉 쥐어 보았네."
(콩을 쥐었다 떨어트리면) "두두두. 콩이 떨어졌어."

3 국자로 콩을 탐색해요.
"국자로 콩을 퍼 볼까?"
"드르륵드르륵 소리가 나네."

4 다양한 도구로 자유롭게 탐색해요.
"콩을 휙휙 저어 보고 있구나."
"작은 숟가락도 있네."

준비물

- 콩 적당량
- 콩 담을 대야 1개
- 다양한 도구 3~4개 국자, 주걱, 숟가락, 병, 그릇 등 집에 있는 도구를 활용해요.
- 놀이용 매트 콩을 대야 밖으로 흘릴 수 있으니 뒷정리가 편한 놀이용 매트에서 활동해요.

응용 쌀 적당량, 페트병 쉐이커(103p 1~2번 참조)

놀이팁

- 머리 위로 떨어뜨리기, 손가락 사이로 떨어지는 모습 보기, 쥐었다 폈다 반복하기, 발로 밟기 등 다양하게 탐색해요.
- 대야만 준비했다가 아이 눈앞에서 대야에 콩을 담아도 좋아요.

응용

쌀을 대야에 담고 다양한 방법으로 탐색해요.

Tip 페트병 쉐이커에 쌀을 담아 흔들며 청각적 자극을 도울 수 있어요.

쌀 속에서 퍼즐 찾아 맞추기

권장 월령 12개월 이상

놀이 목표 퍼즐로 시지각 능력 발달 / 찾는 과정을 통해 인지 발달

가지고 있는 손잡이 퍼즐을 색다르게 활용해 보아요. 쌀 속에 퍼즐 조각을 숨기고 손잡이만 밖으로 나오게 하여 퍼즐을 하나씩 꺼내 맞추는 놀이랍니다. 새로운 경험은 한 번에 하나씩 차근차근 시도하는 게 좋아요. 쌀을 이용한 활동이 처음인데 퍼즐까지 새로 산 것이라면 아이가 새로 탐색할 대상이 많아져 부담스러울 수 있어요.

 **준비물**
- 쌀 적당량
- 쌀 담을 대야 1개
- 손잡이 퍼즐 1세트
- **놀이용 매트** 쌀을 대야 밖으로 흘릴 수 있으니 뒷정리가 편한 놀이용 매트에서 활동해요.

1
퍼즐 조각을 쌀 속에 넣고, 퍼즐 손잡이만 밖으로 보이도록 표면을 정리해요.

Tip 아이가 보지 않을 때 퍼즐을 숨겨서 기대감을 높여요.

2
쌀이 담긴 대야를 탐색해요.
"쌀 안에 무언가 숨겨져 있어."
(손잡이를 가리키며) "이게 무엇일까?"

3
퍼즐 손잡이를 잡아요.
"짠, 동그란 게 뾰족 나와 있네."
"한번 꺼내 보겠니?"

4
퍼즐을 꺼내 탐색해요.
"뻐끔뻐끔 물고기야."
"또 어떤 동물이 숨어 있을까?"

5
퍼즐 조각을 퍼즐 판에 맞춰요.
"퍼즐을 판에 맞춰 보자."
"퍼즐 판에 쏙 들어갔어!"

얼음 탐색하기

권장 월령 12개월 이상

놀이 목표 얼음의 촉감과 온도 경험 / 도구 사용법 인지

날이 더워지면 아이도 어른처럼 지치고 힘들어요. 이런 날, 더위도 식히고 스트레스도 해소하기 위한 방법으로 얼음 촉감 놀이를 추천해요. 얼음을 만지고 옮기며 얼음의 미끄럽고 차가운 촉감과 얼음이 녹아 없어지는 특징을 직접 경험할 수 있어요. 얼음을 만들 때 꽃잎이나 작은 장난감을 넣어서 얼음을 녹여 물질을 꺼내는 놀이로 응용해 보세요.

1 대야에 얼음을 담아 준비해요.

Tip 얼음만 담아서 얼음이 녹아 물이 되는 것을 경험해요.

2 얼음을 손으로 탐색해요.
(대야를 가리키며) "무엇이 보이니?"
"이건 얼음이란다."

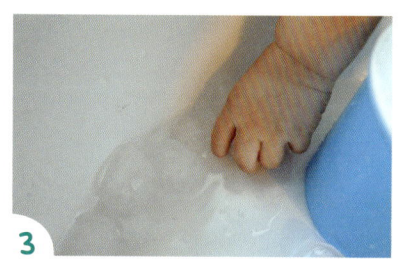

3 얼음의 차갑고 미끄러운 특징을 경험해요.
"얼음이 자꾸 도망가네!"
"물을 추운 데서 꽁꽁 얼리면 차가운 얼음이 된단다."

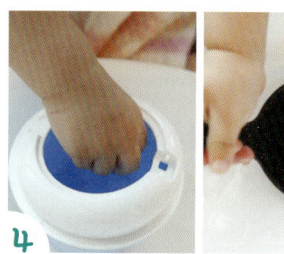

4 얼음을 다양한 방법으로 통에 담아요.
"얼음을 통에 넣어 볼까?"
"콩 하고 떨어졌어."

준비물

- 얼음 15~20개 입에 넣어 탐색할 수 있으니 생수를 얼려서 준비해요.
- 얼음 담을 대야 1개
- 얼음 담을 통 1개
- 주방 도구 국자, 주걱 등.
- (응용) 꽃을 넣어 얼린 얼음 여러 개

응용 18개월 이상

꽃을 넣어 얼린 얼음으로 시각적 자극까지 함께할 수 있어요.
"얼음 안에 꽃이 들어 있네." "얼음을 녹이면 꽃을 구해 줄 수 있어."

놀이팁

- 꽃잎 얼음을 만들 때 다양한 꽃을 원한다면 인터넷에서 쉽고 저렴하게 구할 수 있는 식용 꽃으로 준비해 보세요.

냄비 뚜껑 여닫기

권장 월령 12개월 이상
놀이 목표 사물의 크기 비교 / 팔의 힘과 소근육 발달

냄비 뚜껑을 여닫는 것은 근육을 알맞게 조절해야 해서 아이에게 어려운 작업이에요. 손으로 뚜껑 손잡이를 잡고 당겨서 연 다음, 다시 냄비의 본체에 맞춰 닫아야 하기 때문이지요. 크기가 다른 냄비를 여러 개 준비하여 뚜껑을 닫으며 크고 작음을 간접적으로 비교하고 경험할 수 있어요. 냄비 속의 사물을 상상하는 것도 또 다른 재미가 된답니다.

준비물

- 뚜껑 있는 냄비 3개 편수 냄비는 손잡이가 길어 다칠 수 있으니 주의가 필요해요.
- 냄비 안에 넣을 사물 3개

놀이팁

- 큰 냄비 안에 작은 냄비 넣기, 냄비 뚜껑을 뒤집어 닫아서 냄비 탑 쌓기, 나무젓가락이나 숟가락 등 도구로 냄비 두드리기, 냄비에 입을 대고 소리를 내며 소리의 울림을 느끼기 등 냄비로도 다양하게 놀 수 있어요.

1 냄비에 사물을 하나씩 넣고 뚜껑을 닫아 준비해요.

Tip 아이가 보지 않을 때 냄비 안에 사물을 숨겨서 기대감을 높여요.

2 냄비를 탐색해요.
"여러 가지 냄비가 있어."
"손바닥으로 탁탁 쳐 보았네."

3 냄비 뚜껑을 열어서 냄비 속에 어떤 사물이 있는지 확인해요.
"냄비 안에 무엇이 있을까?"
"우리 한번 열어 보자."

4 냄비 뚜껑을 닫으며 사물의 크고 작음을 경험해요.
"이 뚜껑은 냄비 안으로 쏙 들어갔어."
"다른 냄비에 넣어 볼까?"

5 뚜껑을 손으로 치며 청각을 자극해요.
(뚜껑을 뒤집어 닫으며) "이렇게도 닫을 수 있구나."
"탁탁 치니 어떤 소리가 들리니?"

6 뚜껑을 여닫으며 대상영속성을 경험해요.
(뚜껑을 열며) "개구리 있다!"
(뚜껑을 닫으며) "개구리 없다!"

밀폐 용기 여닫기

권장 월령 12개월 이상

놀이 목표 크기와 모양으로 짝 맞추기 / 소근육 조절력 발달

아이는 자신의 수준에 적합한 것들로 준비된 환경 안에서 능동적으로 탐색하며, 교육의 목적을 실현시킬 수 있어요. 따라서 교구를 아이에게 제시하기 전에 뚜껑이 잘 열리고 닫히는지를 꼼꼼히 확인하여 아이 스스로 할 수 있는 것들로 준비해 주세요. 이때 모양과 크기, 여닫는 방식 등을 다양하게 구성하면 자유로운 탐색에 도움이 됩니다.

1 밀폐 용기는 뚜껑을 닫아 준비해요.

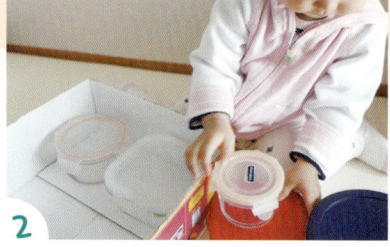

2 밀폐 용기를 탐색해요.
"동그라미, 네모, 여러 가지 많네."
"뚜껑이 모두 닫혀 있어."

준비물

- 뚜껑 있는 밀폐 용기 4~5개 크기와 모양을 다양하게 준비해요.

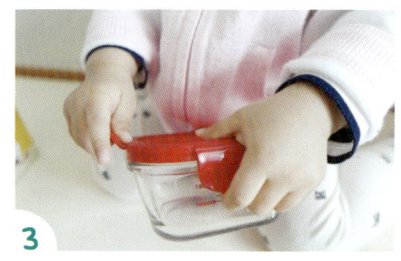

3 밀폐 용기의 뚜껑을 열어요.
"뚜껑을 열어 보고 싶니?"
"똑딱! 똑딱! 위로 올리니 열리는구나."

4 큰 그릇 안에 작은 그릇을 넣으며 크기의 개념을 이해해요.
"작은 그릇이 큰 그릇 안에 쏙 들어갔네."
"또 무엇을 넣어 볼까?"

놀이팁

- 큰 그릇 안에 작은 그릇을 겹쳐 넣는 것은 아직 어려우니 엄마가 아이의 손을 잡고 함께하거나 안전한 플라스틱 소재의 그릇으로 활동합니다.
- 유리 소재의 그릇은 깨질 수 있으니 조심히 다루도록 지도하고 잘 관찰해요.

5 모양과 크기를 비교하며 뚜껑을 닫아요.
"이번에는 뚜껑을 닫아 볼까?"
"그릇은 네모난데 뚜껑은 동그랗구나."

6 그릇을 쌓으며 높이의 개념을 이해해요.
"탑을 쌓고 있구나."
"점점 높이 올라가고 있네."

페트병에 구슬 넣어 흔들기

권장 월령 12개월 이상

놀이 목표 크고 작은 소리 변별 / 소근육 및 눈·손의 협응력 발달

즐겁게 넣기 활동을 한 다음, 쉐이커까지 결과물로 얻을 수 있는 놀이입니다. 페트병 안에 넣을 사물을 다양하게 준비하여 청각을 자극해 보세요. 구슬이나 콩 같이 작고 딱딱한 사물을 넣으면 큰 소리가 나고, 빨대처럼 딱딱하지 않은 사물은 작은 소리가 나요. 폼폼처럼 소리 나지 않는 사물도 준비하여 소리의 차이를 느끼도록 합니다.

1 페트병을 위에서 약 1/3가량 커터칼로 잘라서 윗부분을 사용해요.

2 페트병 단면 모양대로 판지를 잘라서 페트병 밑면에 붙여요.

> **Tip** 글루건을 직접 페트병에 쏘면 녹아 버리니 판지에 쏴서 붙여야 해요.

3 구슬을 탐색해요.
"구슬이 조그맣지?"
"알록달록 여러 색깔이 있구나."

4 구슬을 페트병에 넣어요.
"병에 주황색 구슬을 넣었네."
"토독 소리가 났어."

준비물

- 1.5~2L 투명 페트병 1개
- 판지 1장 상자나 하드보드지 등 두꺼운 종이류
- 구슬 20개 내외
- 구슬 담을 그릇 1개
- 글루건 • 커터칼 • 가위
- 연필 또는 펜
- **응용** 빨대 여러 개

5 뚜껑을 닫고 흔들며 놀아요.
"뚜껑을 닫고 한번 흔들어 볼까?"
"콰콰쾅 큰 소리가 나네!"

응용 빨대를 잘게 잘라서 넣고 흔들며 놀아요.

> **Tip** 구슬을 넣고 흔들 때와 빨대를 넣고 흔들 때의 차이를 경험해요.

놀이팁

- 구슬을 삼키지 않도록 관찰이 필요해요.
- 뒤집어 세우기, 바닥에 두드리기, 밑면을 손바닥으로 두드리기 등 페트병 쉐이커로 다양하게 놀 수 있어요.

셀로판지로 색과 도형 경험하기

권장 월령 12개월 이상
놀이 목표 색과 모양에 대한 변별력 발달 / 색의 혼합 경험

갑자기 엄마가 파란색으로 바뀌었어요! 노란색 고양이가 풀밭에 지나가요! 색깔 나라에 가면 어떤 기분이 들까요? 셀로판지 모양틀로 다양한 색을 눈으로 경험할 수 있어요. 새로운 시도를 두려워하는 아이라면, 눈에 다른 색이 비치는 것을 무서워할지 몰라요. 그럴 때는 엄마가 아이와 조금 떨어진 곳에서 시범을 보이며 자연스럽게 노출해 주세요.

1 판지에 동그라미를 그리고 모양대로 구멍을 내서 2장을 만들어요.

2 구멍 뚫은 판지 사이에 셀로판지를 코팅하여 넣고 테두리를 절연테이프로 붙여요.

Tip 셀로판지와 같은 색 절연테이프를 붙여요.

준비물

- 판지 6장 가로세로 15cm 내외로 준비해요.
- 밑면이 둥근 사물 원형을 그릴 때 필요해요.
- 셀로판지 3장 빨간색, 노란색, 파란색 1장씩 가로세로 14cm 내외로 준비해요.
- 3색 절연테이프
- 자
- 연필 또는 펜
- 커터칼
- 풀 혹은 글루건

3 같은 방법으로 세모, 네모도 만들어서 셀로판지 모양틀을 준비해요.

4 셀로판지 모양틀을 탐색하며 모양과 색깔을 경험해요.

"이건 무슨 모양일까?"
"주변이 온통 파란색으로 보이지."

놀이팁

- 바깥 활동을 할 때도 셀로판지 모양틀을 준비해 보세요. 꽃과 나무, 모래와 돌멩이를 셀로판지를 통해 다른 색으로 바라보는 것은 매우 흥미로운 경험이랍니다.

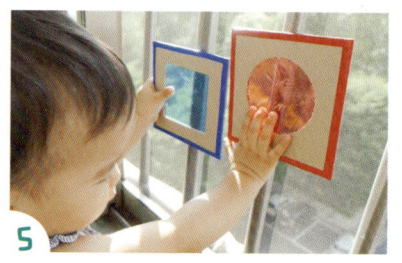

5 바깥 풍경도 셀로판지를 통해 바라봐요.

"밖을 보니 무슨 색으로 보이니?"
"자동차가 빨간색이네."

6 모양틀을 겹쳐서 색의 혼합을 경험해요.

"빨간색과 파란색을 합체해 보자!"
"어? 새로운 색이 되었구나."

세 가지 색 분류하기

권장 월령 18개월 이상
놀이 목표 색에 대한 변별력 발달 / 다양한 종류의 사물을 탐색

시각적 변별력을 키우는 시기이므로 색이 선명한 원색의 사물로 준비하는 게 좋아요. 아이가 좋아하는 사물로 구성하면 호기심을 자극할 수 있어요. 빨간색 블록을 집어 "빨간색은 어디에 있을까?" 물어보거나 일상생활에서 "사과는 빨간색이구나.", "원숭이 엉덩이는 빨간색이네." 등 색이름을 반복적으로 말하여 자연스럽게 노출해 주세요.

선행
두 가지 색을 분류해요.
Tip 두 가지 색 분류에 익숙해지면 세 가지 색으로 넘어가요.

1
세 가지 색 사물을 담은 바구니를 탐색해요.
"바구니 안에 공도 있고 블록도 있구나."
"알록달록 색이 많아."

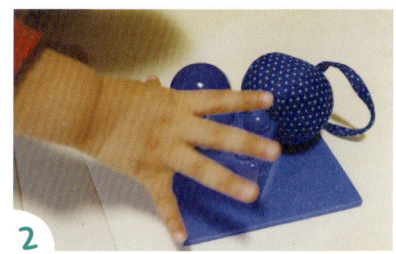

2
사물을 집어서 같은 색 판 위에 올려요.
"파란색은 어디에 있을까?"
(아이가 놓으면) "아하, 파란색이구나."

3
색이름을 반복하며 색깔 변별력을 키워요.
(하나씩 가리키며) "파란색, 빨간색, 노란색."
"똑같은 색끼리 모여 있어."

준비물
- 3색 색깔판 EVA폼, 색지 등을 가로세로 15cm 내외의 정사각형으로 잘라서 준비해요.
- 3색 사물 2~3가지씩 색깔판 위에 놓을 수 있도록 작은 사물로 준비해요.
- 사물 담을 바구니 1개

4
활동을 마무리하고 정리해요.
"이제 바구니에 다시 정리하자."
"노란색 블록 안녕!"

응용 24개월 이상
집 안의 다양한 사물을 색에 따라 분류해요.
Tip 세 가지 색 분류에 익숙해지면, 색을 하나씩 더 추가해 보세요.

놀이팁
- 색 분류와 색이름에 익숙해지면, "빨간색은 어디 있니?", "노란 공을 엄마에게 줄래?" 등의 문장으로 물어요.

105

같은 색 경험하기

권장 월령 18개월 이상
놀이 목표 새로운 색을 감각적으로 경험 / 같은 색 사물을 찾으며 관찰력 발달

색을 경험하는 건 색을 다룬 동화책이나 교구를 통해서만이 아닌 주변 사물을 통해서도 가능해요. 아직 말을 하지 못해도 "노란색 블록을 쌓았네.", "초록색 수건으로 닦았구나." 등 아이가 생활 속에서 색을 경험하도록 사물의 모양, 크기, 재질 등을 묘사하며 색이름을 반복적으로 들려주세요. 같은 색 사물을 모아 물놀이를 해도 좋아요.

1 초록색 사물이 담긴 바구니를 준비해요.
"초록색 물건이 가득하구나."
"초록색 네모를 꾹꾹 눌러 보았네."

2 초록색 사물을 탐색해요.
"초록색 공을 손에 걸어 보았네."
"떼구루루 굴러가는 공이야."

3 초록색 사물을 계속해서 탐색해요.
"짹짹 초록 앵무새네."
"손가락에 끼워 볼까?"

4 집 안에서 초록색 사물을 찾아요.
(주변을 둘러보며) "초록색이 또 어디에 있을까?"
"우리 함께 찾아보자."

준비물

- **같은 색 사물 여러 가지** 삼원색 중 한 가지씩 다루기 시작하여 여러 가지 색이 담긴 바구니를 경험해요. 아이가 자유롭게 탐색할 수 있도록 안전한 사물들로 구성해요.
- **사물 담을 바구니 1개**
- **응용** **물에 뜨는 사물 여러 가지** 아이가 사물을 집으려다 중심을 잃을 수도 있으니 물 위에 뜨는 사물로 준비합니다.

5 같은 방법으로 다양한 색을 경험해요.

응용 같은 색 사물을 욕조에 넣고 물놀이를 해요.
Tip 아이가 물놀이를 무서워하면 활동을 강요하지 마세요. 안정감을 느끼는 환경 속에서 활동해야 몰입하여 탐색할 수 있답니다.

놀이팁

- 아이와 함께 집 안을 돌아다니며 초록색 사물을 찾아봐요. 바구니 안에서 경험한 개념을 일상에 적용해 봄으로써 사고를 확장해 나갈 수 있어요.

3색 막대 끼우기

권장 월령 18개월 이상

놀이 목표 색깔 변별력 발달 / 눈·손의 협응력 발달

아이들이 같은 색의 개념을 알게 되면, 우리 주변의 모든 물건을 색에 따라 분류할 수 있어요. 만들기 재료로 나오는 색깔 아이스크림 막대를 이용하여 색을 분류하는 간단한 교구를 만들어 보세요. 색의 대비가 뚜렷한 삼원색부터 시작하여 익숙해지면 색깔을 늘려 주세요. 아이스크림 막대를 구멍에 맞춰 끼우는 활동으로 소근육 발달까지 돕는답니다.

준비물

- 상자 1개 아이스크림 막대 길이보다 상자가 낮아야 해요.
- 접착 시트지 3색
- 아이스크림 막대 3색 6개 접착 시트지와 같은 색으로 준비해요.
- 아이스크림 막대 담을 병 1개
- 커터칼

놀이팁

- **시범 방법** _ 노란 막대를 병에서 꺼내며 "노란색" 말하고, 상자에 끼우며 다시 "노란색" 말해요. 병에 담아 정리하는 것까지 시범을 보여요.

1
접착 시트지를 상자의 1/3 크기로 각각 잘라서 상자에 차례로 붙여요.

2
색깔마다 가로와 세로로 칼집을 넣어요.

Tip 아이스크림 막대를 구멍에 넣고 여러 번 위아래로 움직여 구멍을 넓히면, 아이 혼자 막대를 끼우고 당길 수 있어요.

3
상자를 탐색해요.
"상자에 길쭉한 구멍이 있네."
(색깔을 하나씩 가리키며) "빨간색, 파란색, 노란색이야."

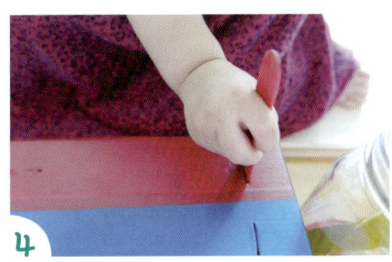

4
막대와 칸의 색깔을 맞춰 끼워요.
"빨간색은 어디에 있을까?"
(상자를 가리키며) "빨간색 (막대를 가리키며) 빨간색. 똑같아."

5
막대를 다 끼우면, 하나씩 당겨서 다시 병에 담아요.
"막대를 다 끼웠네!"
"영차영차 힘내서 당겨 보자."

응용
세 가지 색이 익숙해지면, 5가지 색으로 확장해요.

Tip 앞에서 썼던 상자에 두 가지 색을 덧붙여서 사용합니다.

107

4색 숟가락 꽂기

권장 월령 18개월 이상

놀이 목표 색에 대한 어휘력 및 변별력 발달 / 분류 경험

색색의 스티커를 붙인 숟가락을 같은 색 휴지심에 꽂는 놀이입니다. 시범을 보일 때, 숟가락과 휴지심의 색이름을 반복적으로 들려주어 색을 인지하고 분류할 수 있도록 도와요. 아이가 만약 다른 색에 넣으며 장난친다면 "빨간 숟가락을 노란색에 넣었구나." 한 다음, 휴지심을 하나씩 가리키며 색이름을 읊고 "빨간색은 어디로 가야 할까?" 물어보세요.

1 판지를 준비해요.

Tip 추후 색깔 확장까지 고려하여 판지를 길게 잘라 준비해요.

2 판지 테두리를 절연테이프로 둘러요.

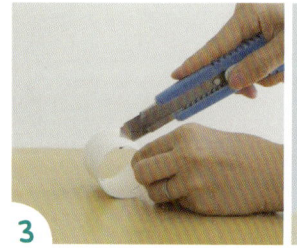  

3 휴지심을 숟가락의 손잡이 길이로 자른 다음, 접착 시트지를 둘러 붙여요.

Tip 숟가락을 휴지심에 꽂았을 때 숟가락 머리가 휴지심 위로 보이도록 잘라요.

준비물

- 휴지심 4개
- 숟가락 8개
- 숟가락 넣을 상자 1개
- 접착 시트지 4색 색종이로 대체할 수 있어요.
- 원형 스티커 4색 8장 접착 시트지와 같은 색으로 준비해요.
- 판지 1장 가로세로 30x10cm 내외로 준비해요.
- 커터칼
- 절연테이프

4 휴지심에 글루건을 쏴서 판지에 붙여요.

Tip 3원색만 먼저 붙여서 활동한 후, 휴지심을 추가로 붙일 수 있게 자리를 남겨 두세요.

5 숟가락의 움푹 파인 곳에 원형 스티커를 붙여요.

놀이팁

- 상자에 숟가락을 담을 때 원형 스티커가 보이지 않도록 모두 뒤집어 주세요. "이 숟가락은 어떤 색일까?", "짠! 무슨 색이니?" 하며 호기심을 자극할 수 있어요.

6 숟가락의 색을 확인해요.
"숟가락에 빨간 동그라미가 있네."
"빨간색 숟가락이구나."

7 색이 같은 곳에 넣어요.
"빨간색이 어디 있을까?"
"빨간 숟가락을 빨간 통에 넣었네."

8 분류를 마치면, 상자에 담아서 정리해요.
"상자 안에 차곡차곡 넣어 주자."
"○○가 모두 정리해 주었네."

선행
4색 분류가 아직 어려우면 삼원색으로 활동해요.

 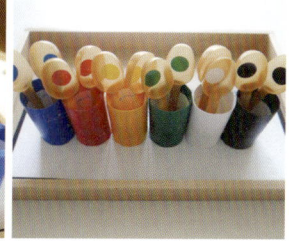

응용 1
아이의 발달 수준에 따라 색을 하나씩 늘려요.
"검은색 숟가락이구나." (스티커와 휴지심을 가리키며) "똑같이 검은색이야."

응용 2
숟가락의 스티커와 같은 색의 물건을 찾아요.
(주변을 가리키며) "흰색은 어디에 있을까?"
"흰색 수건을 가져왔구나."

5색 폼폼 넣기

권장 월령 18개월 이상

놀이 목표 색깔 변별력 발달 / 눈·손의 협응력 발달

알록달록한 모루와 폼폼을 이용한 교구로 색깔 분류를 해요. 교구 준비가 어렵다면, 아이가 즐겨 신는 양말로 색깔 놀이를 해 보세요. 양말은 대부분 같은 색이 한 쌍을 이루고 있어 색을 맞추기 좋아요. 이처럼 일상에서 자주 접하는 물건을 놀이에 이용하는 것은 사고 확장에 도움이 된답니다. 양말의 짝을 맞추며 기본 생활 습관도 익힐 수 있어요.

준비물

- 휴지심 5개
- 휴지심 붙일 상자 1개
- 모루 5색
- 폼폼 15개 내외 모루와 같은 색으로 준비해요.
- 폼폼 담을 바구니 1개
- 글루건
- 응용 모루와 같은 색 양말 5개

1
상자에 휴지심을 5개 붙여요.

Tip 휴지심에서 양말 당기기(28p)의 교구를 활용할 수 있어요.

2
휴지심에 글루건을 쏴서 모루를 붙여요.

Tip 중앙에 낀 휴지심은 위쪽에 모루를 붙이고, 나머지는 옆면에 둘러 붙여요.

3
폼폼을 바구니에 담아 준비해요.
"바구니 안에 동그란 공이 많네."
"빨간색도 있고 노란색도 있구나."

4
모루 색에 맞춰 폼폼을 넣어요.
"노란색 공이구나."
"노란색 칸은 어디에 있을까?"

5
휴지심 안을 보며 대상영속성을 경험해요.
"어? 공이 어디 갔지?"
"휴지심 안을 보고 있구나."

응용
폼폼 대신 양말로 활동해요.

색깔별로 카드링 걸기

권장 월령 18개월 이상

놀이 목표 색깔 변별력 발달 / 손가락 조절력 향상

코르크판에 장구핀을 꽂은 다음 장구핀과 같은 색의 카드링을 거는 놀이예요. 장구 모양의 손잡이가 있는 장구핀은 몬테소리 활동에 다채롭게 쓰이고 있어요. 모양의 테두리를 따라 콕콕 눌러 촘촘한 점선을 만들면 모양대로 뜯을 수 있고, 장구핀으로 구멍을 만들어 실 꿰기 놀이를 하는 등 소근육과 집중력 발달에 도움이 된답니다.

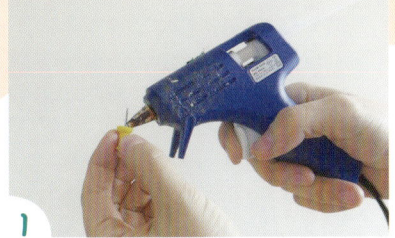

1 장구핀의 뾰족한 부분에 글루건을 쏘아요.

2 코르크판에 장구핀을 꽂아요.

Tip 납작한 판을 사용할 경우, 장구핀의 손잡이 부분만 니퍼로 잘라서 사용해요.

준비물

- 코르크판 1개 판지, 상자 등 장구핀을 꽂을 수 있는 것으로 대체할 수 있어요.
- 장구핀 8개 색깔별로 2개씩 준비해요.
- 플라스틱 카드링 8개 장구핀과 같은 색으로 준비해요.
- 카드링 담을 그릇 1개   • 글루건

3 코르크판을 탐색해요.

"동그란 판이 있네."

"색깔이 뾰족뾰족 튀어나와 있어."

4 장구핀과 같은 색의 카드링을 걸어요.

"구멍 안으로 쏙."

"파란색이 똑같아."

놀이팁

- **시범 방법** _ 노란색 카드링을 꺼내어 "노란색"을 말하고 노란색 장구핀에 거는 식으로 색이름을 반복적으로 들려주세요.
- 반지처럼 손가락에 끼기, 눈에 대고 안경 만들기 등 다양하게 카드링을 탐색해요.

5 색이름을 듣고 가리켜요.

"흰색은 어디 있니?"

"흰색을 가리켜 보았구나."

6 카드링을 빼내어 같은 색끼리 모아요.

"같은 색끼리 놓아 보고 싶구나."

"빨간색끼리 짝꿍이 되었네."

평면도형과 입체도형 짝 맞추기

권장 월령 18개월 이상

놀이 목표 모양 변별력 발달 / 평면도형과 입체도형 탐색

입체도형인 모양 블록을 상자의 구멍 안에 넣으려면, 원기둥은 동그라미를, 삼각기둥은 세모, 사각기둥은 네모를 찾을 수 있어야 해요. 아이에겐 난이도가 높은 작업이지요. 아이가 만약 동그라미, 세모, 네모는 아는데 입체도형 넣기를 어려워한다면, 모양 블록 밑면의 테두리를 손가락으로 따라 그으며 충분히 탐색한 후에 활동을 시작하세요.

1 상자 뚜껑 위에 모양 블록을 올려 테두리를 그린 다음, 모양대로 구멍을 내요.

Tip 블록보다 구멍이 작지 않아야 해요.

2 구멍 테두리에 절연테이프를 붙여요.

Tip 블록을 넣다가 찢어질 수 있으니 테이프로 테두리를 둘러서 보다 견고하게 사용하세요.

3 손가락으로 상자의 구멍을 탐색해요.

"어? 상자에 구멍이 뚫려 있구나."
"네모 모양 안에 손가락을 넣어 보았네."

4 모양 블록을 탐색해요.

"이건 무슨 모양이니?"
(밑면을 손가락으로 따라 그으며) "뾰족뾰족 세모구나."

5 블록과 같은 모양의 구멍에 블록을 넣어요.

"동그라미 블록을 꺼냈네."
"동그란 구멍 안으로 쏙 들어갔어."

6 상자 안을 바라봐요.

"상자 안에 무엇이 있니?"
"네모도 보이고 세모도 보여."

준비물

- 뚜껑 있는 상자 1개
- 모양 블록 6개 원기둥, 삼각기둥, 사각기둥을 2개씩 준비해요.
- 모양 블록 담을 바구니 1개
- 커터칼
- 연필 또는 펜
- 절연테이프

놀이팁

- **시범 방법** _ 구멍의 테두리를 그으며 "동그라미"라 말하고 블록 밑면의 테두리를 그으며 "동그라미"라 말한 다음, 구멍에 블록을 넣어요.

도형 완성하기

권장 월령 18개월 이상
놀이 목표 모양 변별력 향상 / 도형 모양 인지 및 추론 능력 발달

이 놀이는 알록달록한 도형을 반으로 나누어 짝을 맞추는 놀이로, 재료도 간단하고 만들기도 쉬워요. 부분과 전체를 경험하고, 모양에 대한 시각적 변별력을 향상시켜 준답니다. 책에서는 모양마다 서로 다른 색으로 만들어 같은 색 막대끼리 모아 도형을 완성했지만, 도형에 익숙해지면 모두 같은 색으로 만들어 난이도를 높여 보세요.

준비물

- 아이스크림 막대 12개 같은 색으로 준비해요.
- 아이스크림 막대 담을 통 1개
- 접착 시트지 6색 시트지가 없다면 색종이를 오려서 풀로 붙이거나 사인펜으로 모양대로 칠해요.
- 가위
- 커터칼

놀이팁

- **시범 방법** _ 첫 번째 막대를 꺼내 바닥에 내려놓아요. 두 번째 막대가 첫 번째 막대와 같은 색이면 붙여 놓고, 다르면 떨어뜨려 놓아요. 계속해서 막대를 꺼내며 색과 모양을 맞춰요. 다 맞추면 모양을 가리키며 명칭을 하나씩 말해요.

1
시트지로 간단한 도형을 6개 만들어요.

Tip 동그라미, 세모, 네모, 하트, 별 등 기본 도형으로 잘라요. 도형의 가로가 아이스크림 막대 폭의 2배가 되게 만들어요.

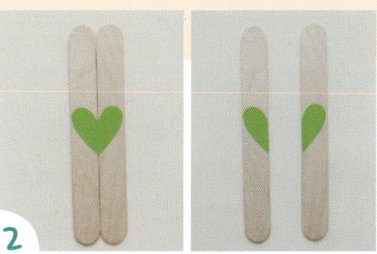

2
아이스크림 막대 2개를 모아서 도형을 붙인 다음, 막대 사이를 커터칼로 잘라요.

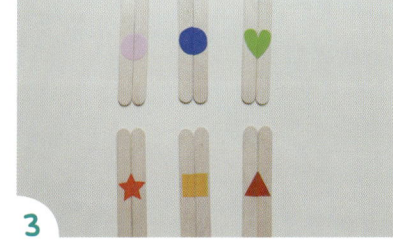

3
같은 방법으로 다른 도형도 만들어요.

Tip 처음에는 4가지 도형으로만 활동하다가 익숙해지면 개수를 늘려요.

4
통에서 막대를 뽑아요.
"막대를 꺼내 보자."
"이건 어떤 모양일까?"

5
같은 색 막대를 찾아요.
"아하, 여기에 있구나."
"똑같이 파란색이고 동그란 부분이 있어."

6
막대를 붙여서 도형을 완성해요.
"빨간색 뾰족한 모양을 합쳤어."
"세모가 되었구나."

같은 모양 뚜껑 붙이기

권장 월령 18개월 이상
놀이 목표 색과 모양에 대한 변별력 발달 / 손과 팔의 힘 발달

다양한 색과 모양을 맞추며 변별력을 기르는 놀이예요. 저희 아이는 그림책을 보다가 동그라미, 별, 하트 등의 모양을 발견하면 같은 모양을 붙인 병뚜껑을 가져와 책의 그림에 올려놓기도 했답니다. 밥 먹는 그릇, 장난감 블록, 가구 등 일상생활에서도 쉽게 모양을 찾을 수 있지요. 간단한 교구로 아이와 함께 모양 보물찾기는 어떨까요?

1
접착 시트지를 같은 모양으로 2개씩(큰 것, 작은 것) 잘라서 총 16개를 만들어요.
Tip 큰 것은 가로세로 5cm 내외로, 작은 것은 뚜껑 안쪽에 붙일 수 있는 크기로 만들어요.

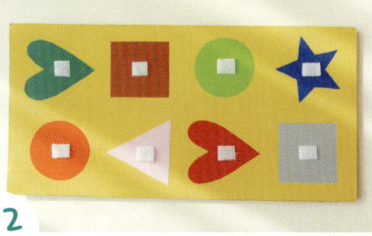

2
판지에 큰 도형을 붙인 다음, 벨크로의 보들보들한 면을 도형 위로 붙여요.

3
병뚜껑 안쪽에 작은 도형을 붙이고, 병뚜껑 위에 벨크로의 까슬까슬한 면을 붙여요.

4
병뚜껑을 탐색해요.
"여러 가지 모양이 있구나."
(병뚜껑들을 가리키며) "파란 별은 어디에 있을까?"

준비물

- 판지 1장 가로세로 25x15cm 내외로 준비해요.
- 우유병 뚜껑 8개 페트병 뚜껑은 지름이 작으니 우유병 뚜껑을 깨끗이 씻고 말려서 준비해요.
- 접착 시트지 8색
- 병뚜껑 담을 바구니 1개
- 가위
- 벨크로 테이프

5
같은 도형을 찾아 붙여요.
"똑같은 것끼리 붙여 보자."
(판지를 가리키며) "파란색 별, (뚜껑을 가리키며) 파란색 별. 똑같구나."

6
병뚜껑을 떼어 바구니에 다시 넣어요.
"모두 붙였으면 이제 떼어 볼까?"
"뚜껑이 원래 어디에 있었니?"

놀이팁

- 아이가 모르는 색이라도 반복적으로 말함으로써 자연스럽게 인지할 수 있도록 도와요.

같은 것끼리 뚜껑 닫기

권장 월령 18개월 이상
놀이 목표 시각 및 촉각 변별력 발달 / 손목의 유연성 및 눈·손의 협응력 발달

우유팩에 사용하는 뚜껑은 어른 손으로 반 바퀴만 돌려도 잘 열리고, 뚜껑을 채우는 이음새도 가위로 쉽게 오려져 뚜껑 여닫기 교구로 활용하기 좋아요. 뚜껑 위쪽과 이음새 안쪽에 색과 촉감, 모양이 서로 같은 재료를 붙여서 짝을 맞추는 놀이로 확장하면 감각 자극까지 도울 수 있답니다. 재료를 바꾸며 다양하게 응용해 보세요!

준비물

- 나무판 1개 가로세로 20x10cm 내외로 준비해요. 두꺼운 판지로 대체할 수 있어요.
- 우유팩 뚜껑과 뚜껑 이음새 4쌍 뚜껑 있는 우유팩을 뚜껑 이음새까지 잘라서 사용해요.
- 작은 사물 4가지
- 뚜껑 담을 바구니 1개
- 글루건
- 가위

1 나무판을 준비해요.

2 뚜껑 이음새에 글루건을 쏴서 나무판에 붙여요.

3 이음새 안쪽과 뚜껑 위쪽에 준비한 재료를 붙여요.

4 뚜껑 위에 붙은 재료를 탐색해요.
"손으로 만져 보고 있구나."
"오돌토돌 구슬이네."

5 같은 재료를 찾아서 뚜껑을 닫아요.
"구슬이 어디에 있니?"
(구슬을 가리키면) "똑같구나. 손목을 빙글빙글 돌려서 닫아 주자."

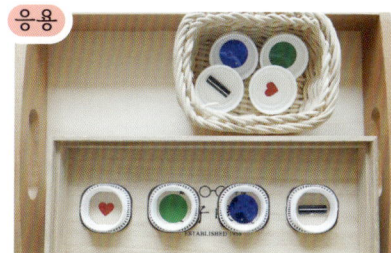

응용 나무판 뒷면에 다른 재료를 붙여서 활동해요.

Tip 같은 색 짝 맞추기나 같은 도형 짝 맞추기로 응용할 수 있어요.

크기에 맞춰 넣기

권장 월령 18개월 이상

놀이 목표 크기에 따른 분류 / 눈·손의 협응력 발달

장난감 구멍 안에 공이 안 들어간다며 투정 부리는 아이의 모습을 보았어요. 크기 차이를 말로 설명하는 것보다 직접 경험해 보도록 이 놀이를 준비했어요. 많은 구멍 중 하나의 구멍에만 사물을 넣어도 괜찮아요. 이 놀이에서는 몇 개의 구멍에 넣느냐는 중요하지 않아요. 크고 작은 구멍을 구분해 사물 크기에 맞는 구멍을 찾아 넣는 것으로 충분하답니다!

1 달걀 상자를 뒤집어서 칸마다 송곳으로 구멍을 뚫어요.

2 구멍에 볼펜심 부분을 넣고 돌려서 크고 작은 구멍을 만들어요.

> **Tip** 준비한 폼폼과 구슬이 들어갈 수 있도록 구멍을 넓혀요.

3 구멍 뚫은 달걀 상자와 사물을 담은 바구니를 준비해요.

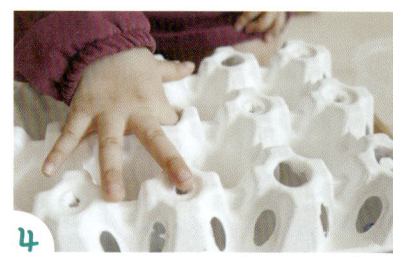

4 달걀 상자를 탐색해요.

"구멍이 여기저기 뚫려 있구나."
"손가락을 쏙 넣어 보았네."

준비물

- 달걀 상자 1개
- 폼폼, 구슬 10개씩 폼폼과 구슬의 크기 차이가 확연히 구분되어야 해요.
- 폼폼과 구슬 담을 바구니 1개
- 송곳
- 볼펜

놀이팁

- 크고 작은 구멍과 사물을 가리키며 '크다'와 '작다'를 반복적으로 말해 주세요. 눈으로 크기를 관찰하고 손으로 만져 보며 감각적으로 단어를 익힐 수 있어요.
- 크고 작은 것의 분류가 익숙해지면, 큰 것, 중간 것, 작은 것 3가지로 확장해요.

5 사물을 크고 작은 구멍 안에 맞춰 넣어요.

(달걀 상자를 가리키며) "어떤 구멍이 크니?"
"큰 구멍 안에 큰 폼폼을 넣었네."

6 달걀 상자를 열어서 사물이 있음을 확인하고 바구니에 담아 정리해요.

"여기에 모두 숨어 있었구나."
"꺼내서 바구니에 정리하렴."

마트료시카 크기 비교하기

권장 월령 18개월 이상
놀이 목표 크기 관련 어휘력 및 변별력 발달 / 숫자 세기 경험

마트료시카는 크기를 경험하기 좋은 교구예요. 작은 것은 손을 바닥에 가까이하며 작은 목소리로, 큰 것은 손을 높이 들어 큰 목소리로 표현하는 식으로 시각과 청각으로도 차이를 보여 주세요. 점점 커지는 것을 '도레미파솔' 음으로 말해도 재밌어요. 크고 작은 것을 대비되게 나타냄으로써 크기에 대한 변별력을 키울 수 있어요.

준비물
- 마트료시카 인형 4~5단 정도로 준비해요.
  응용 판지 1~2장, 연필 또는 펜, 가위

1
마트료시카 인형을 열어요.
"우리 함께 열어 볼까?"
"한 손은 머리를 잡고, 한 손은 몸을 잡고 당겨 봐."

2
안쪽 인형은 꺼내고 바깥쪽 인형은 닫아 세우기를 반복해요.
"인형을 열었더니 작은 인형이 나왔네."
"큰 인형은 닫아서 세워 주자."

3
크기 순서대로 짚으며 크기를 경험해요.
(인형을 가리키며) "이건 작고, 이건 크구나."
(하나씩 짚으며) "하나, 둘, 셋, 넷, 다섯."

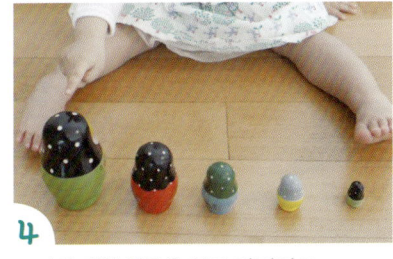

4
크기에 대한 질문을 듣고 가리켜요.
"가장 큰 것은 무엇이니?"
"엄마에게 가장 작은 것을 주세요."

놀이팁
- 인형을 흔들어 소리를 들려주면, 인형 안에 무언가 있음을 청각적으로 느낄 수 있어요.
- "큰 것을 손가락으로 짚어 보렴.", "작은 것을 번쩍 들어 보자.", "큰 것부터 작은 것까지 놓아 볼까?" 등 다양하게 질문하며 크기를 경험해요.

5
큰 것 안에 작은 것을 넣어 정리해요.
"작은 인형을 큰 인형 안에 넣어 보자."
"큰 인형 안에 모두 들어갔구나."

응용
판지를 가족들 발 크기로 잘라서 비교해요.
Tip 어른 숟가락과 아이 숟가락, 아빠 옷과 아이 옷, 큰 책과 작은 책 등 같은 종류의 사물 중 크기가 서로 다른 것을 비교해요.

117

3가지 길이 경험하기

권장 월령 18개월 이상

놀이 목표 길이 변별력 발달 / 수와 순서 개념 경험

몬테소리 교구 중 '빨간 막대'는 길이를 익히기 위한 것으로 10cm부터 100cm까지 10cm씩 길어져요. 폭과 색은 동일하고 길이만 달라져 길이 개념을 익히기에 좋지요. 집에서도 휴지심을 이용해 간단한 교구를 만들 수 있어요. '짧다, 길다' 두 가지를 명확히 분류하게 되면, '짧다, 조금 길다, 가장 길다' 세 가지로 길이의 개념을 확장해 보세요.

1

휴지심 하나는 반으로 잘라요.

2

휴지심 반쪽 중 하나를 휴지심에 붙여서 서로 다른 길이의 휴지심 3개를 만들어요.

Tip 자르지 않은 휴지심 길이를 기준으로 0.5 : 1 : 1.5 비율이 됩니다.

준비물

- 휴지심 3개
- 휴지심 담을 바구니 1개
- 글루건
- 커터칼

응용 블록 여러 개

3

휴지심을 탐색해요.

"길쭉길쭉하네."
"구멍이 뚫려 있어."

4

휴지심을 하나씩 꺼내 세워요.

(짧은 것을 꺼내며) "이건 짧아."
(중간 것을 꺼내며) "이건 조금 더 기네."
(가장 긴 것을 꺼내며) "이건 더, 더 길구나."

놀이팁

- '길다'를 말할 때는 소리를 길게 늘여서 말하며 손을 위로 올리고, '짧다'를 말할 때는 소리를 짧게 말하며 손을 아래로 내리는 등 감각적으로 표현해요.

5

길이에 대한 질문을 듣고 가리켜요.

"짧은 것을 머리에 올려 볼까?"
"가장 긴 것을 엄마에게 주세요."

응용

블록을 쌓아서 휴지심 길이를 비교해요.

(긴 것을 짚으며) "긴 것은 블록이 많아."
(짧은 것을 짚으며) "짧은 것은 블록이 적어."

길이 분류하기

권장 월령 18개월 이상
놀이 목표 길이 변별력 발달 / 기준에 따른 사물 분류 및 비교

목욕하고 나온 아이에게 "긴 수건으로 닦고 있구나." 말하거나 식사 시간에 "짧은 숟가락으로 냠냠. 엄마는 기다란 숟가락으로 먹고 있어." 등 일상에서 길이를 다양하게 표현해 주세요. 길이와 관련된 용어를 정확히 인지해야 길이 비교가 가능해요. 화려하고 값비싼 교구가 없어도 집 안의 사물로 충분히 길이를 비교하고 분류할 수 있어요.

준비물
- 사물 3종류 2개씩 수건, 숟가락, 블록 등. 각각의 사물을 두 가지 길이로 준비해요. 수건 중 하나는 아이 키만큼 긴 것으로 준비하면 좋아요.
- 사물 담을 바구니 1개

1 바구니에 길고 짧은 물건을 담아 준비해요.

2 바구니의 물건을 탐색해요.
"바구니에서 무엇을 꺼냈니?"
"수건이 길~다."

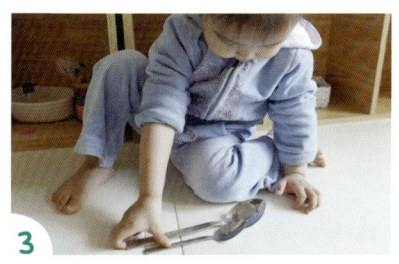

3 사물의 길고 짧음을 비교해요.
(긴 숟가락을 가리키며) "누구의 숟가락이니?"
(하나씩 가리키며) "이것은 길고 이것은 짧아."

4 길이에 따라 물건을 분류해요.
"짧은 숟가락은 짧은 수건 위에 놓았구나."
"길쭉한 블록은 어디에 두고 싶니?"

5 길이를 몸으로 표현해요.
(사물을 가리키며) "수건은 얼마나 길어?"
"양손을 쭉 뻗을 만큼 길구나."

6 몸으로 사물의 길이를 잴 수 있어요.
"우와, ○○가 긴 수건 옆에 누웠네."
"수건도 길고 ○○도 길구나."

비닐 속 사물 예측하기

권장 월령 18개월 이상
놀이 목표 사물을 감각적으로 탐색 / 관련 명칭 인지 및 언어 발달

아이가 성장할수록 머릿속에 기억할 수 있는 정보가 늘어나고, 이를 기반으로 사물의 공통점과 차이점을 인지하여 변별하는 능력이 생겨요. 비닐봉지 속 과일을 손으로 직접 탐색하고 다양한 단어로 묘사하며 예측하는 놀이를 추천해요. 특별한 준비물 없이도 재밌게 사물을 탐구하고 경험하며 인지와 언어 발달을 도울 수 있어요.

준비물
- 검은 비닐봉지 1장
- 과일 3종류 사과, 바나나, 방울토마토. 사과와 배처럼 크기와 모양이 비슷하면 서로 다른 점을 느끼기 어려워요. 아이가 직접 만지며 예측할 수 있도록 아이가 명칭을 아는 과일로 구성해요.

놀이팁
- 아이가 비닐봉지 안을 탐색할 때, 크기 및 모양, 재질 등에 관련된 단어로 간단히 질문해요. "딱딱하니?", "차갑니?", "동글동글하니?", "크기가 작니?" 등 질문을 통해 아이가 아직 표현하기 어려운 단어를 경험할 수 있어요.

1 비닐봉지에 과일을 하나만 담아서 입구를 꼬아 놓아요.

Tip 손을 넣어야 하므로 입구를 묶지 않아요.

2 비닐봉지를 아이에게 보여 줘요.
(봉지를 흔들며) "어떤 소리가 들리니?"
"이 안에 과일을 넣어 두었단다."

3 비닐봉지에 손을 넣어 탐색해요.
"손으로 한번 만져 보자."
(사물을 만질 때) "딱딱하니?"

4 비닐봉지를 열어서 실체를 확인해요.
"무엇인 것 같니? 우리 눈으로 볼까?"
"우와, 동글동글한 사과네."

5 마찬가지 방법으로 다른 과일도 탐색해요.
"노란색 길쭉한 바나나야."
(아이의 코에 대 주며) "향도 맡아 보렴."

6 비닐봉지로 감싼 상태에서 탐색해요.
"아주 조그맣구나."
"작은 동그라미네."

무게 경험하기

권장 월령 18개월 이상

놀이 목표 무거움과 가벼움을 인지 / 두 가지 사물 비교 및 수 개념 경험

아이와 함께 슈퍼에서 장을 잔뜩 봤는데, 무거운 장바구니를 자기가 들겠다고 얼굴이 빨개지며 낑낑댄 적이 있어요. 그날이 아마 '무겁다'는 느낌을 처음 경험한 날일 거예요. '무게'라는 명칭은 아직 어렵지만, 무게를 감각적으로 인지할 수 있어요. 무게가 다른 페트병을 아이가 직접 들어 올리고, 무게에 관련된 어휘로 표현해 주면 된답니다.

 **준비물**
- 페트병 2개
- 쌀 적당량
- 응용 콩 적당량

1
페트병 하나는 쌀을 가득 넣고, 다른 페트병은 빈 상태로 준비해요.
"병 두 개가 있구나."
"병 안에 무엇이 들었니?"

2
무거움을 경험해요.
(쌀이 담긴 병을 가리키며) "여기엔 쌀이 아주 많이 들어 있어."
"영차영차. 정말 무겁구나."

3
가벼움을 경험해요.
(빈 병을 가리키며) "여기엔 쌀이 없네."
"가벼워서 번쩍 들었구나."

4
많음과 무거움을 연결해요.
(쌀이 담긴 병을 가리키며) "쌀이 얼마나 들어 있어?"
(두 팔을 뻗어서) "많이 들어 있는 건 무거워."

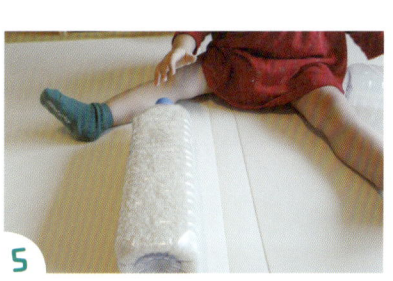

5
무게에 대한 질문을 듣고 가리켜요.
"무거운 병을 떼구르르 굴려 볼까?"
"가벼운 병을 번쩍 들어 볼래?"

응용
다른 사물을 넣어 활동할 수 있어요.
"어떤 것이 무겁니?"
"콩이 없는 건 가벼워."

촉감 막대 맞추기

권장 월령 18개월 이상
놀이 목표 서로 다른 촉감 경험 / 같은 촉감끼리 짝 맞추며 변별력 강화

아이는 성장하면서 주변의 여러 사물을 탐색하고 다양한 촉감을 경험하게 돼요. 서로 다른 감각을 구분하는 변별력이 높아지고, 같은 감각을 가진 사물들끼리 짝을 맞출 수 있게 되지요. '말랑말랑', '거칠거칠', '폭신폭신', '반질반질', '울퉁불퉁' 등 촉감에 관련된 다양한 어휘를 사용해 재료의 느낌을 묘사하며 촉감 변별력을 키워 주세요.

준비물
- 판지 1장 가로세로 20cm 내외로 준비해요.
- 아이스크림 막대 6개
- 서로 다른 촉감의 재료 6가지 빨대, 입체 눈알, 구슬, 스팽글, 돌멩이, 사포 등 촉감의 차이가 확연한 것으로 준비해요.
- 글루건   • 연필 또는 펜
- 아이스크림 막대 담을 통 1개

놀이팁
- 아이스크림 막대를 통에 담을 때, 막대에 붙인 재료가 보이지 않도록 아래로 향하게 하여 기대감을 높여요.

1 판지에 아이스크림 막대의 테두리 6개를 같은 간격으로 그려요.

Tip 위쪽에 재료를 붙여야 하므로 아래쪽으로 치우치게 그려 주세요.

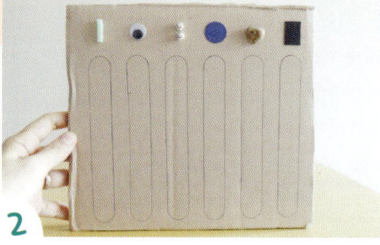

2 아이스크림 막대 테두리 위로 재료를 하나씩 붙여요.

Tip 빨대나 사포처럼 길이가 긴 것은 작게 잘라 주세요.

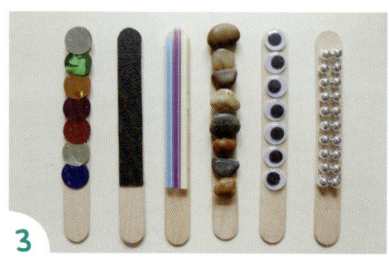

3 아이스크림 막대에 글루건을 쏴서 4cm가량 남기고 촘촘히 재료를 붙여요.

4 다양한 재료가 붙은 판지를 탐색해요.
"검은색 네모를 만지고 있네."
"어떤 느낌이니? 거칠거칠하구나."

5 통에서 막대를 꺼내어 재료를 탐색해요.
"막대를 꺼내 보자. 짠!"
"미끌미끌한 동그라미가 붙어 있네."

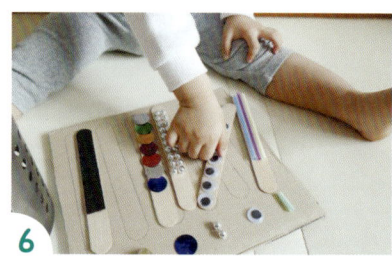

6 같은 재료끼리 짝을 맞춰 놓아요.
(판지와 막대의 재료를 만지며) "이것도 말랑말랑, 이것도 말랑말랑 똑같아."
"똑같은 느낌끼리 놓아 주었구나."

촉각 표현 익히기

권장 월령 18개월 이상
놀이 목표 부드러움과 거침의 차이 경험 / 촉각 변별력 및 판단력 발달

아이들에게도 저마다 좋아하는 촉감과 싫어하는 촉감이 있어요. 제 아이는 철 수세미나 바윗돌처럼 거친 촉감의 사물은 만지려 하지 않을 만큼 싫어한답니다. 이 놀이는 좋아하지 않는 촉감을 자연스럽게 노출함과 동시에, '나는 거칠거칠한 것은 싫어해', '나는 부드러운 것이 좋아'와 같이 촉감에 대한 표현을 인지할 수 있도록 해요.

1 판지를 접착 시트지로 감싸서 붙여요.

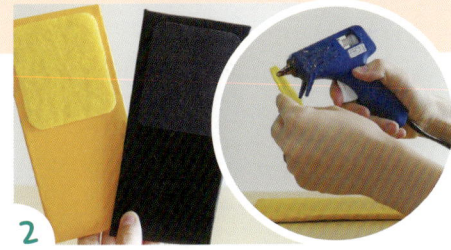

2 수세미와 사포를 판지의 절반 크기로 잘라서 글루건으로 붙여요.

3 부드러움과 거침의 차이를 경험하고, 표현을 인지해요.
(수세미나 사포를 만지면) "거칠거칠해. 까끌까끌하구나."
(시트지를 만지면) "미끌미끌해. 매끈매끈하네."

준비물

- 판지 2장 가로세로 20x10cm 내외로 준비해요.
- 접착 시트지 2색 사포와 수세미 색에 맞춰 준비해요. 색은 같고 촉감만 다르게 하면 촉감의 차이를 더 집중하여 경험할 수 있어요.
- 사포   • 가위   • 글루건
- 수세미 사포와 다른 색으로 준비해요.

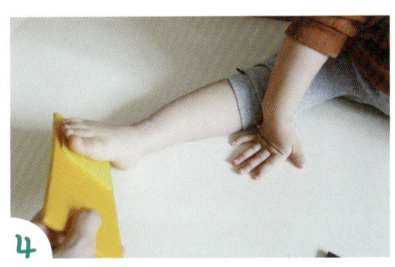

4 다양한 방법으로 촉각을 경험해요.
"발로도 만져 볼까?"
(친숙한 대상으로 예를 들며) "카페트처럼 우툴두툴해."

5 촉감에 대한 질문을 듣고 가리켜요.
"어떤 것이 거친 것이니?"
"부드러운 것을 가리켜 볼래?"

놀이팁

- **시범 방법** _ 네 손가락으로 한 면씩 쓸어내리며 "거칠다", "부드럽다"를 말해요.
- 주변에서 거친 것과 부드러운 것을 찾는 놀이로 확장할 수 있어요.

촉각 짝 맞추기

권장 월령 24개월 이상
놀이 목표 부드러움과 거침의 차이 경험 / 촉각 변별력 발달

몬테소리 교구는 총 5단계로 촉각판의 거칠기를 나누고 있지만, 아이의 월령과 발달 상황을 고려해 3단계로 줄였어요. 교구를 준비할 때는 아이가 촉감의 차이를 쉽게 구분할 수 있도록 촉감 이외의 특성(크기, 색깔)은 모두 같게 해 주세요. 몬테소리에서는 이렇게 하나의 특성만 차이를 두어 고립시키는 것을 '개념의 고립화'라고 부른답니다.

1
검은색 도화지에 가로세로 5x10cm 내외로 자른 우드락을 2개 붙인 다음, 우드락 테두리를 따라 오려요.

2
검은색 부직포와 사포도 같은 방법으로 2개씩 만들어 촉각판을 준비해요.

Tip 촉각판 6개를 모두 같은 크기로 만들어요.

준비물

- 접착식 우드락 5T 비접착식을 사용할 경우, 목공풀이나 글루건 등으로 재료를 붙여요.
- 검은색 사포 사포의 방수가 낮을수록 거치니 너무 거칠지 않은 300방 내외로 준비해 주세요.
- 검은색 도화지   • 검은색 부직포
- 촉각판 담을 바구니 1개   • 자   • 커터칼

3
촉각판을 탐색해요.
"바구니 안에 검은색 판들이 있네."
"한번 만져 볼까?"

4
아이 손을 함께 잡고 네 손가락으로 천천히 쓸어내리며 촉감을 느껴요.
"어떤 느낌이니?"
"따끔따끔하구나."

놀이팁

- **시범 방법** _ 촉각판을 네 손가락으로 쓸어내리며 "거칠다", "부드럽다"를 말해요. 2번씩 반복한 다음, 같은 느낌의 촉각판끼리 짝을 맞춰요.
- 촉각판을 뺨에 대 보거나 촉각판끼리 문질러 소리를 듣는 등 다양하게 탐색해요.

5
다양한 표현으로 촉감을 구분해요.
"인형처럼 보들보들하구나."
"아빠 수염처럼 까끌까끌해."

6
같은 촉감끼리 모아요.
"거친 느낌이 또 있니?"
(하나씩 가리키며) "거칠다, 거칠다. 똑같아."

똑같은 것 꺼내기

권장 월령 24개월 이상
놀이 목표 촉감을 통한 사물 예측 / 엄마와의 애착 증진

엄마와 아이가 사물의 짝을 맞춰 꺼내며 감각적 변별력과 언어 표현력을 향상시키고, 엄마와의 애착도 높일 수 있는 놀이예요. 사물의 모양, 촉감, 용도 등을 재미있게 묘사하는 것을 들으며 호기심뿐만 아니라 추론 능력까지 길러진답니다. 제시한 방법과 반대로 아이가 먼저 사물을 꺼내고 엄마가 같은 사물을 꺼내는 놀이로 변형해도 좋아요.

준비물
- 주머니 2개
- 모양이 다른 사물 5가지 2개씩 숟가락, 퍼즐조각, 장갑, 인형, 블록 등 손으로 만졌을 때 모양 차이가 확연한 것으로 준비해요. 아이에게 친근하고 익숙한 사물이 예측하기 쉬워 좋아요.

놀이팁
- 주머니 속의 사물을 만질 때 호기심을 유발할 수 있는 표정을 보여 주세요. 눈을 동그랗게 뜨고 "우와" 하며 놀라거나 가늘게 실눈을 뜨고 무언가 생각하는 듯한 표정을 하는 등 다양하게 아이의 흥미를 유도해요.

1
2개의 주머니에 똑같은 사물을 하나씩 나눠 넣어요.

2
아이가 주머니를 하나 선택하고, 남은 하나는 엄마가 가져요.
"주머니가 하나, 둘. 두 개 있구나."
"어떤 주머니를 가지고 싶니?"

3
선택한 주머니를 열어요.
"구멍에 손가락을 넣으면 열 수 있어."
"주머니 안에 뭐가 있을까?"

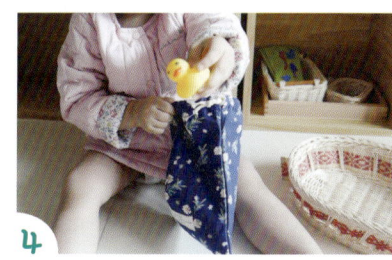

4
엄마가 주머니 안에 손을 넣어 사물을 묘사하면 아이가 사물을 예측하여 꺼내요.
(사물을 꺼내기 전) "작고 말랑말랑하네."
"OO도 똑같은 오리를 꺼냈구나."

5
사물을 재미있게 묘사하며 호기심과 상상력을 길러요.
"폭신폭신하고 따뜻해. 무엇일까?"
(함께 장갑을 꺼내면) "둘 다 장갑을 꺼냈네."

6
주머니에 다시 사물을 넣으며 사물의 명칭을 인지해요.
"주머니 안으로 다시 넣어 주자."
"숟가락을 쏙 넣었구나."

색깔 퍼즐 맞추기

권장 월령 24개월 이상
놀이 목표 색깔 변별력 발달 / 손의 힘 조절

어느 날 아이가 불러서 가 보니 색종이 바구니를 엎어 놓고 같은 색끼리 모으고 있었어요. 아이 표정이 정말 뿌듯하고 즐거워 보였지요. 그 모습을 보고 색깔 퍼즐을 만들어 보았어요. 시각적 변별력을 키우고 스스로 작업을 마치며 성취감을 얻을 수 있는 놀이랍니다. 같은 색끼리 맞추지 않아도 다양한 모양을 만들며 창의적인 활동이 가능해요.

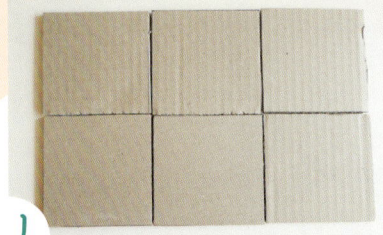

1 판지 6장을 두 줄로 모아 놓아요.

2 색종이를 가로세로로 두 번 잘라서 4등분한 뒤, 다시 세모로 잘라서 색종이의 1/8 크기로 만들어요.

준비물

- 판지 6장 가로세로 10.5cm 크기로 준비해요. 15cm 크기의 일반 색종이를 2번처럼 8등분했을 때의 대각선 길이가 약 10.5cm예요.
- 색종이 7장 15cm 일반 색종이를 서로 다른 색으로 준비해요.
- 색깔 퍼즐 담을 바구니 1개
- 풀 • 가위

3 판지에 8등분한 색종이를 붙여서 색깔 퍼즐을 만들어요.
Tip 같은 색은 이웃한 판지에 붙여요.

4 색깔 퍼즐을 탐색해요.
"여러 가지 색깔이 있구나."
"빨간색을 가리켰네."

놀이팁

- 월령이 높아지면 판지의 개수를 늘려 난이도를 높여요.

5 색깔 퍼즐을 맞춰요.
"조각을 맞춰 보자."
"노란색 세모끼리 붙이니 네모가 되었네."

6 다 맞추면 색이름을 하나씩 부르며 익혀요.
"○○가 모두 맞춰 주었어."
(색을 하나씩 가리키며) "빨간색, 노란색, 주황색…."

모양 스티커 붙이기

권장 월령 24개월 이상
놀이 목표 모양에 대한 변별력 발달 / 스티커 사용으로 소근육 발달

아무것도 그려져 있지 않은 스티커에 매직으로 동그라미, 세모, 네모를 그려 간단하게 활용해 보세요. 색지를 동그라미, 세모, 네모 모양으로 잘라서 벽이나 바닥에 붙여 놓고, 모양에 맞춰 스티커를 붙이는 거예요. 기본 도형에 익숙해지면 하트, 별 등으로 응용해도 좋아요. 모양의 명칭을 반복하여 이야기해 줌으로써 아이가 쉽게 모양을 익힐 수 있어요.

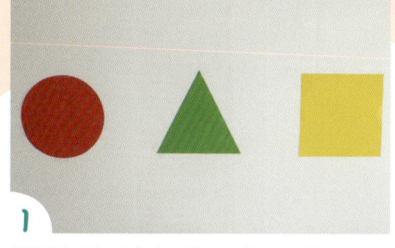

1
색지를 동그라미, 세모, 네모 모양으로 오려서 벽에 붙여요.
Tip 아이 눈높이에 붙여요.

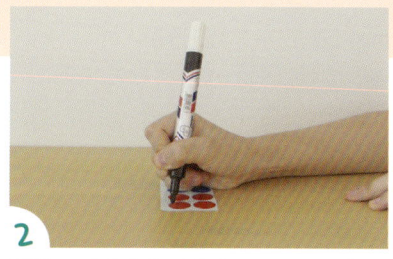

2
원형 스티커에 유성매직으로 동그라미, 세모, 네모를 그려요.

 준비물
- 색지 3장 같은 색으로 준비해도 괜찮아요.
- 원형 스티커 여러 개
- 가위   • 유성매직   • 셀로판테이프
- **응용** 광고지나 잡지

3
도형이 그려진 스티커를 탐색해요.
"알록달록 스티커구나."
"어? 스티커에 모양이 그려져 있네."

4
스티커의 도형과 같은 도형에 붙여요.
(벽을 가리키며) "네모는 어디에 있니?"
(아이가 스티커를 붙이면) "네모를 붙였구나."

 놀이팁
- "동그라미를 가리켜 보자.", "세모를 쿵 쳐 보겠니?", "네모 앞에 서 보자.", "동그라미에 코를 대어 볼까?", "토끼 인형에게 세모를 보여 주렴." 등 다양한 표현으로 도형을 가리키며 인지할 수 있도록 도와요.

5
도형 이름을 듣고 가리켜요.
"세모는 어디에 있니?"
(모양을 가리키면) "그래, 이것은 세모야."

응용
스티커 대신 광고지나 잡지에서 동그라미, 세모, 네모 모양을 오려서 붙여요.
Tip 아이가 직접 가위질하기 어려우니 미리 모양을 오려서 준비합니다.

동물의 색깔 찾기

권장 월령 30개월 이상
놀이 목표 시각적 변별력 및 관찰력 발달 / 색깔의 조합 인지

몬테소리 교구 중 색판은 시각적 변별력을 높이고 관찰력 및 심미감 발달을 돕는 교구예요. 1단계는 삼원색, 2단계는 무채색과 2차색을 추가하고, 3단계는 색의 농도까지 다루고 있지요. 집에서도 색지를 이용해 만들 수 있어요. 같은 색끼리 짝 맞추기, 주변의 같은 색 사물 찾기 등 색에 관련된 활동에 다양하게 쓰이니 미리 만들어 두면 좋아요.

준비물

- 동물 모형 6개
- 우유갑 1~2개 깨끗하게 씻고 말려서 준비해요.
- 색지 여러 장 동물 모형을 구성하는 색으로 조금씩 준비해요.
- 바구니 2개 동물 모형과 색판을 각각 담아요.
- 가위   • 풀
- 응용 2 6구 머핀틀 1개, 폼폼 여러 개 동물 모형을 구성하는 색으로 준비해요.

1
우유갑을 자르고, 안쪽 흰 면에 색지를 붙여서 색판을 만들어요.

Tip 우유갑의 가로를 색지보다 2cm가량 작게 잘라서 색지 좌우로 우유갑의 흰 면이 보이게 해요.

2
동물 모형의 색을 관찰한 다음, 동물 모형과 같은 색의 색판을 놓아요.

"무슨 색이 있니?"
"나비는 빨간색과 검은색이네."

3
같은 방법으로 동물 모형에 쓰인 색판을 모두 맞춰요.

"똑같은 색들도 있네. 어디에 있니?"
"동물 속에 숨겨진 색을 잘 찾아 주었구나."

4
색판을 세어 보며 많고 적음을 알아요.

"동물마다 카드 개수가 다르네."
"카드를 가장 조금 받은 동물은 누구일까?"

응용 1
색판을 바닥에 놓고, 같은 색을 가진 동물 모형이나 주변 사물을 가져다 놓아요.

응용 2
동물 모형과 같은 색의 폼폼을 놓아요.

Tip "이 친구들은 몸에 있는 색과 같은 색의 맘마를 먹는대."라고 이야기를 지어 들려주세요. 조금 복잡한 규칙도 쉽게 이해할 수 있어요.

모양 돈으로 역할놀이 하기

권장 월령 30개월 이상
놀이 목표 모양 인지 및 분류 / 역할놀이를 통한 사회성 발달

가게 역할놀이를 통해 물건마다 정해진 가격이 있고 그만큼 돈을 내야 살 수 있음을 경험해요. 아직은 화폐를 읽지 못하므로 동그라미와 네모 등 아이에게 친숙한 모양을 그려서 가격을 표시해 주세요. 사고 싶은 물건을 직접 고르고 주머니 안에서 돈을 꺼내 계산함으로써 돈의 가치를 알고 일상생활에서의 언어 표현력을 높일 수 있답니다.

준비물

- 상자 1개
- 잼뚜껑 7개
- 물건 사진 7개 광고지나 잡지, 신문에서 오려요.
- 가짜 돈 10개 내외 점토 용기 뚜껑, 신용카드 등. 동그라미와 네모 모양으로 4~5개씩 준비해요.
- 주머니 1개 가짜 돈을 담아요.
- 물티슈 뚜껑 1개
- 테이프
- 유성매직
- 글루건
- 커터칼
- 풀

놀이팁

- 구매한 물건을 넣을 가방이나 장바구니를 함께 준비해 놀이의 실제감을 높여요.

 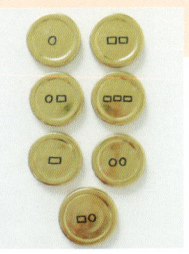

1 잼뚜껑 안쪽에 물건 사진을 붙이고, 윗면에 동그라미와 네모 모양을 그려요.

Tip 셀로판테이프를 붙인 뒤 모양을 그리면 다른 모양으로 쉽게 교체할 수 있어요.

2 상자 윗면에 점토 용기 뚜껑과 플라스틱 카드가 들어갈 구멍을 각각 만들고, 앞면에는 물티슈 뚜껑을 붙인 뒤 구멍을 만들어요.

Tip 물티슈 뚜껑을 열어 가짜 돈을 정리해요.

3 아이가 주머니(지갑)를 가지고 와서 사고 싶은 음식을 골라요.
"어서 오세요."
"어떤 것을 사고 싶으세요?"

4 잼뚜껑을 뒤집어서 가격을 확인해요.
(아이가 고르면) "아이스크림은 얼마인가요?"
"동그라미 두 개를 내셔야 되네요."

5 주머니를 열어서 돈을 꺼내요.
"지갑을 열어 돈을 꺼내 주세요."
"네모 돈도 있고, 동그라미 돈도 있네요."

6 필요한 모양과 개수만큼 상자에 넣어요.
"동그라미 몇 개를 넣어야 하나요?"
"아이스크림 맛있게 드세요!"

03 수학적 사고 발달을 돕는 수 영역

감각 영역에서 길이, 형태, 무게 등의 개념을 감각적으로 경험했다면, 수 영역에서는 구체물을 옮기고 세고 쌓아 보는 등의 활동을 통해 수를 익혀요. 일대일대응 활동으로 수에 대한 개념을 형성한 다음, 숫자의 모양을 감각적으로 접하며 숫자를 인지해요. 그다음은 수와 양을 대응하고, 수의 순서를 알게 된답니다. 매력적인 구체물을 이용한 활동으로 수에 대한 자신감을 얻고, 실생활에서 수학적 사고력 및 이해력을 키울 수 있어요.

✅ **구체물은 정확한 개수로 준비해요.**
구체물을 하나씩 놓으며 수 활동에 집중하고 있는데 개수가 남거나 부족하면 아이는 어떤 마음이 들까요? 정확하게 마무리되지 않아 성공했다는 만족감을 느끼지 못할 거예요. 교구를 제시하기 전에 필요한 개수를 확인하여 정확하게 제공해 주세요. 아이는 준비된 환경에서 스스로 오류를 정정하며 활동할 수 있어요.

✅ **결과가 아닌 과정을 함께해요.**
수 영역은 어떻게 알게 되었는지의 과정보다 얼마만큼 아는지의 결과에 초점이 맞춰지곤 해요. 다른 영역 놀이와 비교할 때 학습으로 여겨지기 쉽지요. 숫자를 단순히 암기하여 입으로 읊고 읽는 것은 중요하지 않아요. 반복적인 놀이를 통해 숫자 1이 동그라미 한 개와 같다는 수의 개념을 이해하는 게 더 중요하답니다.

✅ **매력적인 구체물을 배치해요.**
아이에게 추상적인 수의 개념을 가르칠 때 아이의 호기심을 자극하고 집중을 끌어낼 수 있는 구체물이 중요해요. 한 손에 집기 쉬운 사물을 다양한 색, 형태, 크기로 다채롭게 구성하여 아이가 놀이에 적극적으로 참여하도록 준비해 주세요. 매력적인 구체물은 수학을 더 쉽고 재밌게 받아들이도록 도와준다는 점, 잊지 마세요.

✅ **재밌는 이야기와 노래로 참여도를 높여요.**
딱딱한 지시보다는 동화 들려주듯 이야기를 하며 아이의 참여도를 높여 주세요. 예를 들어 146p의 놀이라면, "무당벌레 점무늬를 세어서 날개를 붙여 줄래?"보다는 무당벌레를 의인화하여 "날개가 떨어져서 너무 춥네. 그런데 내 날개가 어떤 건지 모르겠어. ○○가 점을 세어 알려 주겠니?"라고 말하는 거예요. 노래 가사를 바꿔 수를 세어 보는 것도 좋아요.

얼음틀과 블록 대응하기

권장 월령 12개월 이상

놀이 목표 일대일대응 경험 / 생활 도구를 통한 수 개념 인지

일대일대응이란 두 집합 사이에 하나도 빠지거나 남김없이 짝을 이루는 것을 말해요. 장갑을 한 손에 하나씩 끼는 것도 일대일대응이지요. 소개하는 놀이는 이유식 재료를 얼릴 때 사용한 얼음틀에 장난감 블록을 하나씩 넣는 놀이예요. 일대일대응을 이해하면 숫자가 커짐에 따라 양이 많아지는 것을 경험하며 숫자를 셀 수 있게 된답니다.

1

얼음틀과 블록을 준비해요.

2

블록을 탐색해요.
"OO가 좋아하는 블록이네."
"블록 두 개를 탑처럼 합쳐 보았구나."

3

얼음틀의 칸마다 블록을 하나씩 넣으며 일대일대응을 경험해요.
"구멍 안에 블록을 하나씩 넣어 보자."
"파란색 블록을 빈칸에 쏙 넣었네."

4

블록을 모두 넣은 후 얼음틀에서 꺼내 상자에 정리해요.
"블록을 원래 있던 자리에 두자."
"다시 상자에 넣었구나."

준비물

- 이유식 얼음틀 1개 10칸 이내로 준비해요.
- 블록 여러 개 블록이 너무 크면 칸에 넣을 수 없고, 블록이 너무 작으면 한 칸에 여러 개를 넣을 수 있으니 칸과 비슷한 크기로 준비해요.
- 블록 담을 상자 1개
- **응용 1** 베이킹컵 4개, 오리 인형 4개
- **응용 2** 6구 머핀틀 1개, 작은 블록 6개

놀이팁

- **시범 방법** _ 얼음틀 칸을 손으로 가리키며 칸이 있음을 보여 준 다음, 블록을 집어 칸에 넣어요. 블록을 모두 넣으면 빈칸이 없음을 보여 줘요.

응용 1

베이킹컵에 오리 인형을 넣어요.

응용 2

6구 머핀틀에 블록을 넣어요.

휴지심과 탁구공 대응하기

권장 월령 12개월 이상
놀이 목표 일대일대응 경험 / 눈·손의 협응력 및 독립심 발달

일대일대응에서는 짝을 맞게 준비해 주는 게 중요해요. 탁구공이 4개, 휴지심이 5개라면 탁구공을 다 넣고도 휴지심이 빈 것을 보며 탁구공을 찾게 될 거예요. 반대로 탁구공이 5개, 휴지심이 4개라면 하나 남은 탁구공을 보며 혼란스럽겠지요. 휴지심과 탁구공을 같은 개수로 준비하여 아이 스스로 오류를 정정하며 성취감을 맛보게 해 주세요.

1 휴지심을 탁구공 지름의 절반가량인 2cm 미만으로 잘라서 5개를 만들어요.

Tip 휴지심과 탁구공의 높이가 비슷하면 탁구공을 휴지심에서 스스로 꺼내기 어려워요.

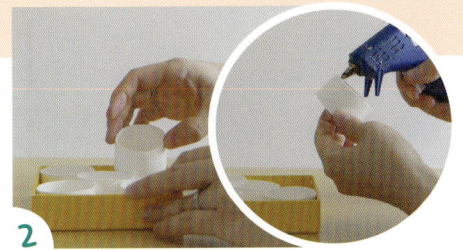

2 휴지심 테두리에 글루건을 쏴서 상자에 붙여요.

 준비물
- 휴지심 붙일 상자 1개
- 휴지심 2개 상자의 크기에 따라 휴지심과 탁구공 개수는 바뀔 수 있어요.
- 탁구공 5개
- 탁구공 담을 바구니 1개
- 커터칼   • 글루건

3 휴지심을 붙인 상자와 탁구공 바구니를 준비해요.

4 탁구공을 탐색해요.
"동그란 공이야."
"공끼리 부딪혀 보고 있구나."

 놀이팁
- **시범 방법** _ 휴지심 테두리를 따라 그으며 구멍이 있음을 보여 준 다음, 탁구공을 집어 휴지심에 넣어요. 탁구공을 모두 넣으면 빈칸이 없음을 보여 줘요.

5 휴지심 칸마다 탁구공을 하나씩 넣으며 일대일대응을 경험해요.
"공을 집었구나."
"한 칸에 하나씩 넣어 보자."

6 탁구공을 모두 넣은 후 수 세기를 경험해요.
(하나씩 가리키며) "하나, 둘, 셋, 넷, 다섯!"
"모두 다섯 개를 넣었네."

초콜릿 상자와 폼폼 대응하기

권장 월령 12개월 이상

놀이 목표 일대일대응 경험 / 스스로 오류를 정정하며 독립심 발달

활동의 목적이 '넣기'에 있다면 한 칸에 사물을 몇 개 넣든 '넣는 것'이 중요하므로 사물의 크기는 상관없어요. 하지만 일대일대응이 목적이라면 칸과 비슷한 크기의 사물을 준비해야 해요. 사물을 한 칸에 하나씩 넣을 수밖에 없어 일대일대응을 자연스럽게 인지할 수 있답니다. 빈칸에 폼폼을 넣는 것이 단순하게 보여도 수를 배우기 위한 중요한 준비 과정이에요.

1 초콜릿 상자와 폼폼을 준비해요.

2 폼폼을 탐색해요.
"초록색 공이야."
"동그랗고 폭신폭신하네."

3 초콜릿 상자에 폼폼을 넣으며 일대일대응을 경험해요.
(상자를 보며) "구멍이 뽕뽕 뚫려 있어."
"비어 있는 곳을 찾아보렴."

4 폼폼을 모두 넣은 후 초콜릿 상자에서 꺼내 정리해요.
"칸에서 다시 꺼내 보자."
"그릇에 차곡차곡 넣어 볼까?"

준비물

- 초콜릿 상자 1개
- 폼폼 6개 초콜릿 상자의 칸 수만큼 준비해요.
- 폼폼 담을 그릇 1개
- **응용** 판지에 휴지심 붙인 교구 64p 만드는 법을 참조해요.
  3cm 폼폼 11개 휴지심 칸 수에 맞춰요.

응용

일대일대응이 익숙해지면 칸 수를 늘려서 활동해요.
"동그라미 안에 하나씩 넣어 보자." "비어 있는 곳이 없구나." "한 칸에 하나씩 들어가 있네."

놀이팁

- **시범 방법 _** 초콜릿 상자의 칸을 손으로 가리키며 칸이 있음을 보여 준 다음, 폼폼을 집어 상자의 칸에 넣어요. 폼폼을 모두 넣으면 빈칸이 없음을 보여 줘요.
- 일대일대응 놀이를 이미 경험했다면 엄마의 시범 없이 활동할 수 있어요.

1~5개 병뚜껑 개수만큼 돌멩이 놓기

권장 월령 24개월 이상
놀이 목표 수·양의 대응 경험 / 수의 순서 인지

감각 영역에서 길이, 형태, 무게 등의 추상적인 개념을 경험하고 습득한다면, 수 영역에서는 이러한 추상적인 개념을 구체적으로 인지하도록 도와요. 일상생활에서 친숙한 사물로 교구를 만들면 어렵게 느껴지는 수 개념을 쉽게 익힐 수 있어요. 병뚜껑이 많아질수록, 돌멩이가 많아질수록 길이가 길어지는 것으로 수의 순서를 경험해 볼까요?

준비물
- 아이스크림 막대 5개
- 플라스틱 병뚜껑 15개
- 조경용 돌멩이 15개 플라스틱 병뚜껑 안에 들어가는 크기로 준비해요.
- 바구니 2개 병뚜껑을 붙인 막대와 돌멩이를 각각 담아요.
- 글루건

1 아이스크림 막대에 병뚜껑을 1개부터 5개까지 붙여요.

2 병뚜껑을 붙인 막대와 돌멩이를 준비해요.

3 병뚜껑이 붙은 막대를 나열해요.
(하나씩 세어 보며) "동그라미가 몇 개니?"
"점점 많아지고 있구나."

4 병뚜껑 안에 돌멩이를 넣어요.
"동그라미 안에 돌멩이를 넣어 보자."
"하나, 둘. 두 개를 넣어 주었네."

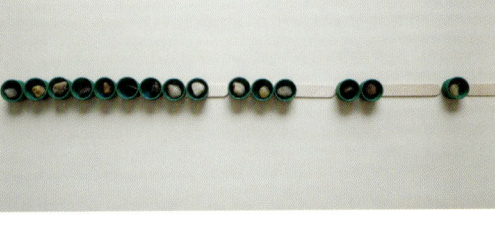

5 막대로 모양을 만들 수 있어요.
(동그랗게 놓으며) "꽃이 만들어졌어." (일렬로 놓으며) "칙칙폭폭 기차가 되었네."

1~5까지 숫자만큼 꼬치 끼우기

권장 월령 24개월 이상
놀이 목표 수와 양의 대응 / 눈·손의 협응력 발달

눈·손의 협응력과 집중력 발달을 돕는 꼬치 끼우기 활동을 숫자와 접목해 보아요. 구멍 안에 끼워진 꼬치를 가리키며 "숫자가 커질수록 꼬치도 많아지는구나." 하고 말해 주세요. 수와 양은 비례함을 눈으로 보며 이해할 수 있어요. 꼬치를 끼울 때마다 옆에서 하나, 둘 세어 줌으로써 반복적으로 숫자를 들으며 관심을 기울이게 된답니다.

1
상자에 색지를 오려 붙이고 유성매직으로 그려서 열기구 5개를 만들어요.

2
열기구의 풍선 부분에 송곳으로 구멍을 1개부터 5개까지 뚫어요.

준비물

- 상자 1개 상자 높이가 꼬치보다 길어야 꼬치를 자유롭게 끼울 수 있어요.
- 색지 3색
- 꼬치 15개 뾰족한 끝을 뭉툭하게 잘라서 다치지 않도록 해요. 면봉을 반으로 잘라 대체할 수 있어요.
- 꼬치 담을 바구니 1개
- 유성매직 · 가위 · 풀 · 송곳
- (응용) 종이 5장, 작은 사물 15개

3
열기구의 바구니 부분에 풍선 부분의 구멍 개수만큼 숫자를 써요.

4
열기구 바구니의 숫자만큼 꼬치를 끼워요.
"바구니에 숫자가 적혀 있네."
(꼬치를 끼울 때마다) "하나, 둘, 셋."

응용

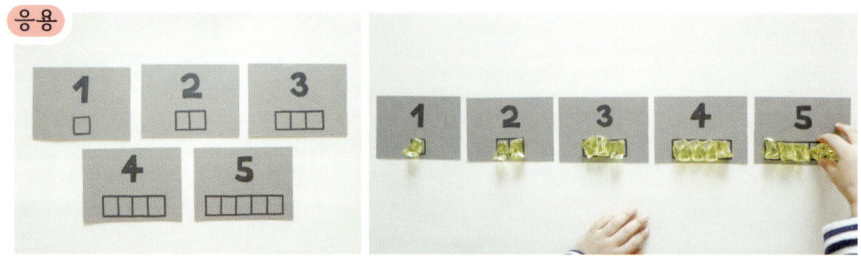

종이에 적힌 숫자만큼 사물을 올려요.

Tip 숫자 아래로 사물 올릴 칸을 숫자만큼 그려서 준비해요.

1~5까지 숫자 익히기

권장 월령 24개월 이상
놀이 목표 감각을 통한 숫자 형태 인지 / 숫자 명칭 경험

몬테소리 교구 중 하나인 모래 숫자판을 응용해 숫자판을 만들었어요. 처음에는 숫자를 3까지만 제시하고 점차 늘려 가요. 숫자를 소개하는 과정에서 가장 중요한 건 숫자의 모양을 손가락으로 따라 긋는 작업이에요. 감각을 통해 세상을 접하고 받아들이는 시기이므로 감각이 모여 있는 손끝으로 숫자를 따라 그으며 모양을 익히고 기억할 수 있답니다.

1
사포 뒷면에 숫자를 좌우로 뒤집어서 외곽선을 그려요.

2
사포를 숫자 모양으로 자른 뒤 글루건으로 판지에 붙여서 숫자판을 만들어요.

3
손가락으로 숫자판의 숫자를 따라 그어요.
(숫자 1을 따라 그으며) "일. 이것은 일이야."
"OO도 그려 보겠니?"

4
숫자를 순서대로 놓고 숫자를 읽어 줘요.
(순서대로 가리키며) "이것은 일이야. 이것은 이야. 이것은 삼이야."

준비물
- 판지 5장 가로세로 10cm 내외로 준비해요.
- 사포 사포의 방수가 낮을수록 거치니 너무 거칠지 않은 300방 내외로 준비해 주세요.
- 가위   • 연필 또는 펜   • 글루건
- 카드 담을 바구니 1개
- **응용** 펠트지 색지를 이용할 경우, 코팅하여 찢어지지 않도록 해요.

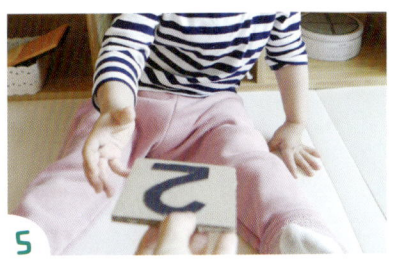

5
숫자를 듣고 가리킬 수 있어요.
"1을 손바닥으로 톡 쳐 보렴."
"2를 엄마에게 주겠니?"

응용
펠트지로 만든 숫자를 사포 숫자판 위에 짝을 맞춰 올려요.

Tip 같은 형태를 맞춰 봄으로써 숫자의 모양을 인지하고 수의 개념을 형성해 나가요.

놀이팁
- 처음에 숫자를 따라 그을 때는 1부터 하나씩 제시해요. 엄마가 먼저 손가락으로 모양을 따라 그으며 숫자를 말한 다음, 아이에게 숫자판을 건네어 따라 하도록 해요.

1~5까지 숫자 찾기

권장 월령 24개월 이상

놀이 목표 숫자 형태 인지 및 구별 / 관찰력 발달

주변의 다양한 장소에서 숫자를 찾을 수 있어요. 슈퍼마켓 물건의 가격표, 아빠 자동차의 번호판, 시계의 눈금, 전화기의 버튼 등 일상생활에서 숫자는 떼려야 뗄 수 없지요. 슈퍼마켓 광고지나 종이 신문에서 숫자가 크게 나오는 면을 펼쳐서 준비해 주세요. 우리 주변에 숨어 있는 숫자를 찾아보며 재미도 느끼고 관찰력도 키울 수 있답니다.

준비물
- 신문 혹은 광고지

응용 숫자가 있는 사물 여러 개

1 신문을 준비해요.

2 신문에서 숫자를 찾아요.
"이것은 신문이라고 해."
"숫자 친구들이 꼭꼭 숨어 있대. 우리 한번 찾아볼까?"

3 숫자를 손가락으로 표현해요.
"숫자를 찾았네. 이 숫자는 무엇이니?"
"아하, 1이구나. 손가락으로 1을 만들었네."

4 신문을 넘기며 계속해서 숫자를 찾아요.
"이번에는 4를 찾았네."
"4를 손가락으로 가리켰구나."

응용

집 안의 다양한 사물들에서 숫자를 찾아요.

1~5까지 숫자 블록 짝 맞추기

권장 월령 24개월 이상
놀이 목표 숫자 형태 인지 / 일대일대응 경험

수에 점차 관심을 보이며 1~5까지의 서로 다른 형태를 인지하기 시작할 때 추천하는 놀이예요. 아이들 블록으로 간단하게 수 교구를 만들면 됩니다. 처음엔 같은 숫자 블록을 연결하는 놀이로 시작해요. 숫자의 순서를 알게 되면 위로 블록을 쌓아서 숫자 탑을 만들거나 순서대로 놓아서 숫자 기차를 만드는 등 수를 흥미롭게 경험할 수 있어요.

 **준비물**

- **블록 10개** 5색으로 2개씩 준비하여 같은 색에 같은 숫자를 적으면 난이도가 낮아져요.
- **보드마카 1개** 유성매직은 잘 지워지지 않아서 보드마카를 추천해요.
- **셀로판테이프**
- **블록 담을 상자 1개**
- 응용 상자 1개, 휴지심 3개, 자동차 모형 5개, 스티커 5장, 커터칼, 유성매직, 글루건

1 블록의 평평한 옆면에 보드마카로 1부터 5까지 2개씩 적어요.

Tip 숫자를 적은 뒤, 셀로판테이프를 붙여서 놀이 도중 숫자가 지워지지 않도록 해요.

2 숫자가 적힌 블록을 탐색해요.
"블록에 숫자가 적혀 있네."
"같은 숫자가 적힌 블록이 2개씩 있단다."

3 블록에 적힌 숫자를 확인해요.
"어떤 숫자가 적혀 있니?"
"손가락으로 2를 만들었네."

4 같은 숫자끼리 블록을 끼워요.
"블록에 5라고 적혀 있구나."
(같은 숫자를 찾으면) "같은 5를 찾았네."

응용

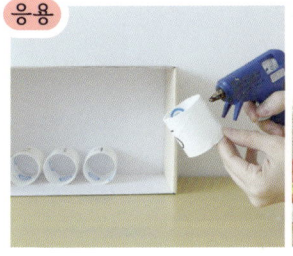  

휴지심의 번호와 자동차의 번호를 맞춰서 주차해요.

Tip 휴지심을 반으로 잘라서 1~5까지 적은 다음, 순서대로 상자 안에 붙여서 주차장을 만들어요. 스티커에 1~5까지 번호를 적어서 자동차 위에 붙여요. 다른 숫자로 응용 가능해요.

1~5까지 숫자만큼 도장 찍기

권장 월령 24개월 이상
놀이 목표 수와 양을 대응하며 비교 개념 인지 / 수의 순서 경험

일대일대응 활동은 사물뿐만 아니라 도장 찍기나 스티커 붙이기, 색칠하기 등으로도 가능해요. 한 칸씩 채우며 수를 세는 원리를 이해하게 되지요. 글을 읽듯이 왼쪽에서 오른쪽으로 도장을 찍으면 읽기 습관을 형성하는 데에도 도움이 돼요. 하지만 꼭 왼쪽부터가 아니라도 수와 양의 대응을 익힐 수 있으니 융통성 있게 하면 된답니다.

1
숫자 밑에 원형을 숫자만큼 그린 다음, 코팅하여 숫자 카드를 준비해요.

2
숫자 카드를 탐색해요.
"이것은 어떤 숫자니?"
"동그라미가 몇 개 있는지 세어 보자."

준비물
- 도트 마커 여러 개
- 숫자 카드 5장 1부터 5까지 준비해요. 아이의 수준에 따라 조절할 수 있어요.
- 물티슈 혹은 휴지

응용 스티커 15장

3
숫자 카드의 원형에 도장을 찍어요.
"꾹꾹 눌러 보자."
(도장을 찍을 때마다) "하나, 둘, 셋."

4
도장을 몇 개 찍었는지 세며 수를 익혀요.
"하나, 둘, 셋, 넷, 다섯."
"숫자 5는 다섯 개랑 똑같아."

5
5까지 다 찍으면 물티슈로 깨끗이 지워서 정리해요.
"1부터 5까지 모두 찍어 주었구나."
"그럼 이제 지워 볼까?"

응용
도트 마커 대신 스티커로 활동해요.
"어떤 카드에 가장 자동차가 많니?"
"숫자가 커질수록 자동차도 많아지는구나."

놀이팁
- 아이가 물티슈로 지운 뒤에 엄마가 마른 휴지로 한 번 더 말끔하게 닦아요.

1~6까지 숫자만큼 블록 놓기

권장 월령 24개월 이상

놀이 목표 수의 많고 적음 비교 / 수와 양의 대응

과자가 담겨 있던 상자를 이용해 수와 양을 대응하는 교구를 준비해 보세요. 처음에는 3칸으로 시작하여 점차 늘려 가는 게 좋아요. 1, 2, 3을 단순히 암기하는 것이 아니라 수에 맞게 사물을 놓으며 1은 사물 한 개, 2는 사물 두 개, 3은 사물 세 개와 같음을 알게 된답니다. 이렇게 구체적인 양과 추상적인 숫자를 연결하며 수 개념을 쌓아 볼까요?

1 종이에 숫자를 적어 상자의 칸마다 붙여요.

Tip 숫자 아래로 숫자만큼 원형을 그려 놓으면 몇 개의 블록을 놓아야 하는지 알 수 있어요.

2 블록을 바구니에 담아 준비해요.

준비물
- 칸이 나뉜 상자 1개
- 종이 6장
- 유성매직
- 블록 21개
- 블록 담을 바구니 1개

3 숫자 카드가 있는 상자를 탐색해요.

"상자에 네모난 구멍이 있구나."
"숫자가 적혀 있네. 하나씩 읽어 보자."

4 숫자를 읽고 블록을 숫자만큼 넣어요.

(2를 가리키며) "이건 어떤 숫자니?"
"동그라미가 하나, 둘. 블록을 두 개 넣자!"

놀이팁
- 블록을 놓기 전에는 몇 개의 블록이 필요한지 묻고, 칸 안에 놓을 때는 하나씩 함께 세어 주며, 다 놓은 뒤에는 필요한 만큼 놓았는지 확인하여 수와 양의 대응을 천천히 익혀 나가요.

5 계속해서 숫자에 맞게 블록을 놓아요.

(하나씩 가리키며) "일, 이, 삼, 사, 오, 육."
"블록이 점점 많아지고 있구나."

6 블록을 다시 바구니에 놓고 마무리해요.

"블록을 정리하자꾸나."
"어떤 숫자부터 정리하고 싶니?"

1~5까지 숫자 고리 끼우기

권장 월령 30개월 이상
놀이 목표 순서에 따른 나열 및 인지 / 5 이하의 수 이해

휴지심에 숫자 고리를 하나씩 끼우는 놀이예요. 고리가 많아질수록 고리의 높이가 높아지면서 숫자가 커짐을 시각적으로 관찰할 수 있어요. 크기나 길이가 점진적으로 달라지는 사물을 순서대로 두는 작업 역시 비슷한 맥락이에요. 이렇게 수의 크기를 감각적으로 인지하는 과정을 반복하고, 크고 작은 숫자를 경험하며 수 세는 법을 익히게 된답니다.

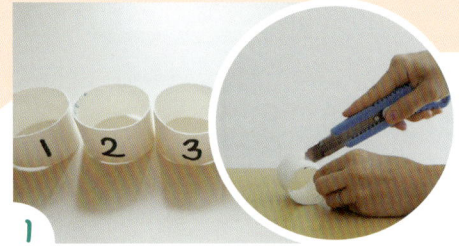

1
휴지심을 1/4 크기로 자른 다음, 1부터 5까지 숫자를 적어서 숫자 고리를 만들어요.

2
숫자 고리를 탐색해요.
"동그란 고리에 숫자가 적혀 있구나."
"2도 있고 5도 있어."

3
수의 순서에 따라 고리를 끼워요.
"가장 먼저 어떤 숫자를 끼워 볼까?"
"1을 끼웠구나. 1 다음에는 2가 나와."

4
고리가 많아지면 수가 커지는 것을 느껴요.
"5까지 모두 끼웠어. 정말 높아졌구나!"
(각각 가리키며) "5는 크고 1은 작단다."

준비물
- 휴지심 2개
- 스탠드형 휴지걸이 1개
- 휴지심 담을 바구니 1개
- 유성매직 • 커터칼
- **응용** 사포 숫자판 137p의 교구를 활용해요. 동물 모형 15개

5
고리를 빼서 바구니에 정리하며 수를 거꾸로 읽어요.
(하나씩 꺼낼 때마다) "5, 4, 3, 2, 1."
"고리가 점점 줄고 있어."

응용
숫자만큼 동물을 놓아요.
Tip 숫자를 나열하는 것은 아직 어려우니 도와주세요. 수와 양의 대응을 알면, 동그라미 등으로 양을 표시하지 않아도 사물을 놓을 수 있어요.

놀이팁
- **시범 방법** _ 1이 적힌 휴지심을 꺼내 '일' 말한 다음, 휴지걸이에 끼워요. 마찬가지 방법으로 5까지 끼워요.
- 아이가 수의 순서를 모른다면, 다음에 끼울 숫자를 이야기해 주세요.

주사위 점 개수만큼 이동하기

권장 월령 30개월 이상
놀이 목표 수 개념 형성 / 놀이의 규칙 인지 및 사회성 발달

혼자 놀이를 즐기던 아이는 점차 성장하며 타인과 어울려 노는 시기로 접어들어요. 친구와 함께하는 놀이에서는 규칙을 지켜야 해요. 주사위 놀이라면, '스스로 주사위 던지기', '주사위의 점 세기', '점의 수만큼 이동하기', '차례 기다리기' 등의 규칙이 있지요. 간단한 주사위 놀이를 통해 사회성과 수 개념을 동시에 발달시켜 보세요.

선행

 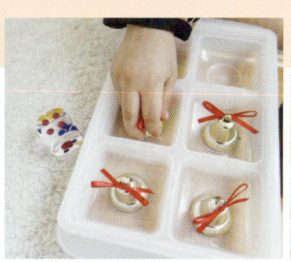 

주사위를 던져서 나온 점의 개수만큼 얼음틀에 사물을 놓아요.
"점이 몇 개가 있을까? 함께 세어 보자. 하나, 둘, 셋, 넷." "종을 네 개 두자."

 준비물
- 게임판 판지나 두꺼운 종이에 칸을 그려서 만들어요.
- 주사위 1개
- 게임말 2개
- (선행) 6구 얼음틀 1개, 작은 사물 6개, 사물 담을 상자 1개

1 게임판을 만들어요.
Tip 보드게임처럼 출발 지점과 도착 지점을 표시하고, 그 사이에 칸을 나눠서 그려요.

2 주사위를 던져 나오는 수를 확인해요.
"누가 먼저 주사위를 던져 볼까?"
"곰돌이가 몇 칸 갈 수 있니?"

 **놀이팁**
- 두꺼운 도화지에 정육각형 전개도를 그린 뒤, 5~10까지 숫자를 적어서 주사위를 만들면 큰 수를 익히며 놀 수 있어요.

3 주사위에 나온 점 개수만큼 말을 움직여요.
(한 칸씩 움직일 때마다 숫자를 세어 주며)
"곰돌이가 여섯 칸 갔어."
"이제 엄마 차례네. 엄마가 던져 볼게!"

4 번갈아서 주사위를 던지며 놀아요.
"하나, 둘, 셋, 넷. 4가 나왔구나."
"○○가 도착 지점에 먼저 갔네!"

1~10까지 같은 숫자 뚜껑 찾기

권장 월령 30개월 이상
놀이 목표 숫자 변별력 발달 / 일대일대응 경험

달걀 보관함을 보고 생각하게 된 교구예요. 달걀 보관함이 없으면 동그라미를 10개 그려서 활용해도 좋아요. 동그라미와 병뚜껑에 1부터 10까지 숫자를 적고 같은 숫자끼리 짝을 맞추면 된답니다. 아직 숫자의 명확한 의미와 개념을 모르더라도 같은 모양의 숫자를 찾을 수 있도록 다양한 방법으로 응용하고 반복하면서 숫자를 인지해 나가요.

1 색지 위에 달걀 보관함의 트레이를 놓고 테두리를 그린 다음, 동그라미 안에 숫자 순서를 뒤섞어서 적어요.

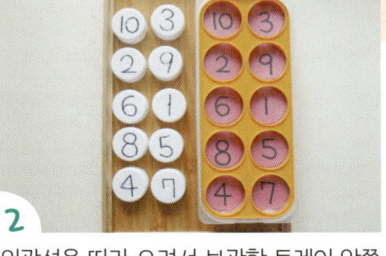

2 외곽선을 따라 오려서 보관함 트레이 안쪽에 넣고, 병뚜껑도 숫자를 적어 준비해요.

> **Tip** 보관함 바닥에 휴지를 두툼하게 깐 다음 종이를 넣으면 숫자를 더 가까이 볼 수 있어요.

3 달걀 보관함을 탐색해요.
"동그라미가 많구나."
"숫자가 여기저기 적혀 있네."

4 병뚜껑 하나를 꺼내 숫자를 확인해요.
"뚜껑이 모두 뒤집혀 있어."
"어떤 숫자가 적혀 있니?"

준비물

- 10구 달걀 보관함 1개 달걀을 넣는 트레이 부분이 분리되는 것으로 준비해요.
- 병뚜껑 10개
- 병뚜껑 담을 바구니 1개
- 색지 1장   • 유성매직
- [응용] 작은 종이컵(소주컵) 10개

놀이팁

- 병뚜껑의 숫자가 보이지 않도록 바구니에 뒤집어 담아서 기대감을 높여요.
- 〈요기 여기〉 노래를 개사하여 "3은 어디 있나 여기"라고 부르며 놀이해도 좋아요.

5 같은 숫자가 있는 구멍에 병뚜껑을 끼워요.
"9는 어디에 있을까?"
"아하, 위쪽에 있구나."

[응용] 병뚜껑 대신 종이컵 밑바닥에 숫자를 적어서 마찬가지로 활동할 수 있어요.

> **Tip** 종이컵을 무작위로 쌓아 놓고 종이컵을 하나씩 꺼내며 숫자를 맞춰요.

6~10까지 수와 양 연결하기 ①

권장 월령 30개월 이상
놀이 목표 서수와 기수 인지 / 수의 크기 비교

1부터 5까지는 손에 쥘 수 있는 구체물을 끼우거나 놓으며 수를 셌다면, 이제는 난이도를 좀 더 올려서 수 개념을 쌓을 거예요. 이때 놀이 효과를 높이려면 대화가 중요해요. 많고 적음에 관련된 질문으로 크기를 비교할 수 있도록 돕고, 순서를 나타내는 말(첫 번째, 두 번째 등)이나 위치를 나타내는 말(처음, 끝 등)을 이용해 적절한 자극을 제공해 주세요.

 준비물
- 색지 적당량
- 벨크로 테이프
- 원형 스티커 40장
- 유성매직
- 가위
- 풀
- 바구니 2개 눈사람과 모자를 각각 담아요.

응용 20cm 꼬치 3개, 펀치, 글루건

 놀이팁
- 스티커를 줄 맞춰 나란히 붙이면 아이가 쉽게 개수를 셀 수 있어요. 익숙해지면 스티커를 불규칙하게 붙여 난이도를 높여요. 개수가 많으면 헷갈릴 수 있으니 옆에서 천천히 함께 세어 주세요.

1 색지로 눈사람을 5개 만들고 몸통에 스티커 6~10개를 각각 붙여 코팅한 다음, 머리 부분에 벨크로의 보들보들한 면을 붙여요.

2 색지를 모자 모양으로 오리고 숫자를 6~10까지 적어 코팅한 다음, 뒷부분에 벨크로의 까슬까슬한 면을 붙여요.

3 눈사람 카드의 원형 스티커 개수를 센 다음, 같은 숫자가 적힌 모자를 붙여요.
"단추가 몇 개일까? 열 개 있네."
(10 모자를 붙이며) "열은 10과 같단다."

4 모자를 모두 붙인 뒤, 숫자를 읽어 보아요.
"눈사람의 모자를 모두 붙여 주었어."
"가장 단추가 적은 눈사람은 누구니?"

5 숫자 순서대로 놓아요.
"6번 눈사람이 첫 번째에 오는구나."
"10번 눈사람이 맨 끝이네."

응용 구멍 개수와 같은 숫자인 깃발을 놓아요.
Tip 사다리꼴 모양으로 자른 색지에 펀치로 구멍을 6~10개 뚫어요. 꼬치를 반으로 자르고 6~10까지 적은 종이를 붙여서 깃발을 만들어요.

6~10까지 수와 양 연결하기 ②

권장 월령 30개월 이상
놀이 목표 정확한 수 세기 및 그를 통한 집중력 발달 / 수의 크기 비교

숫자가 커지면 아이가 부담을 느껴 흥미가 떨어질 수 있어요. 수에 대해 긍정적인 마음을 유지하려면 한꺼번에 많은 숫자를 매일 다루는 것보다는 며칠 간격을 두고 적당량만 다루는 게 좋아요. 아이 수준에 맞는 놀이로 여러 번 접근하면 개념을 정확하게 인지하도록 돕는답니다. 6~10을 어려워한다면 1~5를 확실히 익힌 뒤에 시도해 주세요.

1
무당벌레 모양의 카드에 6~10까지 숫자를 적어 코팅하고, 반원 모양의 날개 카드에 검은 스티커를 6~10개 붙여서 코팅해요.

2
무당벌레 카드를 무작위로 나열해요.
"무당벌레에 숫자가 적혀 있네."
"큰 숫자도 있고 작은 숫자도 있구나."

준비물

- 색지 적당량
- 검은 스티커 40장
- 바구니 2개 무당벌레 카드와 날개 카드를 각각 담아요.
- 유성매직 • 가위 • 풀

응용 코팅한 나뭇잎 10장, 펀치

3
날개 카드에 있는 점의 개수를 세어 무당벌레 카드의 숫자와 맞춰 놓아요.
"날개의 점을 세어 보자."
"여덟 개야. 여덟은 어떤 숫자일까?"

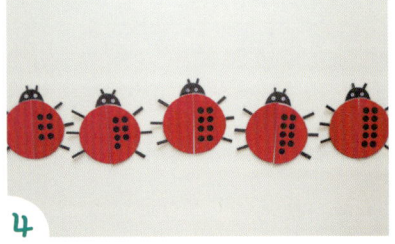

4
수의 순서에 따라 무당벌레 카드를 나열하고 날개 카드를 맞춰 봐요.
"점이 가장 적은 6번 무당벌레가 처음이네."
"10번 무당벌레는 마지막에 있구나."

응용

 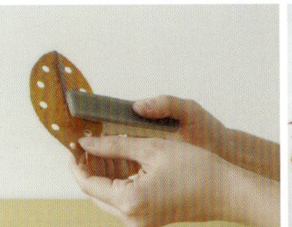 

나뭇잎에 뚫린 구멍을 세어 나뭇가지 끝에 적힌 숫자와 맞춰 놓아요.

Tip 가지가 10개인 나무 모양으로 색지를 자른 다음, 나뭇가지 끝에 1~10까지 숫자를 적어요. 코팅한 나뭇잎은 펀치로 구멍을 1~10개 뚫어요. 펠트지(또는 부직포)로 나무를 만들면 찢어지지 않아요.

1~10까지 숫자 퍼즐 연결하기

권장 월령 30개월 이상
놀이 목표 숫자 형태 인지 / 수의 연속성 이해

아이는 반복적으로 숫자의 형태를 탐색하며 모양을 인지하고, 수와 양을 연결하는 활동을 통해 크고 작음을 비교할 수 있어요. 어떤 숫자보다 하나 작은 수는 앞에 위치하고, 하나 큰 수는 뒤에 위치하는 것을 경험적으로 알게 되지요. 이렇게 크기를 비교하는 활동이 쌓이면 숫자의 순서를 암기하지 않고도 자연스럽게 익히게 됩니다.

준비물
- 판지 9장 가로세로 8x10cm 내외로 준비해요. 숫자를 걸쳐 적기 때문에 10장보다 적게 필요해요.
- 유성매직
- 색연필
- 숫자 퍼즐 담을 바구니

놀이팁
- 달력, 엘리베이터의 버튼, 줄자 등 우리 주변의 숫자는 대부분 순서대로 나열돼요. 달력을 가리키며 "오늘은 8일이야. 내일은 다음 날인데 며칠이 될까?" 엘리베이터를 타며 "지금 3층이네. 한 층 더 올라갔더니 4층이 되었어!" 등의 대화를 통해 수의 순서를 경험할 수 있어요.

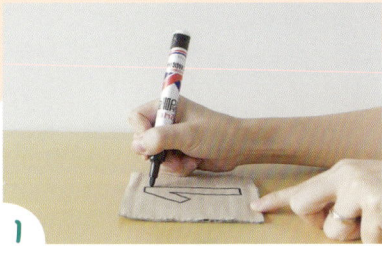

1 판지에 숫자를 쓰고 색칠해요.
> **Tip** 판지 두 개에 하나의 숫자를 걸쳐 적어서 퍼즐을 맞출 수 있도록 해요.

2 숫자 퍼즐을 바닥에 펼쳐 놓고 탐색해요.
"여러 숫자 카드가 있구나."
"차례대로 맞춰서 기차를 만들어 보자."

3 어떤 숫자일지 추측해 보아요.
"어떤 숫자가 보이니?"
"이건 3 같기도 하고 8 같기도 하네."

4 숫자 순서대로 맞춰요.
"어떤 숫자가 가장 처음 올까?"
"1보다 하나 더 큰 숫자는 무엇이니?"

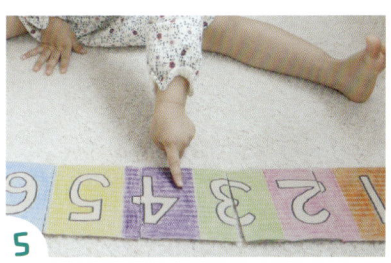

5 퍼즐을 완성한 뒤, 숫자 순서대로 읽어요.
"함께 읽어 보자. 일, 이, 삼, 사…."
"하나, 둘, 셋, 넷으로도 읽을 수 있어."

6 수에 대한 질문을 듣고 가리켜요.
"가장 작은 숫자는 어디에 있니?"
"가장 큰 숫자를 엄마에게 주렴."

1~10까지 숫자만큼 돌멩이 놓기

권장 월령 30개월 이상
놀이 목표 수와 양의 일치 경험 / 수의 감각적 이해

쪽지에 적힌 숫자만큼 구체물을 놓으며 수와 양의 대응에 익숙해지는 놀이예요. 쪽지에 어떤 숫자가 있을지 기대하며 놀이에 몰입할 수 있어요. 종이에 적힌 숫자만큼 박수 치기, 제자리 돌기, 손가락으로 표현하기 등으로 응용해도 좋아요. 돌멩이를 한 움큼 쥐어 바닥에 놓고 돌멩이의 개수에 맞는 숫자 쪽지를 연결해도 재미있답니다.

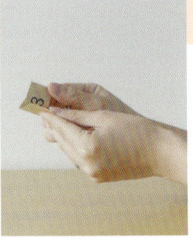

1 종이에 1~10까지 숫자를 적은 다음, 두 번 접어서 숫자가 보이지 않도록 해요.

2 바구니에서 숫자 쪽지를 하나 꺼내어 숫자를 확인해요.
"어떤 숫자가 나올까? 기대되네."
"7이 나왔구나!"

준비물
- 작은 종이 10장
- 돌멩이 55개 손에 쥘 수 있는 작은 사물이면 무엇이든 괜찮아요.
- 유성매직
- 바구니 2개 숫자 쪽지와 돌멩이를 각각 담아요.

3 숫자 쪽지를 바닥에 놓고, 쪽지의 숫자만큼 돌멩이를 놓아요.
"돌 몇 개를 두면 될까?"
"일곱 개를 나란히 놓았구나."

4 엄마와 순서를 정해 번갈아 쪽지를 뽑으며 놀아도 재밌어요.
"엄마는 어떤 숫자가 나올까? 짠!"
"10이 나와서 돌을 열 개 두었어."

응용

숫자 쪽지만 모두 펼친 다음, 숫자 순서대로 놓아요.
"여기저기 숫자들이 있네. 순서대로 놓아 볼까?" "숫자 기차가 완성되었어."
"10부터 놓으면 거꾸로 기차가 된단다."

놀이팁
- 1부터 10까지의 개념을 아이가 인지했다면, '0'의 개념도 '아무것도 없다.', '비어있다.'는 의미 정도로 이야기해 주세요.

수를 가르고 모으기

권장 월령 30개월 이상
놀이 목표 덧셈과 뺄셈의 기초 경험 / 수의 크기 및 길이 비교

초등학교 1학년 수학 교과 과정 중 덧셈과 뺄셈에서는 10까지의 수를 두 수로 가르고 모으는 개념이 나와요. 5는 1과 4로 나눌 수도 있지만 2와 3으로 나눌 수도 있어요. 반대로 1과 4, 2와 3을 합하면 5가 되지요. 아이에게 어려운 개념처럼 보이지만, 동그라미를 세고 길이를 비교하며 가르기와 모으기의 개념을 직관적으로 익힐 수 있어요.

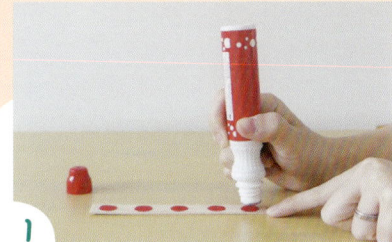

1
아이스크림 막대 5개에 도트 마커를 일정 간격으로 5개씩 찍어요.

2
막대 하나는 자르지 않고, 두 개는 1:4로, 남은 두 개는 2:3으로 잘라서 총 9개의 수 막대를 만들어요.

준비물
- 아이스크림 막대 5개 둥근 양쪽 끝은 잘라서 긴 직사각형으로 준비해요.
- 도트 마커 1개   가위
- 수 막대 담을 바구니 1개

3
1부터 5까지 동그라미를 세어 순서대로 배열해요.
"동그라미를 세어 보자."
"1, 2, 3, 4, 5. 점점 막대도 커지는구나."

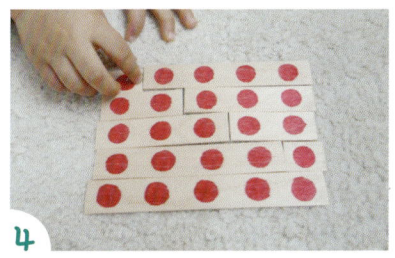

4
두 개의 수 막대를 모아서 5를 만들어요.
(막대 5를 놓으며) "5를 만들어 보자."
(막대 1을 놓으며) "5가 되려면 동그라미 몇 개가 더 필요하니?"

놀이팁
- 몬테소리 교구의 특성 중 하나는 개념의 고립화입니다. 경험하고자 하는 개념을 제외한 나머지의 색, 크기, 모양 등을 통일하여 하나의 개념에만 초점을 맞추도록 하는 것이지요. 이 놀이에서도 도트 마커를 한 가지 색으로만 준비하여 수의 변화에만 집중할 수 있도록 해요.

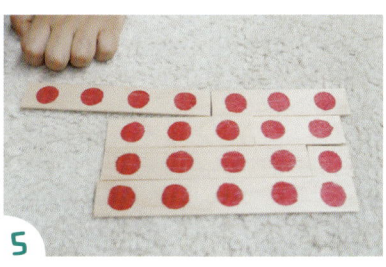

5
5를 만드는 과정에서 스스로 오류정정을 해요.
"어? 이건 밖으로 많이 튀어나왔네."
"5를 만들려면 다른 막대가 필요한가 봐."

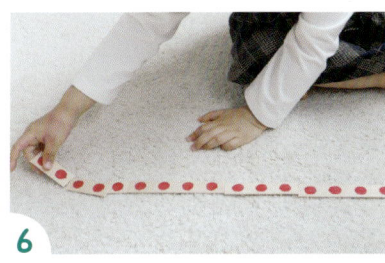

6
막대를 한 줄로 길게 나열하며 큰 수를 경험할 수 있어요.
"칙칙폭폭 동그라미 기차구나."
"하나둘 모이면 이렇게 많아지네."

전체와 부분 경험하기

권장 월령 30개월 이상
놀이 목표 전체와 부분의 개념 인지 / 분수의 간접적 이해

어느 날 아이가 반으로 잘린 사과를 보며 "어? 사과가 두 개가 됐네."라고 말했어요. 하나였던 사과가 두 개로 변한 모습을 흥미로워했지요. 이 놀이를 통해 하나를 여러 개로 나눈, 즉 '몇 분의 일'이라는 분수를 간접적으로 익힐 수 있어요. 분수의 명칭은 중요하지 않아요. 하나를 둘로 나눌 수 있음을 경험하며 전체와 부분을 탐구하도록 해요.

 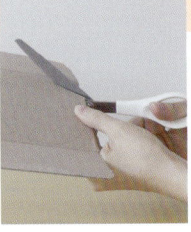

1 판지에 동그란 물건을 대고 테두리를 그린 다음 오려서 5개를 만들어요.

2 색종이를 판지와 같은 크기로 5개 오린 다음, 접어서 점선처럼 등분선을 만들어요.

Tip 한 장을 제외한 나머지 4개를 2등분, 3등분, 4등분, 6등분으로 접었다 펴요.

3 판지 위에 등분선을 낸 색종이를 붙여서 원판을 만들어요.

4 등분선을 따라 원판을 잘라서 분수 교구를 만들어요.

준비물

- 판지 1장 원형을 5개 그릴 수 있는 크기로 준비해요.
- 색종이 5색
- 모형 칼
- 연필 또는 펜
- 동그란 물건
- 가위
- 풀
- 분수 교구 담을 바구니 1개
- **응용** 동그란 과일 1개 사과 혹은 배 과도, 둥근 접시 5개

5 분수 교구를 모형 칼로 나누며 분수를 경험해요.

"동그라미를 반으로 자르고 있구나."
"하나였는데 두 개가 되었네."

6 조각의 개수를 세어 보며 모양을 탐색해요.

"파란색 동그라미는 몇 개로 잘랐니?"
"모두 여섯 개가 되었구나."

놀이팁

- 점토 자르기나 블록 붙이기 등으로 전체와 부분을 경험해요.

7

분수 교구를 원판 형태로 합쳐 보며 전체와 부분의 개념을 알아요.

"다시 동그라미로 합쳐 보자."
"여섯 개였는데 동그라미 하나가 되었어!"

8

다양한 조각으로 동그라미를 만들어요.

"여러 조각으로 동그라미를 만들 수 있네."
"큰 것과 작은 것들이 모인 동그라미야."

9

다양한 모양을 만들며 놀이해요.

"야옹 고양이가 되었어." "팔랑팔랑 나비가 날아다니네." "깡충깡충 토끼, 스르륵 긴 뱀도 되었구나."

응용

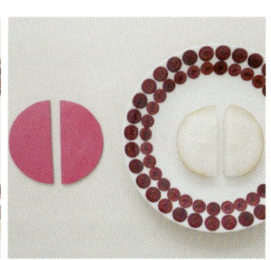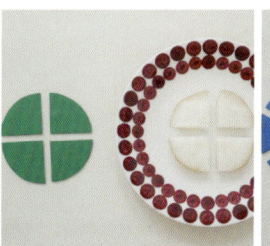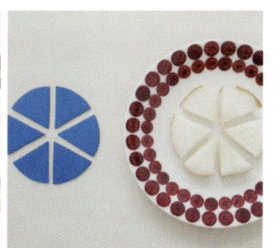

과일을 잘라서 분수 교구와 짝을 지어요.

Tip 사과나 배를 동그랗게 단면으로 자른 다음, 분수 교구처럼 같은 크기로 잘라서 가족들과 나눠 먹으며 즐겁게 분수를 경험해요.

04 4가지 언어 능력을 기르는
언어 영역

마리아 몬테소리는 〈흡수하는 정신〉에서 아이는 태어나면서부터 생활 속의 여러 말소리를 들으며 흡수하듯 자연스럽게 언어를 배운다고 말해요. 언어 영역의 활동은 언어 능력(듣기, 말하기, 읽기, 쓰기) 발달을 돕는 데 목적이 있어요. 3단계 교수법(154p)에 따라 사물의 명칭을 듣고 말하고, 시각적 변별력을 기르는 분류 및 짝 맞추기 활동을 통해 글자 읽기를 준비하며, 도형을 따라 그리는 것으로 글자 쓰기를 준비할 수 있어요.

✅ 실물을 이용하여 직관적으로 언어를 이해해요.
아이는 감각을 통해 자신을 둘러싼 환경을 인지해요. 이때 실물→모형→실물 사진→그림 순으로 제시하는 게 효과적이에요. 특히 일상에서 실물을 접하기 어려운 동물은 캐릭터화된 인형보다는 실물에 가까운 모형으로 준비하여 자유롭게 탐색할 수 있도록 해요. 실물에서 그림으로 점차 추상화되며 글자 읽기의 기초를 쌓는답니다.

✅ 아이에게 맞는 최적의 시기에 지도해요.
언어의 민감기는 출생부터 6세까지 지속됩니다. 아이마다 언어에 관심을 보이는 시기가 다르니 아이를 관찰하여 알맞은 자극을 제공해야 해요. 놀이하는 아이의 모습, 하루 일과, 눈에 보이는 주변 사물 등을 다양한 어휘를 사용해 자주 들려줌으로써 언어를 쉽게 익히고 풍요롭게 구사할 수 있도록 도와주세요.

✅ 단계적으로 접근해요.
아이의 수준에 맞게 교구를 제시해야 해요. 준비한 단계를 어려워하면 놀이를 계속하기보다는 이전 단계로 다시 돌아가 반복하여 익힌 후 다시 시도하는 게 좋아요. 아이가 부담을 느끼지 않고 자발적으로 참여하는 것이 빠르게 배우는 것보다 더 중요해요. 쉬운 교구부터 시작하여 성취감을 느끼고 다음 단계를 도전하며 자신감을 키워 주세요.

✅ 즐겁고 바른 언어습관 형성을 도와요.
바른 태도로 언어를 사용하며 모범을 보여 주세요. 말을 아직 못하는 아이도 귀로 들으며 모두 흡수하는 중이랍니다. 어린 월령일수록 정확한 발음과 짧고 명료한 문장으로 천천히 말해야 해요. 이때 표정과 몸짓의 비언어적 표현을 곁들이면 아이가 이해하기 쉬워요. 아이의 말을 주의 깊게 듣는 것 역시 바르게 듣는 태도를 익히는 데 도움이 됩니다.

3단계 교수법으로 단어 익히기

권장 월령 12개월 이상
놀이 목표 어휘력 향상 / 사물의 명칭 인지 / 새로운 단어에 대한 호기심 충족

3단계 교수법은 책을 읽을 때, 동물 모형으로 놀이할 때, 교구를 제시할 때 등 다양한 상황에서 새로운 단어를 학습하기 위한 방법이에요. 아이가 부담을 느끼지 않도록 한 번에 배우는 단어는 3~4개를 넘지 않도록 하고, 새로운 단어는 한두 개씩만 추가해 주세요. 어린 월령은 실물을 보며 명칭을 익히고 월령이 높아질수록 실물 없이 사진, 그림 순으로 배워 나가요. 복잡하고 어려운 단어도 이 방법에 따라 단계적으로 익힐 수 있어요.

1단계. 단어 들려주기

아이에게 새로운 단어를 들려주는 단계예요. 사물을 하나씩 가리키며 정확한 발음으로 "이것은 사과야." 혹은 "사과."와 같이 천천히 이야기한 뒤, 같은 방법으로 한 번 더 말해요. 일상생활에서는 다양한 단어로 묘사하며 말하지만, 3단계 교수법에서는 간단하고 명료하게 단어를 알려 주는 것이 중요해요. 첫날에는 한두 개의 사물을, 익숙해지면 세 개 정도로 늘려요. 아이가 사물을 만지며 탐색할 수 있도록 기다려 주세요.

(하나씩 가리키며) "이것은 사과야. 이것은 귤이야. 이것은 바나나야."
(한 번 더 과일 이름을 반복하며) "사과. 귤. 바나나."

2단계. 단어를 묻고 답하기

단어를 인지하고 동일화하는 단계예요. "바나나를 주세요.", "사과를 가리켜 보겠니?" 등 아이가 아는 단어를 활용하여 1단계에서 소개한 사물에 관련된 질문을 해요. 만약 아이가 질문한 사물과 다른 것을 준다면 "사과를 주었구나. (바나나를 가리키며) 이것이 바나나란다."와 같이 다시 명칭을 말해 주세요. 아직 아이가 단어로 말하지 못한다면 2단계까지만 익혀요.

"귤은 어디에 있을까?"
(귤을 가리키면) "아하 새콤달콤한 귤이구나."

3단계. 단어 말하기

기억한 단어를 말로 표현해 보는 단계예요. 2단계를 어려움 없이 할 수 있고 단어를 스스로 말할 수 있는 아이에게 추천해요. "이것은 무엇이니?"라는 질문에 아이가 사물의 명칭을 말한다면 완전히 인지하게 된 거예요. 하나를 뒤로 숨기고 "무엇이 없어졌니?"라고 물어볼 수도 있어요. 아이 발음이 정확하지 않아도 괜찮아요. 아이는 자신이 대답했다는 사실에 뿌듯함을 느끼고 또 다른 새로운 것에 도전할 수 있게 된답니다.

사물 명칭을 듣고 찾기

권장 월령 18개월 이상
놀이 목표 사물의 명칭 인지 및 어휘력 향상 / 붙이고 떼며 소근육 발달

몬테소리에서는 '3단계 교수법'에 따라 명칭을 배워요. 1단계에서 엄마가 명칭을 소개하고, 2단계에서 엄마의 질문에 따라 아이가 사물을 가리키며, 3단계에서 아이가 기억한 명칭을 말로 표현하게 됩니다. 이번 놀이는 2단계로, 사물을 가리키기, 눌러 보기, 떼어 내기, 붙이기, 정리하기, 손바닥으로 치기 등을 반복하며 명칭을 인지할 수 있어요.

1 시트지를 필요한 만큼 잘라서 뒷면의 이형지를 떼어 내요.

2 시트지의 끈적이는 부분이 앞에 오게 한 뒤, 테이프를 붙여서 벽에 고정해요.

 **준비물**

- 시트지
- 절연테이프
- 시트지에 붙일 다양한 종류의 사물 사물 명칭을 익히기 위한 모형, 폼폼, 퍼즐 조각 등.
- 사물 담을 통 1개

3 다양한 사물을 시트지에 자유롭게 붙여요.
"하나씩 붙여 보고 있구나."
"꾹 누르니 딱 붙었네!"

4 엄마가 지시하는 사물을 붙여요.
"토마토를 붙여 보겠니?"
(아이가 붙이면) "꾹 눌러 붙였구나."

5 엄마가 지시하는 사물을 가리켜요.
"바나나는 어디 있을까?"
(아이가 가리키면) "아하, 여기 있구나."

6 엄마가 지시하는 사물을 떼어 내요.
"이제 코끼리를 집으로 보내 주자."
"코끼리를 떼어 주었네."

2~3종류 분류하기

권장 월령 12개월 이상
놀이 목표 분류의 개념 경험 / 수학적·언어적 인지 발달

분류는 사물을 같은 종류끼리 두는 것이에요. 분류를 통해 시각적 변별력을 기르고 세분화하면, 글자의 형태를 구분할 수 있어 읽고 쓰기가 가능해져요. 분류를 처음 시작할 때는 대비되는 색, 완전히 다른 모양으로 준비해야 아이가 혼란스럽지 않아요. 분류의 개념을 정확히 인지하게 되면 색과 모양이 완전히 같지 않아도 쉽게 분류할 수 있답니다.

1
과일 모형을 탐색해요.
"이건 무엇이니?"
"빨간 토마토도 있고, 초록색 사과도 있네."

2
칸이 나뉜 그릇에 과일 모형을 분류해요.
(토마토 칸을 가리키며) "토마토만 있어."
(사과를 가리키며) "사과, 사과, 다 똑같다."

 준비물

- 과일 모형 2종류 4개씩 실제 사물이나 장난감 모형 등으로 대체할 수 있어요.
- 과일 모형 담을 통 1개
- 2칸으로 나뉜 그릇 1개
- 과일 모형과 색이 같은 사물 1~2개씩

응용 추가 과일 모형 1종류 4개,
3칸으로 나뉜 그릇 1개

3
주변의 사물로 놀이를 확장해요.
(토마토 장난감을 건네며) "토마토는 어디에 둘까?"
"똑같은 친구들끼리 모여 있구나."

4
통으로 다시 옮겨 담아 정리해요.
"원래 있던 자리에 다시 놓아두자."
"사과도 차곡차곡, 토마토도 차곡차곡."

 놀이팁

- 엄마가 먼저 칸마다 사물을 하나씩 놓아주어 무엇을 어떻게 분류해야 할지 방향을 제시해 주세요.

응용

3종류 분류로 확장해요.
(칸을 하나씩 가리키며) "같은 것끼리 모아 주었어."
(토마토와 배 칸을 각각 가리키며) "토마토와 배는 다른 모양이네."

4종류 분류하기

권장 월령 18개월 이상
놀이 목표 분류의 개념 이해 / 수학적·언어적 인지 발달

3종류 분류에 익숙해졌다면, 별다른 시범 없이도 4종류를 분류할 수 있어요. 4종류 분류를 아직 어려워하면 억지로 하기보다는 3종류로 더 활동한 후 나중에 제시합니다. 봄에는 꽃송이, 여름에는 돌멩이나 조개껍데기, 가을에는 열매 등 계절에 어울리는 사물들로 구성해도 좋아요. 자연물을 감각적으로 경험하며 계절을 느낄 수 있어요.

1 가을 열매를 탐색해요.
"쭈글쭈글 줄무늬가 있네."
(향을 맡아 보며) "어떤 향이 나니?"

2 4칸 그릇에 열매를 하나씩 놓아 줘요.
(하나씩 놓으며) "이것은 호두야."
"똑같은 것끼리 놓아 보자."

3 상자 안의 열매를 4칸 그릇에 분류해요.
(아이가 밤을 집으면) "밤은 어디에 있니?"
"아하, 여기 똑같이 밤이 있구나."

4 앞의 과정을 반복하여 모두 분류해요.
"호두는 호두대로, 밤은 밤대로 놓았네."
"같은 친구들끼리 모두 모였어."

준비물

- 가을 열매 4종류 4개씩 밤, 대추, 호두, 브라질너트. 깨끗하게 씻고 말려서 자유롭게 탐색할 수 있도록 준비해요.
- 열매 담을 상자 1개
- 4칸으로 나뉜 그릇 1개

5 없음의 개념과 성취감을 경험해요.
(빈 상자를 보며) "아무것도 없어."
"모두 다 놓아 주었네."

6 그릇의 열매를 다시 상자에 담아 정리해요.
"원래 있던 자리로 옮겨 주자."
"천천히 정리해 보렴."

놀이팁

- **시범 방법** _ 열매 하나를 집어 그릇에 놓으며 명칭을 말해요. 다음 열매를 집어 첫 번째 열매와 같으면 "똑같다"고 말하며 같은 칸에, 다르면 "다르다"고 말하며 다른 칸에 놓아요. 반복하며 전체를 분류해요.

큰 사물과 작은 사물 짝 맞추기

권장 월령 12개월 이상
놀이 목표 시각적 변별력 발달 / 크기를 감각적으로 경험

동물 모형을 큰 것과 작은 것이 짝을 이루게 준비해요. 모형의 크기에 따라 큰 것과 작은 것을 따로 담으면 크기의 차이를 시각적으로 느낄 수 있어요. 크기라는 추상적인 개념을 엄마 동물과 아기 동물로 예를 들면 한결 이해가 쉬워져요. "아빠, 배고파요.", "엄마, 우리 놀이터 가요!" 등 역할놀이로 상상력을 자극하며 창의적 사고의 폭을 넓혀 보세요.

준비물
- **동물 모형 5쌍** 똑같은 모양의 크고 작은 모형으로 준비해요.
- **바구니 2개** 동물 모형을 크기별로 나눠 담아요.

1 동물 모형을 크기에 따라 구분해 담아요.

2 바구니를 탐색해요.
"이쪽엔 엄마랑 아빠 동물이 모여 있구나."
"여긴 아기 동물이 있네."

3 바구니에서 큰 동물과 작은 동물을 꺼내서 비교해요.
"엄마 호랑이와 아기 호랑이네."
"둘이 같이 만나서 '어흥' 이야기하는구나."

4 같은 동물이면 나란히 바닥에 놓아요.
"아빠 코끼리와 아기 코끼리가 같이 있네."
(하나씩 가리키며) "코끼리, 코끼리. 똑같구나."

5 앞의 과정을 반복하며 짝을 모두 맞춰요.
"아기들이 엄마 아빠와 모두 만났어."
(한 쌍씩 가리키며) "똑같다."

6 바구니에 다시 담아서 정리해요.
"원래 있던 자리로 옮겨 주자."
"엄마는 엄마끼리, 아기는 아기끼리."

사물과 사물 짝 맞추기

권장 월령 18개월 이상
놀이 목표 시각적 변별력 발달 / 언어 발달의 기초 경험

어느 날 아이 친구가 놀러 오면서 아이가 좋아하는 강아지 인형과 똑같은 인형을 가지고 왔어요. 아이는 친구 인형과 자기 인형을 함께 두며 '같음'을 인지하게 되었지요. 같은 점을 발견한다는 것은 다른 점도 찾아낼 수 있음을 의미해요. 짝 맞추기의 첫 단계는 구체적인 사물을 탐색하며 공통점과 차이점을 구별해 짝을 맞추는 것으로 시작해요.

1
손가락 인형을 4쌍 준비해요.
Tip 처음에는 2쌍으로 시작해요.

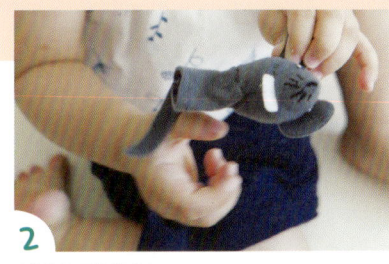

2
인형을 탐색해요.
"찍찍, 쥐를 만져 보고 있구나."
"귀가 동그랗고 크단다."

준비물

- 손가락 인형 3~4쌍 한 손으로 잡고 옮기며 짝을 맞출 수 있도록 작은 크기의 인형을 추천해요.
- 인형 담을 바구니 1개

3
인형을 하나씩 꺼내 놓아요.
"거북이를 꺼냈네."
"어흥 호랑이도 꺼냈어."

4
같은 인형이 나오면 짝을 맞춰요.
"호랑이 옆에 호랑이를 두었구나."
(하나씩 가리키며) "호랑이, 호랑이 똑같아."

놀이팁

- **시범 방법** _ 인형 하나를 꺼내 놓으며 명칭을 말해요. 다음 인형을 집어 첫 번째 인형과 같으면 "똑같다"고 말하며 옆에 붙여 놓고, 다르면 "다르다"고 말하며 떨어트려 놓아요. 반복하며 전체를 짝 맞춰요.

5
같은 인형이 없으면 떨어트려 놓아요.
(나머지 인형을 각각 가리키며) "모두 토끼가 아니야. 다르구나."

6
앞의 과정을 반복하며 짝을 모두 맞춰요.
"동물 친구들 짝꿍을 모두 찾아 주었어!"
(한 쌍씩 가리키며) "똑같다."

사물과 그림 짝 맞추기

권장 월령 18개월 이상
놀이 목표 시각적 변별력 세분화 / 사물과 그림 비교 및 대응

짝 맞추기의 두 번째 단계는 사물과 그림을 맞추는 활동이에요. 글자는 말을 적는 일정한 체계의 기호이지만, 아직 글을 배우지 않은 아이에게는 하나의 단순화된 그림이에요. 사물에서 그림으로, 그림에서 기호로 짝을 맞추는 대상을 점차 추상화하는 과정을 통해 시각적 변별력을 높이며 글자를 읽고 쓰는 토대를 갖출 수 있어요.

1 자동차 모형은 바구니에 담고, 자동차 카드는 바닥에 모두 나열해요.

Tip 처음에는 자동차 3~4개로 시작해서 점차 늘려요.

2 바구니에서 모형을 꺼내 탐색해요.
"부릉부릉 오토바이를 꺼냈구나."
"오토바이 그림을 찾아보자."

3 자동차 카드에 짝을 맞춰 올려요.
(모형과 카드를 가리키며) "오토바이, 오토바이. 똑같아."
(트럭 카드와 비교하며) "이건 달라."

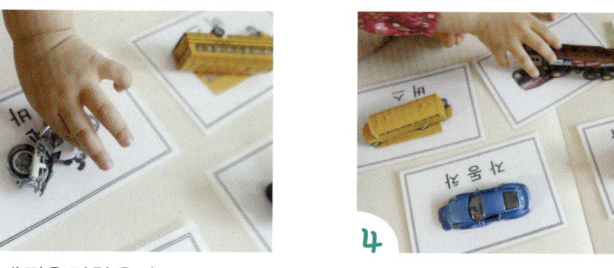

4 앞의 과정을 반복하며 짝을 모두 맞춰요.
"카드 위에 자동차들이 올라가 있네."
"모두 같구나."

준비물

- **자동차 모형 4~5개** 자동차, 오토바이, 버스, 트럭, 사다리차. 모양 차이가 확연히 나야 해요.
- **자동차 카드 4~5장** 처음에는 모형과 동일한 사진으로 준비해요. 차차 시각적 변별력이 향상되면 똑같지 않아도 맞출 수 있어요.
- **바구니 2개** 자동차 모형과 카드를 각각 담아요.

응용 다양한 실물 모형과 카드

동물, 과일 등 다른 실물 모형과 카드로 활동해요.

놀이팁

- **시범 방법** _ 카드를 모두 나열해요. 모형을 하나 꺼내서 카드와 하나씩 비교하며 "다르다", "똑같다"를 말해요. 똑같은 짝을 찾으면 카드 위에 모형을 올려놓아요.

그림과 그림 짝 맞추기

권장 월령 18개월 이상
놀이 목표 시각적 변별력 세분화 / 그림과 그림 비교 및 대응

짝 맞추기의 세 번째 단계는 그림과 그림을 맞추는 활동이에요. 이전 단계의 활동에서 구체적인 사물이 카드로 평면화되어도 같은 것임을 알고 짝을 맞추었기 때문에 이번에도 쉽게 할 수 있어요. 제시한 카드가 익숙해지면 다른 동물이나 식물, 사물로 바꾸어 응용해 보세요. 실물 모형이 있으면 함께 비교하며 이전 개념을 다시 한 번 다질 수 있어요.

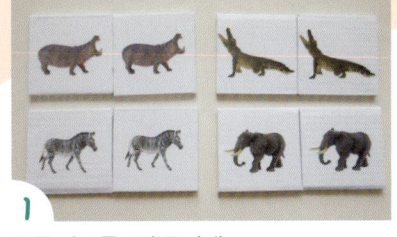

1 동물 카드를 4쌍 준비해요.
Tip 판지를 가로세로 10cm 내외로 자른 다음, 동물 사진을 붙여서 만들 수 있어요.

2 바구니에서 동물 카드를 꺼내요.
"바구니에서 카드를 꺼냈구나."
"어떤 동물이니?"

준비물
- 동물 카드 4쌍
- 동물 카드 담을 바구니 1개
- 카드와 동일한 실물 모형 생략할 수 있어요.
- **응용** 캔버스 1개, 물티슈 뚜껑 6개, 그림 6가지 2개씩 펠트지로 만들거나 그림을 코팅해서 만들어요. 벨크로 테이프, 글루건

3 같은 카드가 나오면 옆에 놓아 짝을 맞춰요.
(카드를 가리키며) "악어, 악어. 똑같다."
"짝꿍을 잘 맞춰 주었네."

4 동물 모형으로 놀이를 확장할 수 있어요.
"코끼리 친구들이 있네."
"코끼리는 코가 길고 이빨이 하얗구나."

놀이팁
- **시범 방법** _ 카드 하나를 꺼내 놓아요. 다음 카드를 꺼내 첫 번째 카드와 같으면 "똑같다"고 말하며 옆에 붙여 놓고, 다르면 "다르다"고 말하며 떨어뜨려 놓아요. 반복하며 전체를 짝 맞춰요.

응용 물티슈 뚜껑 위와 같은 그림을 찾아서 뚜껑 안쪽에 붙여요.
Tip 캔버스(또는 상자) 위에 글루건으로 물티슈 뚜껑을 붙여요. 캔버스 아래쪽과 뚜껑 안쪽에 벨크로의 보들보들한 면을 붙여요. 그림을 2개씩 준비하여 하나는 물티슈 뚜껑 위에 붙이고, 다른 하나는 뒷면에 벨크로의 까슬까슬한 면을 붙여서 캔버스 아래쪽에 붙여 놓아요.

같은 꽃 그림 맞추기

권장 월령 18개월 이상
놀이 목표 시각적 변별력 세분화 / 눈·손의 협응력 발달

20개월 즈음, 아이는 숨은그림찾기 책을 보는 재미에 푹 빠졌어요. 페이지 윗부분에 나온 사물 그림을 책에서 찾는 것인데, 시각 변별력이 제법 발달하여 쉽게 찾아내곤 했지요. 이런 숨은그림찾기 역시 그림과 그림을 짝 맞추는 활동의 일환이에요. 재활용품으로 무심코 버려지는 우유병 뚜껑으로도 짝 맞추기 교구를 만들 수 있어요.

1 우유병 뚜껑에 5가지 모양의 꽃 스티커를 두 개씩 붙여요.

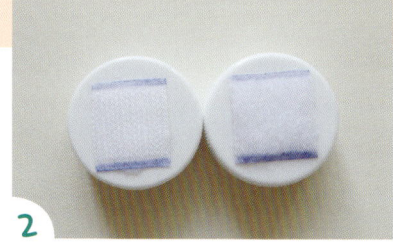

2 같은 꽃끼리 뚜껑을 붙일 수 있도록 벨크로의 까슬한 부분과 보들한 부분을 하나씩 나눠 붙여요.

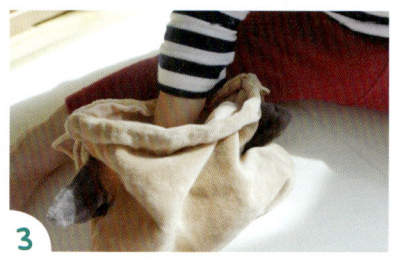

3 뚜껑이 담긴 주머니를 탐색해요.
"주머니 안에 무엇이 들었을까?"
(주머니를 흔들며) "어떤 소리가 나니?"

4 뚜껑을 하나씩 꺼내며 같은 꽃끼리 맞춰요.
"같은 꽃끼리 놓아 보았네."
"모두 똑같다."

준비물

- 우유병 뚜껑 10개 페트병 뚜껑은 지름이 작으니 우유병 뚜껑을 깨끗이 씻고 말려서 준비해요.
- 꽃 스티커 5쌍
- 병뚜껑 담을 주머니 1개
- 벨크로 테이프

놀이팁

- **시범 방법** _ 병뚜껑 하나를 꺼내 놓아요. 다음 병뚜껑을 꺼내 첫 번째 병뚜껑과 같으면 "똑같다"고 말하며 옆에 붙여 놓고, 다르면 "다르다"고 말하며 떨어트려 놓아요. 반복하며 전체를 짝 맞춰요.

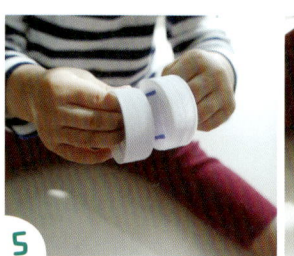

5 같은 꽃 뚜껑끼리 붙여서 다양하게 놀아요.
"짝꿍끼리 모두 붙여 주었어." "데굴데굴 자동차 바퀴처럼 굴러가는구나."
"하나, 둘, 쌓고 있네."

그림자 짝 맞추기

권장 월령 18개월 이상
놀이 목표 시각적 변별력 세분화 / 관찰력 및 지각력 발달

사물을 다양하게 경험함으로써 색이나 생김새, 사물에 대한 느낌을 기억할 수 있어요. 이런 것들이 쌓여 점차 분류가 세밀해지지요. 짝 맞추기의 네 번째 단계는 그림자끼리 맞추는 활동이에요. 다른 특징 없이 형태로만 파악해야 하므로 그림끼리 맞추기보다 어려울 수 있어요. 햇빛에 비친 자기 그림자를 탐색하며 그림자에 익숙해진 후 시도해도 됩니다.

1 동물 사진을 모양대로 자른 다음, 검은 도화지 위에 놓고 외곽선을 그려서 잘라요.

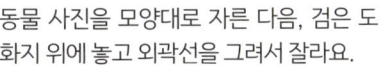
Tip 검은 도화지 2장을 겹쳐서 자르면 한꺼번에 2장을 만들 수 있어요.

2 종이에 붙이고 코팅하여 총 12개의 그림자 카드를 만들어요.

3 카드를 꺼내서 어떤 동물인지 유추해요.
(카드를 꺼내며) "누구의 모습일까?"
"코에 뿔이 뾰족한 코뿔소 같구나."

4 그림자를 보고 짝을 맞춰요.
"기린과 기린. 둘이 똑같구나."
"기린 그림자가 친구네."

준비물

- 동물 사진 6개 _형태 차이가 확연히 나야 해요._
- 종이 12장 _가로세로 10cm 내외로 준비해요._
- 16절 검은 도화지 2~3장
- 카드 담을 바구니 1개
- 연필   가위   풀
- **응용** 투명 일회용 숟가락 10개, 숟가락 담을 컵 1개, 유성매직

놀이팁

- **시범 방법** _ 카드 하나를 꺼내 놓아요. 다음 카드를 꺼내 첫 번째 카드와 같으면 "똑같다"고 말하며 옆에 붙여 놓고, 다르면 "다르다"고 말하며 떨어트려 놓아요. 반복하며 전체를 짝 맞춰요.

응용

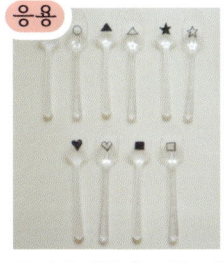   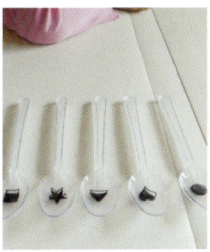

투명 숟가락에 그린 도형이 서로 같으면 숟가락끼리 겹쳐 놓아요.

Tip 숟가락 하나에는 도형의 윤곽선만 그리고, 다른 숟가락에는 도형 안쪽까지 색칠해서 준비해요.

외곽선 짝 맞추기

권장 월령 18개월 이상
놀이 목표 시각적 변별력 세분화 / 간접적으로 읽기와 쓰기 준비

짝 맞추기의 마지막 단계예요. 처음에는 만질 수 있는 구체적 사물로 짝을 맞추다가 그림, 그림자를 거쳐서 색이 채워지지 않은 외곽선 맞추기까지 추상화되었어요. 사물과 사물을 맞추던 처음과 비교하면 큰 차이가 있지요. 외곽선 짝 맞추기에 익숙해지면 문자를 인지할 준비가 된 것이니 한글 자음이나 알파벳 짝 맞추기로 넘어갈 수 있어요.

1
동물 사진을 모양대로 잘라 종이 위에 놓고 외곽선을 그린 다음, 동물별로 2개씩 코팅하여 총 12개의 외곽선 카드를 만들어요.

Tip 선 두께가 얇을수록 난이도가 높아요.

2
바구니에서 카드를 꺼내요.
"바구니에 카드가 있네."
"같은 그림끼리 맞춰 볼까?"

3
외곽선을 보고 짝을 맞춰요.
"이건 어떤 동물일까?"
"똑같은 말끼리 붙여 놓았구나."

4
앞의 과정을 반복하며 짝을 모두 맞춰요.
"카드를 모두 놓아 주었구나."
(하나씩 가리키며) "똑같아."

준비물

- 동물 사진 6개 형태 차이가 확연히 나야 해요. 그림자 짝 맞추기(163p)의 사진을 활용하여 교구 만드는 시간을 단축해요.
- 종이 12장 가로세로 10cm 내외로 준비해요.
- 카드 담을 바구니 1개   • 볼펜
- **응용** 판지 1장, 다양한 주변 사물 5~6개
  집게, 숟가락, 뚜껑, 양말, 인형, 고무줄 등.

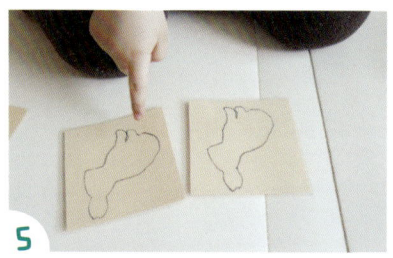

5
동물 이름을 듣고 가리킬 수 있어요.
"귀가 길쭉한 토끼는 어디에 있니?"
"아하! 거기에 있었네."

응용
외곽선을 보고 사물과 짝 맞출 수 있어요.

Tip 모양의 대비가 확연한 사물들로 구성해야 구별하기 쉬워요.

놀이팁

- **시범 방법** _ 카드 하나를 꺼내 놓아요. 다음 카드를 꺼내 첫 번째 카드와 같으면 "똑같다"고 말하며 옆에 붙여 놓고, 다르면 "다르다"고 말하며 떨어트려 놓아요. 반복하며 전체를 짝 맞춰요.

동물 소리 듣고 맞추기

권장 월령 18개월 이상
놀이 목표 다양한 소리 경험 / 소리 비교를 통한 변별력 향상

아이는 다양한 소리에 관심을 가지며 반응해요. 가족들이 대화하는 소리, 동화책 읽어 주는 소리를 들으며 말의 뜻을 이해하고, 동물, 자연 등 주변의 소리를 경험하며 청각적 변별력을 높이지요. 동물 소리를 아이에게 들려주고 어떤 동물인지 예측하는 놀이를 준비해 보세요. 이때 여러 동물의 소리가 섞이지 않아야 소리를 구분할 수 있어요.

1 동물 소리를 틀어요.
"오늘은 여러 동물 친구들을 데려왔어."
"버튼을 누르면 소리가 나올 거야."

2 동물 소리를 들어 봐요.
(입에 검지를 대며) "쉿! 귀로 들어 볼 거야."
(귀에 손바닥을 대며) "어떤 소리가 나올까?"

3 어떤 동물의 소리인지 모형에서 찾아요.
"어떤 동물 소리가 들렸니?"
"말이라고 생각했구나! 그럼 말을 찾아보자."

4 동물 소리를 흉내 내며 언어로 경험해요.
"말은 '히이히힝' 하고 소리를 내."
(아이가 따라 할 수 있도록) "히이히힝."

5 같은 방법으로 동물 모형을 모두 찾아요.
(양 모형을 놓으며) "메에에에."
"동물이 모두 모였어."

6 바구니에 동물 모형을 넣고 마무리해요.
"동물 친구들을 정리해 주자."
"꿀꿀 돼지야 안녕!"

준비물
- 동물 모형 7~8가지
- 동물 모형 담을 바구니 1개
- 동물 소리를 재생할 도구 CD 플레이어, MP3, 핸드폰 등
- 동물 소리가 담긴 음원 우측 상단의 QR코드로 주요 동물의 소리를 들을 수 있어요.

놀이팁
- 프라이어의 클래식 <휘파람을 부는 사람과 개>의 뒷부분에는 개 짖는 소리가 나와요. 아이와 즐겁게 감상해 보세요.
- 파도 소리, 새소리, 빗소리 같은 자연의 소리나 자동차 소리, 자명종 소리, 초인종 소리 등 일상적인 소리도 들려주세요.

지시에 따라 행동하기

권장 월령 18개월 이상
놀이 목표 그림 이해력 및 표현력 발달 / 사물의 명칭 인지

아이가 그림을 이해할 수 있게 되면 동화책 속 좋아하는 장면을 펼쳐 보거나 알고 있는 사물을 가리키기도 해요. 아이를 관찰하여 스스로 할 수 있는 행동을 그림으로 그린 뒤, 지시 카드 게임을 준비해 보세요. 그림만 보고도 어떤 지시를 담고 있는지 알 수 있을 만큼 간단하고 선명하게 그려야 해요. 특정한 사물만 색칠하여 힌트를 줘도 좋아요.

1 아이 스스로 할 수 있는 행동을 종이에 그려서 코팅해요.

2 지시 카드를 꺼내 탐색해요.
"카드 속 친구가 무엇을 하고 있니?"
"빗으로 머리를 빗고 있구나."

준비물
- 지시 내용이 그려진 카드 5~6장
- 다양한 종류의 사물 지시 카드를 표현하는 데 필요한 사물을 준비해요.
- 바구니 2개 카드와 사물을 각각 담아요.

3 사물 바구니에서 필요한 사물을 찾아요.
(바구니를 가리키며) "빗이 어디에 있니?"
"아하, 길쭉길쭉 빗이 여기 있네."

4 지시 카드에 따라 행동해요.
"OO가 머리를 빗고 있구나."
"카드랑 OO랑 똑같아."

놀이팁
- 카드 속 사물과 실제 사물의 색이나 형태에 차이가 있으면 난이도가 높아져요.
- 만세를 부르는 모습, 누워 있는 모습, 양팔을 벌린 모습, 엄지손가락을 든 모습, 양손으로 얼굴을 가린 모습 등을 그려 다양한 행동을 지시할 수 있어요.

5 같은 방법으로 지시 카드를 수행해요.
"어떤 그림이 그려져 있니?"
"OO도 머리에 모자를 썼네."

응용
지시 카드와 사물을 짝 맞춰 보아요.

모양 따라 그리기

권장 월령 24개월 이상

놀이 목표 운필력 향상 및 쓰기를 위한 준비 / 눈·손의 협응력 발달

아이는 일상 영역과 감각 영역의 작업을 통해 근육 조절력과 눈·손의 협응력을 발달시키며 글씨 쓰기를 준비해요. 필기구 사용법을 알고 사물의 형태를 그릴 수 있을 때 비로소 쓰기가 가능해지지요. 모양 퍼즐을 이용해 도형 그리기, 색칠하기, 선 긋기를 연습하며 쓰기를 준비해 볼까요? 스스로 하기는 어렵지만, 손을 잡아 주면 가능하답니다.

준비물

- 모양 퍼즐 판 96p에서 만든 것을 활용해요.
- 종이 여러 장
- 색연필 두꺼운 샤프식 색연필보다 세밀한 표현이 가능한 나무 색연필이 좋아요. 다칠 위험이 있으니 뭉툭하게 깎아 준비해요.

1
모양 퍼즐 판을 탐색해요.
"동그라미, 세모, 네모가 있네."
"동그란 구멍으로 엄마를 보고 있구나."

2
구멍 테두리를 따라 그으며 도형을 익혀요.
"손가락으로 모양을 그려 보자."
(한 변을 그을 때마다) "하나, 둘, 셋, 넷."

3
종이 위에 모양 퍼즐 판을 놓고 색연필로 도형을 따라 그려요.
"어떤 모양을 그려 볼까?"
(한 변을 그릴 때마다) "하나, 둘, 셋."

4
모양 퍼즐 판을 떼어 도형을 확인해요.
"짠! 세모가 생겼네."
"○○가 세모를 그려 주었어."

5
아이 손을 잡고 그려도 좋아요.
"엄마랑 같이 네모를 그려 보자."
"뾰족뾰족 네모가 여기 있어."

6
도형을 색칠하며 운필력을 길러요.
"동그라미를 색칠하고 있구나."
"빙글빙글 칠해 주었어."

반대말 짝짓기

권장 월령 30개월 이상
놀이 목표 반대의 개념 형성 / 어휘력 및 표현력 발달

아이들은 같은 장소이지만 서로 반대인 상황의 그림을 보며 시각적인 차이를 느껴요. "이 토끼는 상자 안에 있는데, 저 토끼는 상자 밖에 있네." 와 같이 시각적 차이를 반대말을 이용해 구체적으로 묘사해 주세요. 언어를 더욱 풍부하게 구사할 수 있게 된답니다. 아이의 모습이 담긴 사진으로 카드를 만들면 더 흥미롭게 활동할 수 있어요.

1 반대말 카드를 만들어요.
Tip 사진 뒤에 색지를 붙이고 코팅하면 견고하게 사용할 수 있어요.

2 카드를 하나씩 꺼내 짝을 맞춰요.
"○○가 미끄럼틀 아래에 있네."
"위와 아래는 서로 짝꿍이야."

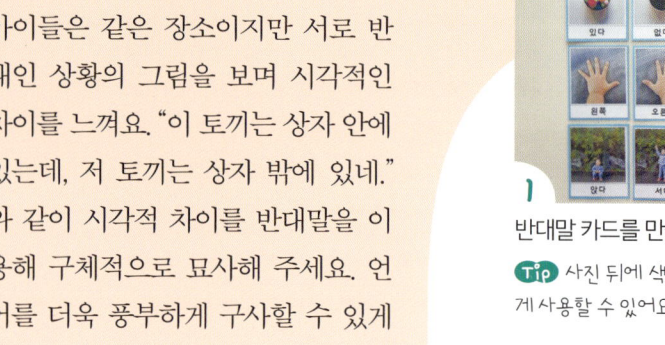

3 질문을 듣고 가리키며 반대말을 이해해요.
(카드를 가리키며) "오른쪽은 어디일까?"
"오른쪽 카드를 오른손으로 꾹 눌렀네."

4 반대말을 몸으로 표현해요.
"손가락으로 위를 가리키고 있구나."
"하늘이 위에 있어요." "위쪽을 보아요."

준비물
- 반대말 카드 5쌍 있다/없다, 왼쪽/오른쪽, 앉다/서다, 위/아래, 안/밖 등을 표현할 수 있는 사진으로 만들어요.
- 카드 담을 바구니 1개

놀이팁
- 반대말을 강조하여 말해요. 목소리를 크거나 작게, 높거나 낮게, 길거나 짧게 등 다양한 방법이 있어요.
- 큰 바구니와 작은 바구니, 긴 자와 짧은 자 등 주변의 사물로도 반대말을 경험할 수 있어요. 구체물은 탐색, 비교 및 서열화가 가능하므로 다양한 사물을 직접 접하며 해당하는 어휘를 자주 들려주세요.

5 주변의 사물을 이용해 반대말을 경험해요.
"바구니 안에 손을 쏙 넣었어."
"토끼처럼 ○○의 손도 안에 있구나."

6 아이의 움직임을 언어로 표현해 주세요.
"책상 아래로 들어갔네."
"또 어디 아래에 들어갈 수 있을까?"

주제별로 분류하기

권장 월령 30개월 이상
놀이 목표 관련성에 대한 이해 / 분류 개념 인지

어린 월령이 분류 활동을 할 때는 실제 사물로 해야 효과가 커요. 아이는 사물을 직접 만지고 다뤄 보며 크기, 색, 모양, 재질 등을 감각적으로 느끼고 공통점과 차이점이 무엇인지 스스로 판단할 수 있기 때문이에요. 이렇게 길러진 감각과 논리적 사고가 바탕이 되어 평면의 그림으로도 주제별로 판단하고, 분류할 수 있게 된답니다.

준비물
- 색지 여러 장
- 주제별 사진 광고지나 잡지를 오려서 준비해요.
- 사진 담을 바구니 1개
- 가위 · 풀 · 유성매직

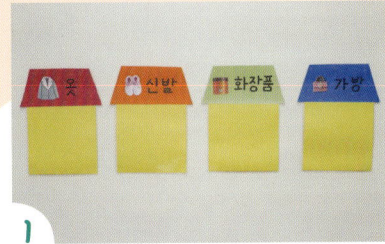

1
색지로 집 모양의 가게를 만들어요.
Tip 아직 글자를 읽지 못하므로 글자 옆에 사진을 붙여 분류를 도와요.

2
광고지에서 오린 물건 사진을 색지에 붙여서 코팅해요.

3
가게를 나열해요.
"가게를 하나씩 놓아 보자."
"신발 가게도 있고 가방 가게도 있구나."

4
바구니에서 물건 카드를 꺼내어 알맞은 가게에 놓아요.
"구두를 꺼냈네."
"신발 가게에 놓아 주었구나."

5
계속해서 물건 카드를 가게별로 분류해요.
"로션은 어떤 가게에서 팔까?"
"화장품 가게에 놓아 주었구나."

6
물건을 사고파는 역할놀이를 해요.
"어떤 옷을 사고 싶으세요?"
"흰 티셔츠가 마음에 드시는군요!"

패턴 맞추기

권장 월령 30개월 이상

놀이 목표 시각적 변별을 통한 규칙 발견 / AB패턴 이해

글자는 자음과 모음이 합쳐지고, 문장은 주어, 목적어, 서술어 등의 순서에 따라 만들어지는 등 모든 언어는 일정하게 약속된 규칙이 있어요. 언어를 구사하기 위해서는 이런 규칙을 알아야 해요. 모양, 소리, 숫자, 색깔 등에서 규칙적으로 반복되는 패턴을 발견하여 다음에 나올 것을 예측해 보는 작업이 언어 발달을 도울 수 있어요.

준비물

- 길게 자른 종이 1장
- 유성매직
- 색연필
- 병뚜껑 여러 개 패턴을 표현할 수 있도록 다양한 색으로 준비해요.
- 병뚜껑 담을 바구니 1개

응용 다양한 패턴 카드와 사물

놀이팁

- 처음에는 패턴 카드 한 장과 카드 속 병뚜껑 개수만큼만 준비해요. 익숙해지면 패턴 카드 장수를 늘리고, 필요한 병뚜껑을 모두 한 바구니에 담아서 활동의 난이도를 높여요.

1

종이에 병뚜껑을 놓고 원을 5개 그린 다음, 병뚜껑 색으로 패턴을 만들어 색칠해요.

Tip 이때 가장 오른쪽은 패턴을 맞추어야 하니 색칠하지 않아요.

2

패턴 카드를 탐색해요.

"어떤 색이 보이니?"

"초록색도 있고 흰색도 있어."

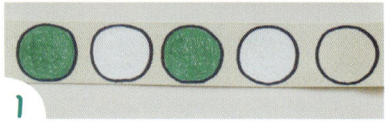

3

패턴대로 병뚜껑을 놓아요.

"카드와 똑같이 만들어 보자."

"초록색 뚜껑 다음에 흰색 뚜껑이 나오네."

4

맨 마지막 칸은 패턴을 발견하여 놓아요.

"초록색, 흰색, 초록색, 흰색. 반복되네."

"다음에는 무엇이 올까?"

다양한 패턴 카드로 응용해요.

Tip 패턴 중간에 빈칸을 두어 채워 넣는 것으로 변형할 수 있어요.

없어진 사물 찾기

권장 월령 30개월 이상
놀이 목표 집중력 및 관찰력 향상 / 내적 통제력 발달

눈을 감고 기다리는 건 생각보다 어려운 일이에요. 무슨 일이 일어났는지 눈을 떠서 확인해 보고 싶은 마음을 잠시 참아야 하기 때문이지요. 하고 싶은 것을 자유롭게 해 보는 것도 좋지만, 가끔은 간단한 외부의 통제를 경험하는 시간도 필요해요. 아이 내면의 통제력을 키움으로써 자신의 감정 및 행동을 조절하는 데 도움이 된답니다.

1
쟁반 위에 놓인 사물을 집중하여 관찰해요.
"쟁반 위에 여러 가지가 있네."
"무엇이 있는지 잘 보렴. 이 중 하나를 엄마가 숨길 거야."

2
아이가 눈을 감고 기다리는 동안, 엄마가 사물 한 개를 등 뒤로 숨겨요.
"눈을 감고 기다리렴."
"무엇이 없어질지 기대되는구나."

3
눈을 뜨고 없어진 사물을 탐색해요.
"눈을 떠 봐! 어떤 게 없어졌을까?"
"아하, 거기에 무엇이 있었지? 생각해 보자."

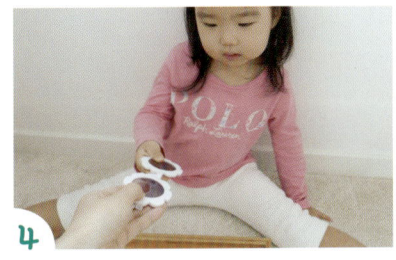

4
어떤 물건인지 확인해요.
"그래, ○○의 말처럼 안경이었어."
"없어진 안경을 잘 생각해 냈구나."

준비물
- 서로 다른 사물 4개 처음에는 사물 2개로 시작하여 점차 개수를 늘려요.
- 사물 놓을 쟁반 1개

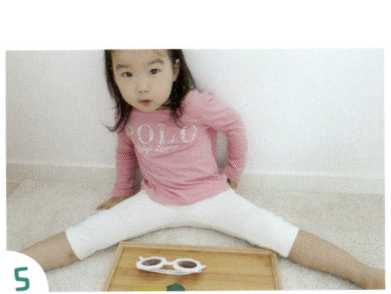

5
역할을 바꿔 아이가 숨기고 엄마가 맞춰요.
"이번엔 ○○가 숨겨 볼까?"
"엄마가 눈 감고 있을게."

놀이팁
- 소리 나는 사물(종, 악기, 딸랑이 등)은 눈을 감았을 때 소리를 들려준 뒤 숨겨 보세요. 소리를 듣고 맞춤으로써 주의 깊게 듣는 능력이 발달된답니다. 구슬이나 숟가락, 공처럼 무게감이 있는 사물이 떨어질 때도 흥미로운 소리가 나요.
- 없어진 사물을 기억해 내지 못하면, "햇빛이 쨍쨍한 날에 쓰는 거야." 등 사물을 설명하여 예측을 도울 수 있어요.

05 나를 둘러싼 세상을 탐색하는 문화 영역

몬테소리 문화 영역의 활동은 나, 가족, 동물, 식물, 세계 여러 나라 등 다양한 주제를 다루고 있어요. 학문으로 치면 사회, 역사, 지리, 과학, 음악, 미술 등을 망라하지요. 자신을 둘러싼 세상을 탐색하고, 그 모든 것들과 함께 어우러져 살고 있음을 경험할 수 있어요. 호기심과 탐구심이 가득한 아이들의 시야를 넓혀 올바른 가치관을 형성하는 데 꼭 필요한 활동이랍니다. 예술 활동을 통해 자유롭고 창의적인 표현도 도와요.

✅ 직접 만지고 느낄 수 있도록 구성해요.
새로운 것을 접할 때는 직접 보고 만지고 느낄 수 있는 실물이 가장 좋아요. 실물 탐색에 제약이 있는 동물은 실물에 가까운 모형으로 준비하더라도 식물(과일, 채소, 꽃 등)은 가능하면 실물로 준비해 주세요. 오감으로 탐색하며 관련 지식을 쌓을 수 있어요. 다른 나라를 탐색할 때도 지구본이나 세계 지도, 옷, 음식, 사람들의 사진 등을 함께 준비하면 더욱 현장감 있게 접할 수 있어요.

✅ 다양한 형태의 자료로 인지 발달을 도와요.
'발이 네 개, 꼬리가 있는 동물은 강아지'라는 도식을 가진 아이는 고양이도 강아지로 생각할 수 있어요. 그런데 누군가 '멍멍 짖으면 강아지, 야옹 울면 고양이야.'라고 하면 아이는 혼란스럽겠지요. 그 후 동물 소리의 차이점을 경험하며 강아지와 고양이는 다른 동물이라는 새로운 도식을 만든답니다. 끊임없이 도식을 수정하며 인지가 발달되도록 실물, 모형, 소리, 영상 등 다양한 형태의 자료를 제공해 주세요.

✅ 항상 경험할 수 있도록 교구를 비치해요.
문화 영역에서 다루는 주제가 폭넓은 만큼 주제와 관련하여 다양한 호기심을 바로바로 충족할 수 있도록 손 닿는 곳에 책이나 실물 자료, 교구를 비치해 두세요. 생활 속에서 탐구하고 관찰하며 다양성을 인정하는 태도를 기르게 된답니다. 궁금한 점은 부모에게 물어보거나 스스로 해결하기 위해 시도하는 모습도 볼 수 있을 거예요.

✅ 미술 도구는 다양하게 바꿔 가며 경험해요.
그리기 도구(색연필, 사인펜, 크레파스, 연필, 물감 등), 만들기 도구(가위, 풀, 테이프, 펀치 등), 종이(도화지, 색종이, 골판지, 포장지, 신문지, 사포 등), 꾸미기 재료(점토, 유토, 스티커, 수수깡, 단추, 털실, 면봉, 빨대 등) 등을 다양하게 제공해요. 한 번에 모든 도구를 준비해 놓으면 선택에 어려움을 느낄 수 있으니 조금씩 변화를 주세요.

거울 보기

권장 월령 12개월 이상
놀이 목표 나에 대한 인식 및 얼굴 탐색 / 신체 명칭 이해

아직은 거울로 얼굴 보는 것을 어색하게 느낄 수 있어요. 친숙한 엄마 아빠의 얼굴을 함께 비추며 거울과 친해지는 시간을 가져요. 함께 나란히 앉아 이야기 나누려면 큰 거울이 좋아요. 점차 기억력이 향상되어 '안녕', '빠이빠이' 같은 간단한 인사나 행동을 기억하고 표현할 수 있으니 거울 앞에서 상황에 맞는 인사말을 연습해 보아요.

1 거울과 간단한 사물을 준비해요.

2 거울을 탐색해요.
(거울을 가리키며) "이건 거울이라고 해."
"OO가 거울 속에 있네."

준비물

- 큰 거울 1개
- 간단한 사물 2~3개 무겁거나 딱딱한 사물은 거울이 깨질 수 있으니 제외해요.

3 거울을 보며 '안녕' 해요.
"안녕? OO에게 인사했구나."
(숨었다 나타나며) "까꿍!"

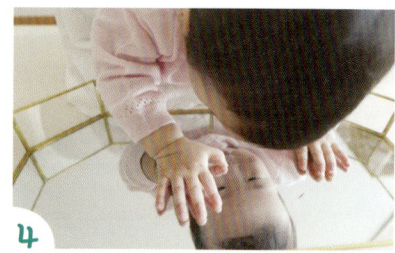

4 거울을 통해 자기 얼굴을 봐요.
"얼굴을 보고 있구나."
(거울 속 아이를 가리키며) "여기 코가 있네."
(거울로 다가가면) "OO가 가까워졌다!"

놀이팁

- 아이가 고개를 움직이면 엄마도 고개를 움직이고, 아이가 팔을 흔들면 엄마도 팔을 흔들어 보세요. 거울에 비친 나와 똑같은 엄마의 모습이 아이에게 매우 흥미롭답니다.
- 거울에 딱딱한 사물을 던지면 깨질 위험이 있으니 주변에서 딱딱하거나 날카로운 사물은 치워 두세요.

5 간단한 사물을 들고 거울 탐색을 확장해요.
"숟가락이구나."
(밥 먹는 흉내를 내면) "거울 속의 OO도 밥을 먹고 있네!"

6 거울을 보며 자유롭게 놀이해요.
"이번에는 팔을 위로 번쩍 들었구나."
"거울 속 OO도 똑같이 팔을 들었어."

신체 명칭 알기

권장 월령 12개월 이상
놀이 목표 자아 개념 발달 / 신체 부위 명칭과 위치 인지

"입으로 과자를 먹고 있구나.", "눈을 감았다 떴네!" 등 신체 명칭을 활용하여 아이의 행동을 묘사해 주세요. 자신이 어떤 신체 부위를 가지고 있는지, 어떻게 움직였는지, 어떨 때 사용하는지 등을 익히고 자연스럽게 명칭을 인지할 수 있어요. 긴 문장보다는 짧은 문장으로, 묘사를 줄여 명칭 중심으로 간단하게 이야기하는 것이 더 쉽게 전달돼요.

준비물

- **손거울 1개** 아이가 손으로 잡고 자기 얼굴을 비춰 볼 수 있어요. 엄마와 함께 거울을 볼 수 있는 큰 거울도 괜찮아요.
- **아기 인형 1개**

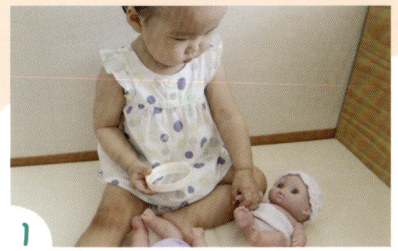

1
아기 인형과 거울을 탐색해요.
"아기 인형이 있네."
"OO처럼 눈, 코, 입이 있어."

2
아이의 신체 부위를 찾아봐요.
"거울 속에 OO가 있네."
"OO 눈은 어디 있을까?"

3
거울 속에서도 신체 부위를 찾아봐요.
(거울을 가리키며) "코는 어디 있니?"
"아하, 코가 거기에 있구나."

4
아기 인형의 신체 부위를 찾아봐요.
"인형은 눈이 어디 있을까?"
"OO랑 똑같이 눈이 있네."

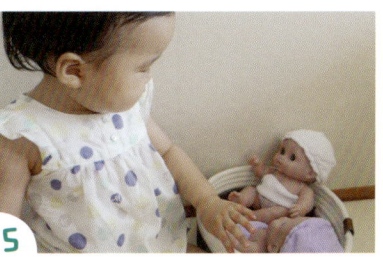

5
인형과 신체 부위를 비교해요.
(인형 귀를 가리키며) "귀가 두 개야."
"인형도 우리랑 똑같이 생겼네!"

6
활동을 마무리하고 정리해요.
"이제 인형이 잘 시간이구나."
"자장자장 해 주자."

가족사진 보기

권장 월령 12개월 이상

놀이 목표 가족 소속감 및 애착 형성 / 가족 구성원 명칭 인지

아이들이 처음 구사하는 말이 대부분 '엄마'나 '아빠'일 만큼 가족은 너무나 가깝고 소중한 존재예요. 아이는 자신이 가족의 구성원임을 알며 소속감을 경험하고, 그로부터 정서적 안정감과 행복감을 느낀답니다. 가족사진을 보고 이야기 나누며 나를 둘러싼 주변 사람들에게 관심을 가지고 가족 구성원의 명칭을 익힐 수 있도록 준비해 주세요.

준비물
- 가족 구성원의 얼굴이 나온 사진 1장씩
  얼굴이 선명하게 나온 사진을 활용해야 아이가 쉽게 비교할 수 있어요.
- 사진 뒤에 붙일 색지 1~2장
- 가위   • 풀   • 유성매직

놀이팁
- 카드를 모두 뒤집어 놓고 아이가 하나씩 뒤집기, 카드를 등 뒤로 숨기고 아이가 찾기, 카드로 역할극 하기 등으로 다양하게 카드를 활용할 수 있어요.
- 엄마, 아빠의 명칭을 인지한 후에는 할머니, 할아버지, 이모/부, 고모/부, 숙모/삼촌, 형제 등의 카드를 만들어 다양한 가족 구성원을 경험해요.

1
종이에 가족들의 얼굴 사진을 오려 붙이고 이름을 적어서 가족 얼굴 카드를 준비해요.
Tip 코팅하면 견고하게 사용할 수 있어요.

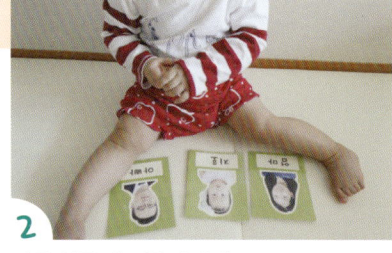

2
가족 얼굴 카드를 탐색해요.
(하나씩 가리키며) "아빠, ○○, 엄마네."
"하나, 둘, 셋. 모두 세 명이야."

3
사진을 하나씩 자세히 봐요.
"사진을 보고 있구나."
"사진 속에 누가 있니?"

4
사진과 사람을 번갈아 관찰해요.
(번갈아 가리키며) "여기도 엄마, 여기도 엄마, 똑같네."
(사진을 가리키며) "이건 엄마 눈이야."

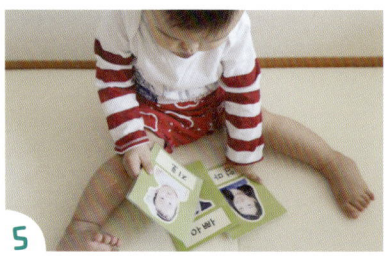

5
사진에서 가족을 찾을 수 있어요.
"이건 누구니? ○○가 여기 있구나."
"아빠는 어디에 있을까?"

나의 물건 분류하기

권장 월령 18개월 이상
놀이 목표 내 물건에 관심 가지며 명칭 인지 / 사물 변별력 발달

자신을 인지하기 시작하며 나의 물건에 대해 관심을 가지게 돼요. 조금 미숙해도 스스로 하고 싶어 하는 자립심도 강해지고 소유 개념도 생기게 되지요. 이 놀이는 나의 물건을 분류하는 활동이에요. 자리에 앉아서 옷과 모자를 분류해도 되지만, 분류해 놓을 곳을 조금 떨어진 곳에 만듦으로써 대근육 발달을 함께 도모할 수 있답니다.

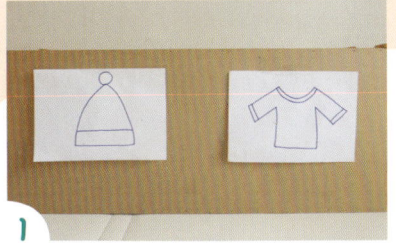

1 A4 용지에 윗옷과 모자를 그려서 벽이나 교구장에 붙여요.

Tip 바구니 2개를 준비하여 옷과 모자를 각각 담게 해도 좋아요.

2 그림을 탐색해요.
"종이에 무엇이 그려져 있니?"
"이건 옷이구나. 머리에 쓰는 모자도 있네."

3 바구니에 담긴 옷과 모자 중 하나를 집어요.
"바구니에 OO의 옷과 모자가 가득하네."
"하나씩 꺼내서 정리해 주자."

4 그림을 붙여 둔 곳에 가져가 정리해요.
(그림을 가리키며) "어느 쪽이 모자니?"
"모자 자리에 두고 오렴."

준비물

- 윗옷 4개 아래옷이 함께 섞이면 분류에 혼동될 수 있어요. 목도리, 양말, 신발 등 아이의 물건으로 대체할 수 있어요.
- 모자 4개
- A4 용지 2장
- 옷과 모자를 함께 담을 바구니 1개
- 유성매직
- 셀로판테이프

  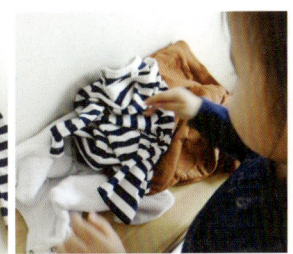

5 앞의 과정을 반복하며 모두 정리해요.
"OO가 자주 입는 옷이구나." "옷 그림 위에 잘 두었네."

놀이팁

- 색깔, 무늬, 모양 등을 인지하고 있다면, "파란색 모자를 정리해 줄래?", "동그란 점 무늬 옷을 정리해 주렴." 등 엄마의 지시를 듣고 정리하는 것으로 변형해요.

얼굴 퍼즐 맞추기

권장 월령 18개월 이상
놀이 목표 내 얼굴 탐색 및 관심 / 긍정적인 자아 형성

아이는 모든 사물에 명칭이 있음을 알게 되면서, 주변 사물을 이것저것 가리키며 궁금해하고 자신이 알고 있는 것이 맞는지 확인받고 싶어 해요. 자석이 붙는 철제 상자에 아이 얼굴로 퍼즐을 만들어 신체 부위의 명칭도 재밌게 알려 주세요. 얼굴 속 서로 다른 부분을 찾아보며 각각의 명칭을 경험하고 자신에 대한 긍정적인 마음을 가질 수 있어요.

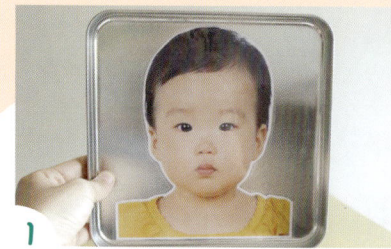

1 아이 얼굴 사진을 모양대로 오린 다음, 양면테이프로 틴 케이스 뚜껑에 붙여요.

2 얼굴 사진의 각 부분(눈, 코, 입, 귀)을 오려서 EVA폼에 붙여요.

Tip 조각이 납작하면 손으로 집기 어렵기 때문에 조각을 높게 만드는 과정이에요.

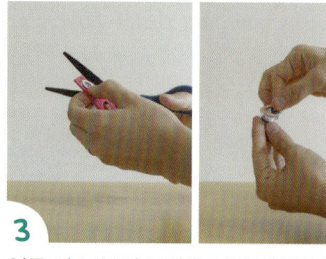

3 얼굴 각 부분의 모양을 따라 EVA폼을 오린 다음 뒷면에 원형 자석을 붙여요.

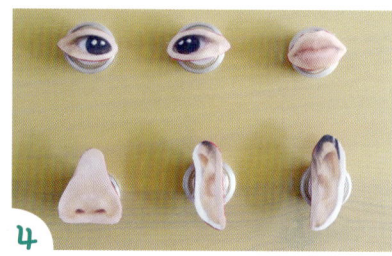

4 같은 방법으로 얼굴 퍼즐 조각 6개를 만들어요.

준비물

- 틴 케이스 뚜껑 1개
- 아이 얼굴 사진 2장 틴 케이스 뚜껑에 붙일 수 있는 크기로 코팅하여 준비해요.
- 5T EVA폼 또는 우드락
- 원형 자석 6개 눈, 코, 입, 귀에 붙여요.
- 가위   • 글루건   • 양면테이프
- 퍼즐 조각 담을 바구니 1개

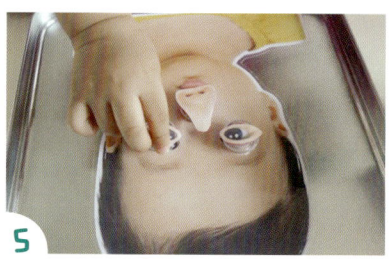

5 퍼즐 조각을 얼굴에 붙여요.
"반짝반짝 눈은 어디에 있을까?"
"눈이 하나, 둘, 두 개 있네."

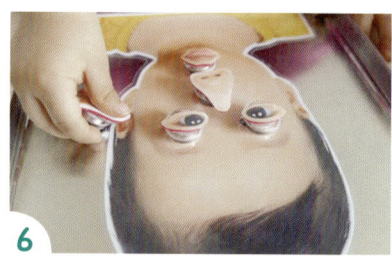

6 계속해서 붙이며 얼굴을 완성해요.
(하나씩 가리키며) "눈, 코, 입, 귀라고 해."
"입으로는 냠냠 맛있는 밥을 먹을 수 있어."

놀이팁

- 명칭을 정확하게 인지하면, 눈썹, 머리카락 등도 퍼즐 조각을 만들어 확장해요.
- 인형에 퍼즐 조각 대 보기, 얼굴 외의 신체 부분 찾기 등 명칭의 탐색을 이어가요.

감정 카드 보며 이야기하기

권장 월령 24개월 이상
놀이 목표 감정의 종류 및 어휘 인지 / 상황에 어울리는 표현력 향상

신생아 적에 대부분의 감정을 울음으로 표현하던 아이가 성장하며 점차 여러 감정을 드러내게 됩니다. 다양한 상황 속 아이 표정이 담긴 사진으로 감정 카드를 만들어 상황에 따른 감정과 어휘를 들려주세요. 아직은 감정 표현이 서툴지만, 점차 자라나며 다양한 표정과 몸짓, 언어로 자유롭고 솔직하게 감정을 표현할 수 있도록 돕는답니다.

준비물

- 감정 카드 8장 다양한 감정이 드러난 아이 사진을 색지에 붙이고 코팅하여 만들어요.
- 감정 카드 담을 바구니 1개

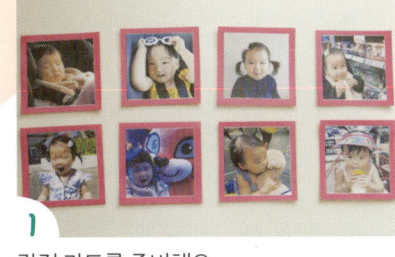

1 감정 카드를 준비해요.

2 바구니에서 감정 카드를 꺼내요.
"상자 안에 카드가 있어."
"어떤 카드가 나올까?"

3 감정 카드를 보며 이야기 나눠요.
"무엇을 하고 있니?"
"맛있는 걸 먹으면 기분이 어떠니?"

4 감정 카드 속 행동을 흉내 내요.
"OO도 눈을 감았구나."
"잠을 잘 때 편안하지. 엄마도 코 잘 때 행복하단다."

5 카드 속과 같은 물건을 활용해요.
"선글라스를 쓰고 '아~' 하고 있구나."
"OO의 기분이 어때 보이니?"

6 다양한 상황을 보며 감정을 나눠요.
"OO가 무서워서 울고 있구나."
"괜찮아. 엄마가 꼭 안아 줄게."

성장책 보며 이야기하기

권장 월령 24개월 이상
놀이 목표 성장 과정을 통한 자아 존중감 발달 / 애착 관계 형성

아이의 생일을 맞아 아이 사진을 보며 이야기 나눴어요. 처음 태어나던 날, 백일 되던 날, 첫 번째 생일을 맞이한 날 등 성장 과정을 간단한 책으로 만들었지요. 자신이 자라 온 모습을 보는 것은 부모의 사랑을 느끼게 하고, 건강하고 친밀한 관계를 형성할 수 있도록 도와요. 작은 성장책을 준비해 생일을 특별하게 보내는 건 어떨까요?

준비물
- 색지 1~2장
- 아이 사진 6장 주요한 성장 과정이 담긴 사진으로 준비해요.
- 가위   • 풀   • 펀치   • 카드링

1
아이 사진을 색지에 붙여 코팅한 다음, 펀치로 구멍을 뚫어요.

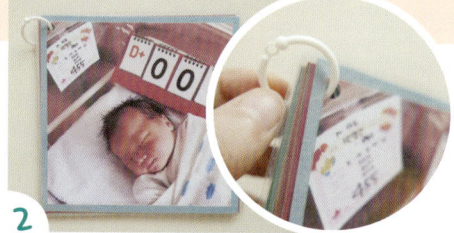

2
카드링에 끼워서 성장책을 만들어요.

3
성장책을 탐색해요.
"사진이 많은 책이야."
"○○의 모습이 보이는구나."

4
사진을 보며 이야기 나눠요.
"○○가 코 자고 있구나."
"처음 태어난 날이란다."

5
성장 과정을 이야기하며 긍정적 자아를 형성해요.
"○○가 태어난 지 백일이 된 날이야." "키가 이만큼 자라서 걷고 있구나."
"이제는 스스로 블록을 쌓을 수도 있어."

동물 소개하기

권장 월령 12개월 이상

놀이 목표 동물의 생김새 탐색 / 의성어와 의태어 경험

몬테소리 문화 영역은 자기 자신과 자신을 둘러싼 세상의 다양성을 이해하도록 도와요. 세상의 한 일원인 동물을 이해하고 생명의 소중함을 느낄 수 있도록 하는 것도 포함되어 있지요. 집에 있는 동물 인형으로 동물에 관심을 가지도록 준비해 주세요. 동물을 소개할 때 의성어나 의태어를 이용해 묘사하면 더욱 재미있게 접할 수 있어요.

 **준비물**

- 동물 인형 3~4개 입으로 탐색할 수 있으니 깨끗이 세탁하고 말려서 준비해요.
- 동물 인형 담을 바구니 1개

1
동물 인형을 탐색해요.
"줄무늬 호랑이구나."
"호랑이 수염을 만지고 있네."

2
동물의 특징을 묘사해 주세요.
"머리카락이 부들부들해."
"사자는 머리카락이 많아."

3
극 놀이로 동물을 소개해요.
"안녕? 난 개굴개굴 개구리야."
(엄마가 개구리를 들고 점프하듯 움직이며)
"폴짝폴짝 잘 뛰지."

4
동물 소리를 내며 표현해요.
"어흥! 난 사자야."
(빠르게 움직이며) "나는 달리기도 잘해."

5
동물 소리를 따라 할 수 있어요.
(아이가 따라 하면) "으악! 사자다!"
"OO가 사자처럼 '어흥' 소리 냈네."

동물 소리 듣기

권장 월령 12개월 이상

놀이 목표 동물의 생김새 탐색 / 소리 흉내를 통한 표현력 발달

같은 네 발과 꼬리를 가진 동물이라도 소리가 다 달라요. 동물 분류에 있어 외형만큼 소리도 중요하지요. 동물 모습이 담긴 책을 보며 소리를 함께 들려주세요. 듣는 소리마다 따라 하는 아이도 있지만, 듣기만 하는 아이도 있을 거예요. 성향 차이이니 따라 하라고 일부러 시킬 필요는 없어요. 듣는 것만으로 신기한 경험이 된답니다.

1
동물 책을 준비해요.
"어떤 동물들이 나오는지 같이 볼까?"
"멍멍 강아지네."

2
동물의 특징을 묘사해 주세요.
"꽥꽥 오리구나."
"오리는 날개가 있어."

 준비물
- 동물 책 또는 동물 카드
- 동물 소리 음원 파일 우측 상단의 QR코드로 주요 동물의 소리를 들을 수 있어요.

3
책을 보며 울음소리를 함께 들어요.
(울음소리를 들은 뒤) "어떤 소리가 났니?"
"소는 음메 하고 울었구나."

4
울음소리를 따라 해요.
(울음소리를 들은 뒤) "돼지는 이런 소리를 내는구나."
(아이가 따라 하면) "돼지를 흉내 냈네."

 놀이팁
- 아이가 소리에 예민하면 울음소리가 큰 동물(사자, 호랑이 등)은 볼륨을 줄이거나 다른 동물의 소리를 먼저 들려주세요.
- 아이에게는 동물 울음소리가 '멍멍', '개굴개굴' 등 흔히 쓰는 의성어와 다르게 들릴지도 몰라요. '멍멍'뿐 아니라 '워우워우', '웍웍' 등 다양한 소리로 묘사하여 아이에게 표현의 기회를 제공해 주세요.

5
같은 방법으로 동물을 탐색해요.
"책을 넘기니 토끼가 나왔어."
"깡충깡충 토끼는 귀가 길쭉하네."

동물의 생김새 알기

권장 월령 12개월 이상
놀이 목표 동물 생김새 관찰 및 비교 / 관찰력 및 표현력 발달

'감각적 실학주의'에 따르면 실물이나 표본, 모형, 그림 등 감각할 수 있는 구체적인 사물을 통해 지식을 얻을 수 있다고 해요. 사물의 소리, 냄새, 촉감, 크기 등을 탐색하며 사물에 대한 개념 및 지식을 쉽게 쌓을 수 있다는 것이지요. 동물의 경우 직접 보는 것에 한계가 있으므로, 실제 모습으로 만든 책과 모형을 활용해 생김새를 알아보아요.

 준비물

- 동물 책 또는 동물 카드
- 동물 모형 여러 개 동물 책에 나오는 동물에 맞춰 준비해요.
- 동물 모형 담을 바구니 1개

1
동물 모형이 담긴 바구니를 탐색해요.
"바구니 안에 동물이 많구나."
"OO가 좋아하는 강아지도 있어."

2
책에 나오는 동물의 모형을 올려 줘요.

Tip 이 놀이의 목적은 짝 맞추기가 아니라, 다양한 동물의 생김새를 인지하고 관심을 가지는 것이니 동물 모형을 책에 올려 줘도 됩니다.

3
동물 모형을 탐색해요.
"이건 소야. 검은색 무늬가 있네."
"만져 보니 어떠니?"

4
동물 책과 동물 모형을 비교해요.
"닭은 빨간색 벗이 있어."
"머리카락이 둘 다 빨간색이구나."

5
같은 방법으로 동물의 생김새를 관찰해요.
"꽥꽥 오리구나. 입이 뾰족하네."
(책과 모형을 보며) "똑같이 하얗단다."

동물의 특징 알기

권장 월령 12개월 이상
놀이 목표 동물 생김새 관찰 및 비교 / 표현력 향상

모든 동물은 생김새에 주된 특징을 지니고 있어요. 아이들은 각 동물의 다른 점을 파악하고 구별하는 것에 흥미를 느껴요. 아이가 동물을 관찰하여 포착해 낸 특징을 함께 이야기 나눠 보세요. 하마처럼 입 벌려 보기, 사자처럼 어흥 소리내기, 손가락으로 코끼리 상아 만들기, 강아지처럼 기어 보기 등 다양하게 동물의 특징을 표현할 수 있답니다.

준비물
- 동물 모형 여러 개
- 동물 모형 담을 바구니 1개

1 동물 모형을 준비해요.
"동물들을 하나씩 꺼내 보았네."
"모두 어디에 가고 있니?"

2 동물 모형을 탐색해요.
"하마를 만져 보고 있구나."
"하마 입에 손가락을 쏙 넣었네."

3 동물의 특징을 따라 해요.
"하마처럼 입을 쫙 벌렸구나."
"OO가 하마가 되었어."

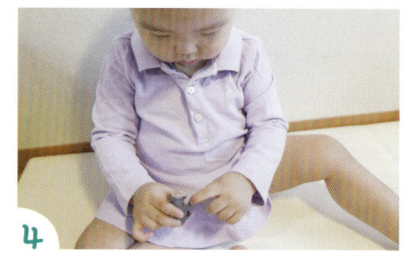

4 동물과 사람의 신체 부분을 비교해요.
(동물 다리를 만지면) "OO도 다리가 있지?"
"하마도 다리를 움직이면서 다닌대."

 놀이팁
- 아이가 동물 모형의 신체 부분을 만질 때마다 "하마의 입이야."와 같이 명칭을 반복적으로 말해 줌으로써 언어 자극을 도와요.

응용

동물원에 가서 실제 동물을 관찰하며 책에서는 느낄 수 없었던 동물의 움직임, 소리, 냄새 등을 경험해요.

Tip 집에서 보던 동물 책을 가져가서 실제 동물의 모습과 비교해요.

동물무늬 분류하기

권장 월령 30개월 이상
놀이 목표 동물의 공통점과 차이점 인지 / 시각적 변별력 발달

단순히 동물 모형을 움직이며 놀던 아이가 동물의 생김새를 섬세하게 관찰하기 시작해요. 물개의 점무늬를 보며 "이거 무당벌레도 있는데!"라고 말하거나 "얼룩말이랑 호랑이랑 둘 다 줄이 있어."라고 이야기하게 되지요. 공통점을 발견하고 차이점을 관찰하는 태도를 통해 탐구하는 과정에 호기심을 가지고 즐겁게 참여할 수 있어요.

 준비물

- 동물 모형 12개 줄무늬 동물 모형 4개, 점무늬 동물 모형 4개, 무늬 없는 동물 모형 4개.
- 동물 모형 담을 바구니 1개
- 색지 약간
- 유성매직
- 가위
- 풀

놀이팁

- 줄무늬는 손으로 비 오듯 표현하고, 점무늬는 엄지와 검지를 모아 동그라미로 만들고, 민무늬는 까꿍 놀이하듯 두 손으로 눈을 가렸다 떼며 '없다!'로 표현해 주세요. 무늬의 차이를 동작으로 흥미롭게 인지할 수 있어요. 주룩주룩, 동글동글 등의 의태어로 묘사해도 재미있어요.

1
색지로 집 모양 3개를 만든 다음, 각각에 줄무늬, 점무늬, 민무늬를 표현해요.

Tip 역할놀이를 위해 집 모양으로 만들었지만, 카드 모양으로 만들어도 괜찮아요.

2
무늬가 그려진 집을 나열해요.
"집의 모양이 서로 달라."
"주룩주룩 줄무늬 집이야."

3
동물의 생김새를 관찰해요.
"무당벌레의 날개에는 무엇이 있니?"
"동그란 점이 있네."

4
동물무늬와 집 무늬를 비교해요.
"기린은 어떤 무늬를 가지고 있니?"
"동글동글 점무늬가 똑같네."

5
동물 모형을 무늬에 따라 모두 분류해요.
(하나씩 가리키며) "문어, 돼지, 곰, 말은 모두 무늬가 없어."
"쭉쭉 줄무늬는 누가 있니?"

6
무늬가 같은 집에 들어가요.
"점무늬 친구들아, 어서 들어와!"
"우리 줄무늬 집에 놀러 가 볼까?"

185

동물이 사는 곳 알기

권장 월령 30개월 이상
놀이 목표 동물 서식지 이해 / 사는 곳에 따른 동물의 특징 인지

개미가 나오는 동화책을 읽은 아이가 "개미도 집이 있어!"라며 신기해했어요. 모든 동물은 각자의 생김새나 특징에 따라 집을 만들어 서식함을 알려 주기 위해 준비한 놀이예요. 뚜껑 안쪽과 유리병 안쪽에 동물과 동물 서식지 사진을 붙여 재미있게 짝을 맞추며 동물이 사는 곳을 알고, 뚜껑을 닫으며 소근육 발달도 도울 수 있어요.

 준비물

- **동물 사진 4장** 개미, 벌, 새, 거미.
- **동물 서식지 사진 4장** 개미집, 벌집, 둥지, 거미줄.
- **뚜껑 있는 유리병 4개** 안쪽에 사진을 붙여야 하므로 높이가 낮은 것으로 준비해요.
- 가위   • 색지   • 양면테이프
- 뚜껑 담을 주머니 1개

1 준비한 사진을 유리병 지름 크기로 조절하여 자른 다음, 유리병 안쪽에 동물 사진을, 뚜껑 안쪽에 서식지 사진을 붙여요.

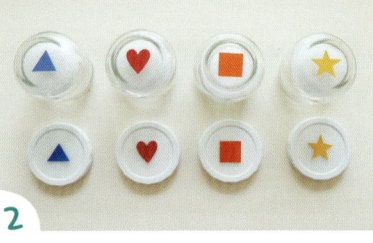

2 동물과 서식지 짝에 맞춰서 뚜껑 위와 유리병 바닥에 같은 도형을 오려 붙여요.

Tip 뚜껑을 닫은 후 위아래가 같은 도형이면 짝을 올바르게 맞춘 것임을 확인할 수 있어요.

3 유리병 뚜껑이 담긴 주머니를 열어요.
"무엇이 있을까?"
"주머니 안에 손을 넣어 꺼내 보렴."

4 유리병 뚜껑을 꺼내 탐색해요.
"누구의 집일 것 같니?"
"땅속에 요리조리 구멍이 있어."

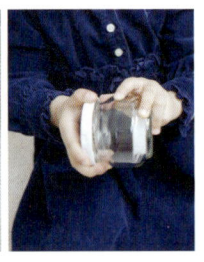

5 관련 있는 동물을 찾아 뚜껑을 닫아요.
"아하, 개미의 집이구나."
(뚜껑을 닫으며) "집 안으로 들어갔네."

6 짝을 다 맞춘 후, 병을 뒤집어 도형을 확인하여 스스로 오류를 정정해요.
"뚜껑에도 세모, 바닥에도 세모네."
"딩동댕. 벌의 집을 잘 맞춰 주었어."

식물 관찰하기

권장 월령 18개월 이상
놀이 목표 식물의 생김새 탐색 / 시각적 변별력 발달

아이는 주변 세계를 탐구하고자 하는 열망이 가득해요. 책이나 영상보다 실제로 마주하는 것이 아이에게 더욱 강렬한 기억을 남겨요. 책에서 보던 기린이 이렇게 큰 동물인지, 영상에서 보던 꽃이 이렇게 향기로운지 경험하지 않으면 알 수 없지요. 주변의 식물을 관찰하며 자연의 아름다움을 느낄 수 있는 놀이로 아이의 세계를 확장해 주세요.

1 자연물(꽃잎과 나뭇잎)을 주워서 바구니에 담아요.

2 자연물을 두꺼운 책 사이에 넣어서 이틀가량 말려요.

Tip 오래 말리면 색이 바래니 살짝만 말려서 코팅하여 원래 색으로 관찰하도록 해요.

준비물

- 바구니 2개 자연물을 수집할 때와 코팅한 자연물을 담을 때 필요해요.
- 자연물을 말릴 두꺼운 책 1권
- 가위
- 응용 주변 사물 여러 개

3 살짝 말린 자연물을 코팅해요.

4 모양대로 잘라서 바구니에 담아 준비해요.

5 같은 모양끼리 짝을 맞춰요.
"분홍색 꽃잎이 있네."
"초록색 길쭉한 잎도 있어."

응용 집 안의 사물 중 자연물과 같은 색을 찾아 짝을 맞춰요.
"나뭇잎이 무슨 색이니?"
"빨간색 물건이 뭐가 있을까?"

지구의 구성 요소 알기

권장 월령 30개월 이상
놀이 목표 자연에 대한 호기심 및 탐색 / 땅, 물, 공기에 대한 이해

지구는 땅과 물, 공기로 구성되어 있어요. 이러한 개념은 훗날 다룰 지도에 관련된 활동, 물과 땅의 관계(섬과 호수, 반도와 만 등), 세계의 대양과 대륙 등 지리적 활동의 기본이 돼요. 공기는 땅이나 물처럼 보이지 않고 만질 수 없어 아이가 아직 개념을 인지하기 어렵지만, 숨을 들이마시고 내쉬는 과정을 통해 경험할 수 있답니다.

준비물

- **병 3개** 하나는 흙을 담고, 하나는 파란색 물감을 섞은 물을 담고, 하나는 빈 병으로 준비해요.
- 하늘, 땅, 바다 사진 2장씩
- 하늘, 땅, 바다에 사는 동물 모형 4개씩
- 하늘, 땅, 바다가 있는 풍경 그림 1장 색지나 펠트지, 부직포 등으로 만들어요.
- 동물 모형 담을 바구니 1개

1
흙과 물, 공기를 담은 병을 준비해요.
Tip 아이와 함께 흙과 물을 담아 보세요. 흙에서 무엇을 보았는지, 물에는 누가 사는지 등 이야기하며 스스로 분류할 수 있도록 도와요.

2
병(흙, 물, 공기)과 사진(하늘, 땅, 바다)을 짝 맞춰요.
"우리가 밟는 땅은 흙으로 이뤄져 있단다."
"바다에는 파란 물이 있어."

3
병(흙, 물, 공기)과 동물 모형을 짝 맞춰요.
"날개가 있는 동물은 하늘을 날아다니네."
"땅에 사는 동물은 모두 다리가 있어."

4
그림을 보며 하늘, 땅, 바다를 인지해요.
"하늘은 어디에 있을까?"
(아이가 가리키면) "새가 날아다니는 하늘이구나."

5
동물 모형을 사는 곳에 따라 놓아요.
"고래들이 물에서 헤엄치고 있네."
"모두 꿈틀꿈틀 지느러미가 있어."

6
완성된 모습을 보며 이야기 나눠요.
"하늘에는 누가 있니?"
"동물들은 서로 사는 곳이 다르구나."

날씨에 맞는 물건 연결하기

권장 월령 30개월 이상
놀이 목표 날씨의 변화 경험 / 상황에 맞는 옷차림 인지

아이와 함께 창밖을 내다보세요. 바깥을 돌아다니는 사람들의 옷차림, 손에 들고 있는 물건, 신고 있는 신발을 관찰하면 날씨를 예측할 수 있어요. "왜 우산을 들고 있을까?", "왜 두꺼운 옷을 입고 있을까?" 등 이야기로 다양한 날씨에 관심을 가져요. 관련 있는 옷차림과 사물을 분류해 보며 내 몸을 건강하게 유지하는 방법도 생각해 보아요.

1 날씨 카드와 사물 카드를 준비해요.

2 날씨 카드를 탐색해요.
"물방울이 똑똑 내려오네."
"어떤 날씨일까?"

3 사물 카드를 하나씩 꺼내 이야기 나눈 뒤, 날씨 카드와 짝 맞춰요.
"알록달록 우산이구나."
"우산은 어떤 날씨에 사용하니?"

4 날씨 카드와 사물 카드를 모두 맞춰요.
"날씨에 어울리는 것들을 놓아 보았어."
"오늘 같은 날씨는 무엇이 필요할까?"

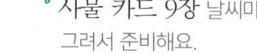

준비물

- **날씨 카드 3장** 비 오는 날, 맑은 날, 눈 오는 날을 그려서 준비해요.
- **사물 카드 9장** 날씨마다 필요한 사물을 3개씩 그려서 준비해요.
- **카드 담을 바구니 1개**
- **응용 1** 날씨와 관련된 실제 사물
- **응용 2** 명화 그림 달력, 명화책, 인터넷 검색으로 준비해요.

응용 1 날씨 카드와 날씨 관련 사물을 연결해요.
"털모자는 어떤 날씨에 쓸 수 있을까?"
"선글라스는 햇빛이 날 때 쓰는구나."

응용 2 날씨와 관련된 명화 작품을 감상하고, 날씨 카드를 맞춰요.
"사람들이 뭘 하고 있는 것 같니?"
"하얀색은 무엇일까?"

국기 퍼즐 맞추기

권장 월령 30개월 이상
놀이 목표 국기의 생김새 관찰 / 다른 나라에 관심 및 탐구

국기는 나라를 대표하는 상징 중 하나예요. 모든 나라는 서로 다른 국기를 가지며, 국기만 보고도 어떤 나라인지 알 수 있을 만큼 상징성이 강하지요. 이 활동의 목적은 각 나라의 국기 모양을 외우는 것이 아니에요. 퍼즐을 맞추듯 조각을 짝 맞추며 다른 나라에 관심을 가지는 것이지요. 그럼 세계 여러 나라로 여행을 떠나 볼까요?

1
우드락을 반으로 자른 다음, 국기 그림을 반으로 잘라서 붙여요.

2
국기 그림을 색지에 붙이고 코팅하여 국기 카드를 만들어요.

> **Tip** 아이가 아직 글을 읽지 못해도 국가명을 적어서 노출해 주세요.

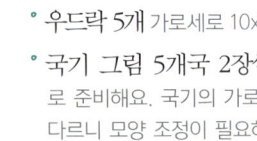

준비물

- 우드락 5개 가로세로 10x7cm 내외로 준비해요.
- 국기 그림 5개국 2장씩 우드락과 같은 크기로 준비해요. 국기의 가로세로 비율이 나라마다 다르니 모양 조정이 필요하며, 색과 구성의 차이가 확연한 나라를 골라야 활동할 수 있어요.
- 색지 5장 가로세로 12x10cm 내외로 준비해요.
- 바구니 2개 국기 카드와 퍼즐을 각각 담아요.
- 커터칼   • 풀

3
국기의 생김새를 탐색해요.
"어떤 색이 보이니? 더하기 모양도 있어."
"'그리스'라는 나라의 국기래."

4
국기 카드를 나열해요.
"독일 국기는 알록달록 줄무늬가 있네."
(스위스를 가리키며) "삐뽀삐뽀 구급차 같다고 생각했구나."

놀이팁

- 활동이 익숙해지면 국기 카드 없이 조각만 맞춰 보는 활동으로 난이도를 높여요.

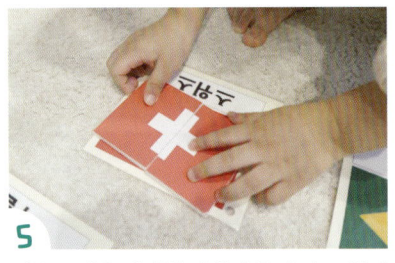

5
퍼즐 조각을 하나씩 꺼내어 국기 카드 위에 맞춰요.
"합체! 하얀색 더하기 모양이 나왔네."
"커다란 산이 있는 스위스 국기야."

6
국기의 특징과 나라 이름에 관심을 가져요.
"빨간색과 파란색 동그라미가 되었어."
"우리나라의 국기란다."

자석 붙이고 떼기

권장 월령 18개월 이상
놀이 목표 자석의 힘 경험 / 사물을 넣다 빼며 근육 발달

일반적인 원형 자석은 양면 모두 자성을 띄고 있는 반면 냉장고 자석처럼 메모를 고정하거나 장식용으로 쓰는 마그넷 자석은 한쪽 면에만 자성이 있어요. 아이가 어느 면으로 붙여야 하는지 구분하기 어려울 수 있으니 충분히 탐색 후 활동하도록 해요. 아이의 집기 능력에 따라 크고 작은 마그넷으로 자성을 경험할 수 있도록 준비해 주세요.

 준비물

- **철제통** 자석을 붙일 수 있도록 철로 된 통으로 준비해요.
- **마그넷** 10개 내외
- **시트지** 생략할 수 있어요.

1
철제통에 시트지를 감싸 주세요.

2
마그넷을 통 안에 담아서 준비해요.

3
통에서 마그넷을 꺼내어 탐색해요.
"무엇일까? 초록색 동그라미구나."
(자석을 가리키며) "동그라미 뒤에 자석이 붙어 있어."

4
철제통 옆면에 마그넷을 붙여요.
"자석이라 찰싹 붙었구나."
"붙으면서 딱! 하고 소리도 나."

5
계속해서 마그넷을 꺼내 붙여요.
"이번엔 무엇이 나올까?"
"곰돌이 자석이구나. 천천히 붙여 보렴."

6
자석을 떼어 통 안에 넣고 정리해요.
"이제는 통 안으로 쏙 넣어 볼까?"
"하나씩, 하나씩 넣어 보자."

자석 경험하기

권장 월령 18개월 이상

놀이 목표 자석의 특징 경험 / 눈·손의 협응력 발달

리본끈에 자석을 매달아 클립을 붙여 보아요. 자석에 안 붙는 사물도 있다는 것을 아이가 이해하기는 조금 어렵지만, 클립이 강한 힘으로 찰싹 붙는 것을 보며 자석을 감각적으로 경험할 수 있어요. 클립에 물고기 그림을 붙여서 낚시하듯 재밌게 자석의 특징을 익혀도 좋아요. 단, 자석에 붙은 끈이 길면 클립 붙이기가 어려우니 짧게 준비해야 해요!

 준비물

- 클립 한 줌
- 자석 1개
- 리본끈 어른 한 뼘 길이로 준비해요.
- 클립 담을 작은 상자 1개 상자에 담긴 클립을 뚜껑으로 옮길 수 있도록 뚜껑 있는 것으로 준비해요.
- 글루건

응용 물이 담긴 물병

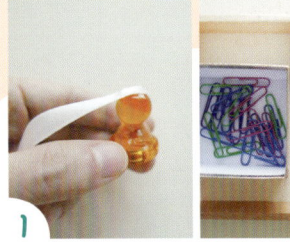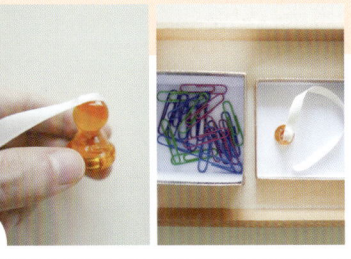

1 자석에 글루건을 쏴서 리본끈을 붙이고, 상자에 클립을 담아서 준비해요.

2 끈에 매달린 자석을 탐색해요.
"달랑달랑 줄이 길구나."
"줄에 동그란 자석이 매달려 있네."

3 자석을 클립이 담긴 상자에 넣어서 클립을 붙여요.
"자석 놀이를 해 보자!"
"상자 속으로 풍덩!"

4 자석에 붙은 클립을 손으로 떼어서, 상자 뚜껑에 클립을 담아요.
"우와, 클립이 많이 붙었구나."
"손으로 천천히 뗄 수 있단다."

5 앞의 과정을 반복해요.
"다시 풍덩!"
"이번엔 얼마큼 붙을까? 기대되는구나."

응용
물병 안에 클립을 넣고, 병 바깥에 자석을 대고 움직이면 클립이 따라 움직여요.
"자석을 대 보렴."
(자석을 움직이면) "클립도 같이 움직이네."

뜨는 것과 가라앉는 것 관찰하기

권장 월령 18개월 이상

놀이 목표 물에 뜨고 가라앉는 현상 관찰 / 무게와 비중 개념 경험

과학 원리는 일상에서 다양하게 관찰할 수 있어요. 밤이 되면 어두워지는 것, 거울에 내 얼굴이 비치는 것 등 사소한 현상도 모두 과학적 현상이에요. "어떤 일이 일어날까?", "어떻게 하고 싶니?" 등의 질문으로 아이 스스로 추측할 수 있게 자극해 주세요. 문제 해결 능력을 높이고 호기심을 충족시키며 과학적 사고를 기를 수 있답니다.

1 물에 뜨는 사물과 물에 가라앉는 사물을 준비해요.

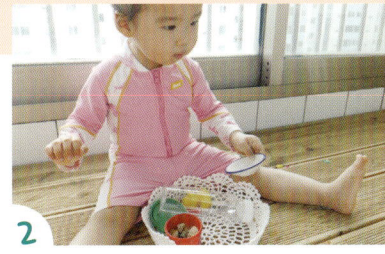

2 사물을 탐색해요.
"바구니 안에 꽥꽥 오리가 있어."
"간식 놓는 그릇도 있네."

3 사물이 물에 가라앉는 모습을 관찰해요.
"그릇을 넣으면 어떻게 될까?"
(손바닥을 아래로 내리며) "물속으로 쏙 가라앉았네."

4 사물이 물에 뜨는 모습도 관찰해요.
"오리 장난감은 어떻게 될까?"
(손바닥을 위로 올리며) "배처럼 둥둥 떠 있구나."

준비물

- 물에 뜨는 사물 3개
- 물에 가라앉는 사물 3개
- 사물 담을 바구니 1개
- 대야 1개 물을 가득 담아 준비해요.
- 마른 수건 1개 액체로 활동할 때는 꼭 마른 수건을 준비하여 물을 흘렸을 때 스스로 정리할 수 있도록 합니다.

5 계속해서 사물이 물에 뜨고 가라앉음을 경험해요.

Tip 물감을 푼 물을 페트병에 담아서 같은 페트병이라도 무게에 따라 뜨고 가라앉음을 비교해 보세요.

놀이팁

- '가라앉다'를 표현할 때에는 손바닥을 아래로 내리고, '뜨다'를 표현할 때에는 손바닥을 위로 올리면 낱말을 시각적으로 이해할 수 있어요.

193

스티커 붙이기

권장 월령 12개월 이상
놀이 목표 새로운 도구 경험 / 소근육 조절력 발달

이 시기 미술 활동은 다양한 도구를 경험하는 것에 목적이 있어요. 단, 한 번에 탐색해야 할 도구가 많으면 아이가 혼란스러우므로 한 도구에 익숙해진 다음 다른 도구를 경험하도록 합니다. 아이들 대부분이 스티커 붙이기를 좋아하지만, 끈적임을 좋아하지 않거나 이유 없이 스티커에 관심 없는 아이도 있으니 아이의 반응에 따라 제시해 주세요.

1
스티커를 탐색해요.
"끈적끈적해서 손에 붙었네!"
"이건 스티커란다."

2
스티커 판에서 스티커를 떼어 내요.
"초록색 스티커를 떼고 싶구나."
"종이에 붙여 보자."

3
종이에 스티커를 붙여요.
"꾹꾹 눌러 보았네."
"동그라미가 종이에 붙었어."

4
아이의 작품을 벽에 붙여 감상해요.
"알록달록 동그라미 세상이야!"
"엄마가 벽에 붙여 놓았단다."

준비물
- 판스티커 1장
- 스티커를 붙일 종이 1~2장 A4 용지를 1/4 크기로 잘라 사용해요.
- 마스킹테이프

응용 1
신체에 붙였다 떼었다 하며 신체 명칭을 익혀요.
"무릎에 찰싹 붙였구나."
"무릎에 붙은 걸 발로 옮겼구나."

응용 2 18개월 이상
스티커를 스스로 떼어 붙이며 놀아요.
Tip 스스로 스티커 판을 구부려 스티커를 떼어 내고, 한 손으로 스티커 판을 잡은 채 다른 손으로 종이에 스티커를 붙이는 등 협응이 가능해져요.

놀이팁
- 소근육 조절이 세밀하지 않으니 처음에는 큰 스티커로 시작해 점차 스티커 크기를 줄여요. 스티커 판을 뒤로 살짝 접어 주거나 스티커의 끝을 살짝 떼어 놓으면 아이가 스스로 떼어 낼 수 있어요.

스티커로 그림 완성하기

권장 월령 18개월 이상
놀이 목표 단순한 미술놀이 경험 / 스티커 조작법 인지

스티커 여러 장을 한 곳에 겹쳐 붙이던 아이가 월령이 높아지고 소근육을 잘 조절하게 되면 스티커를 겹치지 않게 붙이게 돼요. 표시한 위치에 맞춰 붙이거나 같은 색에 붙이는 등도 가능해지지요. 스티커 붙이기에 익숙해졌다면 스티커를 붙여서 그림을 완성하는 놀이로 확장해 보세요. 전체와 부분을 알고 미적 감각도 길러진답니다.

1
신체 부위가 하나씩 빠진 얼굴 그림과 신체 부위 스티커를 준비해요.
Tip 신체 부위 스티커는 흰색 원형 스티커에 그려서 만들어요.

2
신체 부위가 빈 곳에 스티커를 붙여서 그림을 완성해요.

준비물
- 가족 얼굴 그림과 신체 부위 스티커
- 버스 그림과 동물 스티커
- 식물 줄기 그림과 꽃 스티커
- **응용 1** 종이, 유성매직, 스티커 여러 장
- **응용 2** 색종이 4장, 스티커 여러 장 색종이와 같은 색으로 준비해요.

3
버스 창문마다 동물 스티커를 붙여서 그림을 완성해요.
Tip 버스 밑그림만 그려서 아이가 색칠할 수 있게 준비해요.

4
식물의 줄기 끝에 꽃 스티커를 붙여서 꽃밭을 완성해요.

응용 1
표시한 위치에 스티커를 붙여요.
Tip 일직선, 지그재그, 대각선 등 점을 다양하게 배치한 다음, 코팅하여 준비해요.

응용 2
색을 맞춰 스티커를 붙여요.
Tip 큰 종이에 색종이를 붙여서 준비해요.

놀이팁
- 무당벌레에 점무늬 붙이기, 자동차에 바퀴 붙이기, 옷에 단추 붙이기 등으로 응용할 수 있어요.

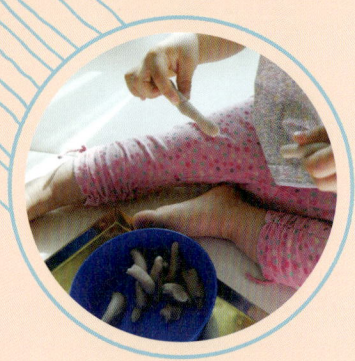

유토 탐색하기

권장 월령 18개월 이상
놀이 목표 새로운 재료 경험 / 대·소근육 조절력 발달

기름이 섞여 있는 유토는 점토처럼 딱딱하게 굳지 않아 아이들 놀이에 많이 활용해요. 아직은 팔로 누르는 힘이 강하지 않으니 따뜻한 곳에 두었다가 주거나 엄마가 손으로 여러 번 만져 말랑말랑해진 다음에 아이에게 건네주세요. 손과 여러 도구로 자유롭게 유토를 다루며 창의력과 조형 감각을 기르고 심리적 안정감까지 느낄 수 있답니다.

1 유토를 손으로 탐색해요.
"말랑말랑하구나."
"손으로 조물조물 만지고 있네."

2 동그랗게 말아서 관찰해요.
"빙글빙글 이건 뭘까?"
"느릿느릿 달팽이 같기도 해."

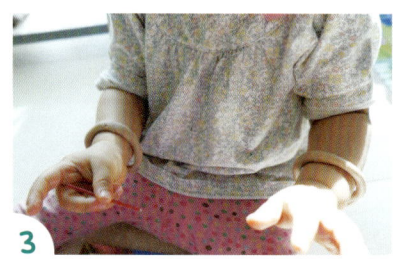

3 팔찌를 만들어요.
(팔찌를 만들어 건네주며) "팔찌 선물 여기 있습니다!"
"OO도 엄마처럼 팔찌가 있구나."

4 색깔 성냥 스틱을 줄줄이 꽂아요.
(시범을 보이며) "길쭉길쭉한 막대기를 꽂아 보자."
"막대기를 많이 꽂았네."

5 길게 만든 뒤 점토칼로 잘라요.
"쏙싹쏙싹 잘라 보자."
"OO가 요리하는 것 같아."

6 잘게 자른 덩어리에 꼬치를 하나씩 꽂아요.
(자른 덩어리를 보며) "정말 많다."
"꼬치를 꽂으니 생일 케이크 같아."

준비물

- **유토 적당량** 점토나 클레이로 대체할 수 있어요.
- **쟁반 1개** 쟁반이나 점토판 위에서 작업하면 뒷정리가 수월해요. 점토판은 종이를 코팅하여 만들 수 있어요.
- **탐색할 수 있는 도구 여러 개** 색깔 성냥 스틱, 점토칼, 꼬치, 단추, 동물 모형, 절구, 면봉 등. 너무 작은 구슬, 뾰족한 꼬치, 날카로운 칼, 쉽게 부서지는 것들은 위험해요.

놀이팁

- 입에 유토를 넣지 않도록 관찰해요. 손에 유분기가 남기 때문에 활동을 마치고 깨끗이 씻겨 주세요.

7
단추를 눌러서 박아요.
"알록달록 단추를 쑤욱 눌러 보았구나."
(단추를 떼어 낸 뒤) "동그라미가 생겼네."

8
동물 모형을 눌렀다 꺼내서 동물 발자국을 만들어요.
"구멍이 하나, 둘, 셋, 넷." "사자 발자국이 이렇게 생겼네."
"이번에는 어떤 동물을 찍어 보고 싶니?"

9
절구를 이용해 누르면 납작해지는 인과관계를 경험해요.
"이건 절구라고 불러." "막대로 콩콩 찧어 보았구나."
(동그랗게 하나씩 떼어 준 뒤) "막대로 눌러 보자." "어? 납작해졌어!"

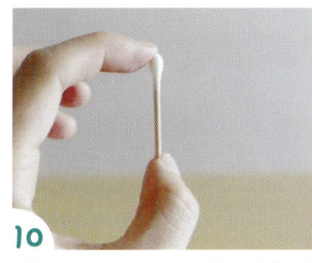

10
면봉을 반으로 자른 다음, 솜을 빨간색 사인펜으로 칠하여 빨간 면봉을 만들어요.

11
유토를 그릇에 담고 빨간 면봉을 꽂아서 생일 축하 놀이를 해요.
"OO의 생일이구나." "생일 축하합니다!" "후~ 하고 초를 불었구나."

붓으로 물감 섞기

권장 월령 24개월 이상
놀이 목표 색의 혼합 경험 / 붓 사용법 인지

붓과 물감은 매우 흥미로운 도구지만, 주변이 쉽게 어지럽혀지니 주의가 필요해요. 두꺼운 붓은 물을 많이 머금어 종이가 찢어지기 쉽고, 얇은 붓은 금방 망가질 수 있어요. 아직 힘 조절이 미숙해 세게 눌러 쓰기 때문이니, 적당한 붓을 준비해 자유롭게 탐색할 수 있게 해 주세요. 삼원색을 혼합하는 것부터 시작해 다양한 색을 접할 수 있도록 준비해요.

(선행) 붓에 물을 묻혀 종이에 칠하며 붓 사용에 익숙해져요.
"이건 붓이라고 해. 보들보들 부드럽구나."
"붓에 물을 묻혔네." "위에서 아래로 쭈욱 그려 보자."

준비물

- **붓 1개** 10호, 12호 정도가 적당해요.
- **흰 종이** 여러 장
- **물감** 여러 색 입에 넣을 수 있으니 무독성 물감을 선택하여 안전하게 활동해요.
- **그릇 여러 개** 하나는 물을 담아 준비하고, 나머지는 물감 섞을 때 사용해요.
- (선행) **종이류** 종이의 형태나 색을 바꿔 주며 흥미를 유발해요. 골판지나 사포 등의 종이는 오돌토돌하여 색다른 재미가 있어요.

1 한 그릇에 두 가지 색 물감을 짜요.
"두 가지 색이 같이 있구나."
"어떤 색 물감들이 보이니?"

2 그릇에 물감을 섞어서 흰 종이에 칠해요.
"빨강과 노랑을 섞어서 무슨 색이 됐니?"
"귤처럼 주황색이 되었네."

놀이팁

- 아직 붓을 바르게 잡기 어려우니 자유롭게 잡도록 해요. "이렇게 잡아 봐도 좋아." 정도로 알려 주는 것은 괜찮아요.

3 붓을 물에 깨끗이 씻어요.
"이번엔 다른 색을 만들어 볼까?"
"물 속에서 붓을 흔들면 깨끗해진단다."

4 같은 방법으로 다른 그릇의 물감도 섞어요.
"초록색이 되었네."
"무엇을 그려 볼까?"

면봉으로 물감 찍기

권장 월령 24개월 이상

놀이 목표 미술 재료와 도구 탐색 / 창의적 표현력 발달

크레파스나 색연필 외에 일상 속 다양한 재료와 도구를 제공해 주세요. 자유롭게 탐색하고 표현하는 과정을 통해 창의력 발달은 물론, 상상력을 키워 줄 수 있어요. 흔한 면봉으로도 완성도 높은 작품이 된답니다. 흰 물감을 찍어 눈송이 표현하기, 점무늬가 있는 동물 만들기, 종이 위에 물감을 짜고 면봉으로 문지르기 등 다양하게 활동해 보세요.

1
물감 뚜껑을 열어요.
"노란색 물감을 골랐구나."
"뚜껑을 똑딱 열어 보자."

2
그릇 안에 물감을 짜요.
"그릇 안에 물감을 짜 주었네."
"어떤 그림이 될지 기대되는구나."

3
면봉에 물감을 묻혀 종이에 찍어요.
"꾹꾹 눌러 보자."
"어떤 모양이 보이니?"

4
작품 완성 후, 벽에 붙여 감상해요.
"동그라미 세상이 되었어!"
"큰 동그라미도 있고 작은 동그라미도 있네."

준비물

- 흰 종이 1~2장
- 물감 여러 색 입에 넣을 수 있으니 무독성 물감을 선택하여 안전하게 활동해요.
- 면봉 여러 개
- 그릇 여러 개 물감을 짤 때 사용해요.

응용 도트 마커 여러 색

응용

종이에 도트 마커를 자유롭게 찍어요.

놀이팁

- 면봉을 3~4개 모아 나무 부분을 테이프로 감은 뒤 물감을 찍어도 좋아요.

199

데칼코마니 만들기

권장 월령 24개월 이상
놀이 목표 대칭 구조 경험 / 색의 혼합에 따른 변화 관찰

반으로 접었다 펼쳐 좌우 대칭의 형태를 만드는 데칼코마니 기법을 이용해 간단히 미술놀이를 해요. 물감을 짜며 소근육 발달을 돕고, 접은 종이를 문지르며 어떤 모양이 나올지 기대감과 호기심을 높여요. 혼합된 여러 색을 보며 색의 아름다움을 느끼고 심미감 발달에도 좋답니다. 만들어진 모양을 보고 멋진 상상을 펼치며 이야기 나눠 보세요.

준비물
- 반을 접은 도화지 1장
- 물감 여러 색 입에 넣을 수 있으니 무독성 물감을 선택하여 안전하게 활동해요.
- **응용** 아크릴 물감 꾸덕꾸덕한 질감의 아크릴 물감이 끄적이기에 적당해요.
  지퍼백, 셀로판테이프,
  끄적일 도구 면봉, 뭉툭한 색연필 등.

놀이팁
- 물감을 너무 많이 짜면 형태가 불분명해질 수 있으므로 적당히 짜도록 지도해요. 약병에 물감을 넣어 적당량만 나오도록 해도 좋아요.

1 반 접은 도화지를 펼쳐서 한쪽에 물감을 자유롭게 짜요.
"오늘은 나비를 만들어 볼 거야."
"물감을 마음대로 짜 보렴."

2 도화지를 반으로 다시 접고 문질러요.
"종이를 반으로 접고 문지르자."
"어떤 나비가 되었을까?"

3 종이를 펼쳐서 감상해요.
"여러 색이 섞여 알록달록해졌구나."
"나비의 눈은 어디에 있을까?"

4 나비를 몸으로 표현해요.
"나비처럼 날아 보자."
"두 팔을 펄럭펄럭 움직이고 있구나."

응용

지퍼백에 아크릴 물감을 짜 넣고 창문에 붙인 다음, 도구를 이용해 끄적여요.

Tip 물감이 섞이는 것을 보며 색의 혼합을 경험하고, 쓰기를 간접적으로 연습할 수 있어요.

풀과 가위 사용하기

권장 월령 24개월 이상
놀이 목표 풀과 가위 사용법 경험 / 손가락 조절력 발달

가윗날이 없는 안전가위는 잘 잘리지 않지만, 가위를 처음 경험하는 어린 월령에 적합해요. 안전가위로 충분히 연습한 뒤에 가윗날이 있는 유아용 가위를 제공해요. 가위질은 만들기를 위한 필요 기술임과 동시에 손가락 조절력을 길러 주어 추후 글씨 쓰기를 위한 간접적인 준비를 도와요. 풀칠 역시 소근육 조절과 집중력이 필요한 활동이랍니다.

1
가위 사용법을 배워요.
"손가락을 벌리면 가위가 열려."
"손가락을 모으면 가위가 닫히네."

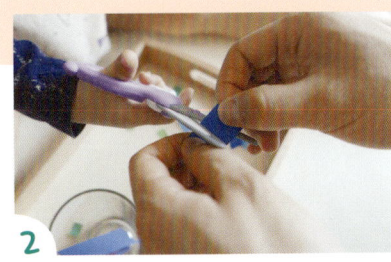

2
엄마가 잡은 종이 사이로 가위를 벌려요.
"엄마가 종이를 가지고 있을게."
"싹둑싹둑 잘라 보자."

3
가위를 오므려 종이를 잘라요.
"자르니깐 종이가 작아졌어."
(쟁반을 보며) "종이가 많아졌어."

응용 1
점토를 길쭉하게 밀어서 가위로 잘라요.
"뱀처럼 길쭉하구나."
"가위를 열었다 닫으면 점토가 잘리네."

준비물

- 자른 색종이 적당량 색종이를 어른 손가락 크기로 잘라서 준비해요.
- 안전 가위 1개
- 쟁반 1개
- 색종이 담을 그릇 1개
- **응용 1** 점토 약간
- **응용 2** 길게 자른 색종이 적당량 한 번에 자를 수 있도록 폭을 얇게 잘라요.
  풀, 종이

응용 2
긴 색종이를 가위로 자른 뒤, 잘게 자른 조각에 풀을 발라 종이에 붙여요.

놀이팁

- 가윗날을 오므려 두 손으로 잡은 다음, 서로 주고받는 연습을 하며 가위 다루는 법을 익혀요.

권장 월령별 놀이 및 표준보육과정 연계

표준보육과정은 국가 수준의 보육과정으로 0~5세 영유아가 경험해야 할 내용이 포함돼요. 건강하고 안전하게 지내는 '기본 생활', 감각과 신체를 탐색하며 대·소근육을 움직이는 '신체 운동', 언어 발달을 돕는 '의사 소통', 나와 다른 사람에 관심 가지는 '사회 관계', 아름다움을 느끼고 표현하는 '예술 경험', 수, 모양, 동식물, 자연 등 주변을 탐구하는 '자연 탐구'로 구성되지요. 책 속의 모든 놀이는 안전한 환경 내에서 엄마와 함께 상호 작용하며 신체를 움직여 탐색한다는 점에서 표준보육과정의 전체 영역에 골고루 연계되지만 주요한 목표를 표시해 두었으니 참고하세요.

* 제4차 표준보육과정(2020년 9월 시행) 기준

권장 월령별 놀이				표준 보육 과정 영역					
권장 월령	놀이 영역	놀이 제목	페이지	기본생활	신체운동	의사소통	사회관계	예술경험	자연탐구
6개월 이전	감각	흑백 경험하기	84		○	○			○
6개월 전후	일상	훌라후프 안에서 방향 돌리기	26	○	○		○		○
6개월 이상	일상	엎드려서 지퍼백 만지기	27	○	○				○
6개월 이상	일상	휴지심에서 양말 당기기	28		○		○		
6개월 이상	일상	페트병에서 손수건 당기기	29		○		○	○	
6개월 이상	일상	머그컵에서 샤워볼 당기기	30	○	○				○
6개월 이상	일상	샤워볼에서 꼬치 당기기	31	○	○				○
6개월 이상	일상	바구니의 리본끈 당기기	32		○			○	
6개월 이상	일상	빨대컵에서 리본끈 당기기	33		○			○	○
6개월 이상	일상	상자에서 골프티 당기기	34	○	○				○
6개월 이상	일상	테이프 당기기	35		○				○
6개월 이상	일상	필름통에서 헤어롤 당기기	36		○				○
6개월 이상	일상	줄에 매달린 뚜껑 당기기	37		○				○

권장 월령별 놀이				표준 보육 과정 영역					
권장 월령	놀이 영역	놀이 제목	페이지	기본생활	신체운동	의사소통	사회관계	예술경험	자연탐구
6개월 이상	일상	분유통에서 병뚜껑 떼기	38		○				○
6개월 이상	일상	초콜릿 상자에서 사물 떼기	39	○	○				○
6개월 이상	일상	헤어롤 떼기	40		○		○		○
6개월 이상	일상	줄 사이로 꺼내기	41	○	○				○
6개월 이상	일상	종이를 당겨서 찢기	42	○	○			○	○
6개월 이상	일상	통 안에 공 넣기	43		○				○
6개월 이상	일상	냄비 뚜껑 열기	44	○	○	○	○		○
6개월 이상	감각	레인스틱 흔들기	85		○			○	○
6개월 이상	감각	페트병 마라카스 흔들기	86		○			○	○
6개월 이상	감각	감각 주사위 탐색하기	88		○				○
6개월 이상	감각	감각 손가락 탐색하기	89		○				○
6개월 이상	감각	바구니 탐색하기	90	○	○	○	○		○
6개월 이상	감각	호기심 주머니 탐색하기	91			○	○		○
6개월 이상	감각	필름통 쉐이커 흔들기	92		○			○	○
6개월 이상	감각	뚜껑 탐색하기	93		○				○
6개월 이상	감각	물티슈 뚜껑 감각판 여닫기	94		○				○
6개월 이상	감각	대상영속성 상자 경험하기	95				○		○
6개월 이상	감각	모양 퍼즐 꺼내기	96		○	○			○
12개월 이상	일상	반지 상자 열기	45	○	○		○		○
12개월 이상	일상	원통형 용기 당겨서 열기	46		○		○		○
12개월 이상	일상	손으로 공 옮기기	47		○				○
12개월 이상	일상	휴지걸이에 고리 끼우고 빼내기	48		○				○
12개월 이상	일상	젖병에 병뚜껑 넣기	49		○		○		○
12개월 이상	일상	구멍에 폼폼 밀어 넣기	50		○				○
12개월 이상	일상	빨대컵에 꼬치 넣기	51	○	○				○
12개월 이상	일상	상자에 잼뚜껑 넣기	52		○				○
12개월 이상	일상	요거트통에 커튼고리 넣기	53		○				○
12개월 이상	일상	저금통에 단추 넣기	54		○	○			○
12개월 이상	일상	유리병에 방울 넣기	55	○	○			○	○
12개월 이상	일상	깔때기에 파스타 넣기	56		○				○
12개월 이상	감각	콩 만지기	98	○			○		○

권장 월령별 놀이				표준 보육 과정 영역					
권장 월령	놀이 영역	놀이 제목	페이지	기본생활	신체운동	의사소통	사회관계	예술경험	자연탐구
12개월 이상	감각	쌀 속에서 퍼즐 찾아 맞추기	99	○	○	○			○
12개월 이상	감각	얼음 탐색하기	100	○	○		○	○	○
12개월 이상	감각	냄비 뚜껑 여닫기	101	○	○		○		○
12개월 이상	감각	밀폐 용기 여닫기	102	○	○	○	○		○
12개월 이상	감각	페트병에 구슬 넣어 흔들기	103	○	○			○	○
12개월 이상	감각	셀로판지로 색과 도형 경험하기	104		○	○			○
12개월 이상	수	얼음틀과 블록 대응하기	132		○				○
12개월 이상	수	휴지심과 탁구공 대응하기	133		○				○
12개월 이상	수	초콜릿 상자와 폼폼 대응하기	134		○				○
12개월 이상	언어	3단계 교수법으로 단어 익히기	154			○	○		
12개월 이상	언어	2~3종류 분류하기	156			○			○
12개월 이상	언어	큰 사물과 작은 사물 짝 맞추기	158			○			
12개월 이상	문화	거울 보기	174	○	○	○	○		
12개월 이상	문화	신체 명칭 알기	175		○	○	○		
12개월 이상	문화	가족사진 보기	176			○	○		
12개월 이상	문화	동물 소개하기	181			○		○	○
12개월 이상	문화	동물 소리 듣기	182			○		○	○
12개월 이상	문화	동물의 생김새 알기	183			○		○	○
12개월 이상	문화	동물의 특징 알기	184	○		○		○	○
12개월 이상	문화	스티커 붙이기	194		○		○	○	
18개월 이상	일상	선 따라 걷기	57	○	○	○		○	
18개월 이상	일상	쟁반 나르기	58	○	○	○	○		
18개월 이상	일상	꼬치에 연필그립 끼우기	59	○	○				○
18개월 이상	일상	빨대에 면봉 끼우기	60		○				○
18개월 이상	일상	폼폼 떼어 빨대컵에 넣기	61	○	○				○
18개월 이상	일상	국자로 오리 인형 옮기기	62	○	○		○		○
18개월 이상	일상	아이스크림 국자로 호두 옮기기	63		○				○
18개월 이상	일상	숟가락으로 콩 옮기기	64	○	○		○		
18개월 이상	일상	집게로 폼폼 옮기기	65		○		○		
18개월 이상	일상	뚜껑 돌려서 열기	66		○		○		○
18개월 이상	일상	상 차리기	70	○		○	○		

권장 월령별 놀이				표준 보육 과정 영역					
권장 월령	놀이 영역	놀이 제목	페이지	기본생활	신체운동	의사소통	사회관계	예술경험	자연탐구
18개월 이상	일상	식사 준비하기	76	○		○	○		
18개월 이상	일상	나 돌보기	78	○		○	○		
18개월 이상	일상	일상 예절 익히기	80	○		○	○		
18개월 이상	감각	세 가지 색 분류하기	105		○	○			○
18개월 이상	감각	같은 색 경험하기	106		○				○
18개월 이상	감각	3색 막대 끼우기	107		○	○			○
18개월 이상	감각	4색 숟가락 꽂기	108		○	○			○
18개월 이상	감각	5색 폼폼 넣기	110		○	○			○
18개월 이상	감각	색깔별로 카드링 걸기	111		○	○			○
18개월 이상	감각	평면도형과 입체도형 짝 맞추기	112		○	○			○
18개월 이상	감각	도형 완성하기	113		○	○			○
18개월 이상	감각	같은 모양 뚜껑 붙이기	114		○	○			○
18개월 이상	감각	같은 것끼리 뚜껑 닫기	115		○				
18개월 이상	감각	크기에 맞춰 넣기	116		○	○			○
18개월 이상	감각	마트료시카 크기 비교하기	117		○	○	○		○
18개월 이상	감각	3가지 길이 경험하기	118		○	○			○
18개월 이상	감각	길이 분류하기	119	○	○	○			○
18개월 이상	감각	비닐 속 사물 예측하기	120		○	○			○
18개월 이상	감각	무게 경험하기	121	○	○	○			○
18개월 이상	감각	촉감 막대 맞추기	122		○				○
18개월 이상	감각	촉각 표현 익히기	123		○				
18개월 이상	언어	사물 명칭을 듣고 찾기	155			○	○		○
18개월 이상	언어	4종류 분류하기	157			○		○	○
18개월 이상	언어	사물과 사물 짝 맞추기	159			○			○
18개월 이상	언어	사물과 그림 짝 맞추기	160			○			○
18개월 이상	언어	그림과 그림 짝 맞추기	161			○			○
18개월 이상	언어	같은 꽃 그림 맞추기	162			○		○	
18개월 이상	언어	그림자 짝 맞추기	163			○			○
18개월 이상	언어	외곽선 짝 맞추기	164			○			○
18개월 이상	언어	동물 소리 듣고 맞추기	165			○		○	○
18개월 이상	언어	지시에 따라 행동하기	166	○		○	○		

권장 월령별 놀이				표준 보육 과정 영역					
권장 월령	놀이 영역	놀이 제목	페이지	기본생활	신체운동	의사소통	사회관계	예술경험	자연탐구
18개월 이상	문화	나의 물건 분류하기	177	○	○	○	○		
18개월 이상	문화	얼굴 퍼즐 맞추기	178		○	○	○		
18개월 이상	문화	식물 관찰하기	187	○	○			○	○
18개월 이상	문화	자석 붙이고 떼기	191		○				○
18개월 이상	문화	자석 경험하기	192						○
18개월 이상	문화	뜨는 것과 가라앉는 것 관찰하기	193	○	○	○			
18개월 이상	문화	스티커로 그림 완성하기	195		○		○	○	
18개월 이상	문화	유토 탐색하기	196	○	○	○		○	
24개월 이상	일상	마른 것 따르기	67		○		○		
24개월 이상	일상	깔때기로 쌀 따르기	68		○				○
24개월 이상	일상	깔때기로 물 따르기	69		○				○
24개월 이상	일상	광고지로 음식 차리기	71	○		○	○		
24개월 이상	일상	빗자루 사용하기	72	○		○	○		
24개월 이상	일상	이 닦는 연습하기	73	○		○	○		
24개월 이상	일상	집안일 돕기	81	○		○	○		
24개월 이상	감각	촉각 짝 맞추기	124		○				○
24개월 이상	감각	똑같은 것 꺼내기	125			○	○		○
24개월 이상	감각	색깔 퍼즐 맞추기	126		○			○	○
24개월 이상	감각	모양 스티커 붙이기	127		○				○
24개월 이상	수	1~5개 병뚜껑 개수만큼 돌멩이 놓기	135		○				○
24개월 이상	수	1~5까지 숫자만큼 꼬치 끼우기	136	○	○				○
24개월 이상	수	1~5까지 숫자 익히기	137			○			○
24개월 이상	수	1~5까지 숫자 찾기	138			○			○
24개월 이상	수	1~5까지 숫자 블록 짝 맞추기	139		○				○
24개월 이상	수	1~5까지 숫자만큼 도장 찍기	140		○			○	
24개월 이상	수	1~6까지 숫자만큼 블록 놓기	141						○
24개월 이상	언어	모양 따라 그리기	167			○	○	○	○
24개월 이상	문화	감정 카드 보며 이야기하기	179			○	○		
24개월 이상	문화	성장책 보며 이야기하기	180			○	○		
24개월 이상	문화	붓으로 물감 섞기	198	○	○	○		○	
24개월 이상	문화	면봉으로 물감 찍기	199	○	○	○		○	

권장 월령별 놀이				표준 보육 과정 영역					
권장 월령	놀이 영역	놀이 제목	페이지	기본생활	신체운동	의사소통	사회관계	예술경험	자연탐구
24개월 이상	문화	데칼코마니 만들기	200	○	○	○		○	
24개월 이상	문화	풀과 가위 사용하기	201	○	○			○	
30개월 이상	일상	손수건 접기	74	○	○		○		
30개월 이상	일상	머리핀 꽂기	75	○	○		○	○	
30개월 이상	감각	동물의 색깔 찾기	128		○			○	○
30개월 이상	감각	모양 돈으로 역할놀이 하기	129		○	○	○		
30개월 이상	수	1~5까지 숫자고리 끼우기	142		○				○
30개월 이상	수	주사위 점 개수만큼 이동하기	143			○	○		
30개월 이상	수	1~10까지 같은 숫자 뚜껑 찾기	144			○			○
30개월 이상	수	6~10까지 수와 양 연결하기①	145			○		○	
30개월 이상	수	6~10까지 수와 양 연결하기②	146			○		○	
30개월 이상	수	1~10까지 숫자 퍼즐 연결하기	147			○			○
30개월 이상	수	1~10까지 숫자만큼 돌멩이 놓기	148			○	○		
30개월 이상	수	수를 가르고 모으기	149						○
30개월 이상	수	전체와 부분 경험하기	150					○	○
30개월 이상	언어	반대말 짝짓기	168	○		○			
30개월 이상	언어	주제별로 분류하기	169			○	○		
30개월 이상	언어	패턴 맞추기	170			○			○
30개월 이상	언어	없어진 사물 찾기	171			○	○		
30개월 이상	문화	동물무늬 분류하기	185		○	○			○
30개월 이상	문화	동물이 사는 곳 알기	186			○			○
30개월 이상	문화	지구의 구성 요소 알기	188			○		○	○
30개월 이상	문화	날씨에 맞는 물건 연결하기	189			○	○	○	
30개월 이상	문화	국기 퍼즐 맞추기	190			○	○		○

0세부터 3세까지 두뇌 발달을 돕는
세상에서 제일 좋은 아이중심 몬테소리
ⓒ쎈디티쳐 박명진 2021

초판 1쇄 발행 2021년 1월 25일
초판10쇄 발행 2024년 12월 20일

지은이 쎈디티쳐 박명진

펴낸이 김재룡
펴낸곳 도서출판 슬로래빗

출판등록 2014년 7월 15일 제25100-2014-000043호
주소 (04790) 서울시 성동구 성수일로 99 서울숲AK밸리 1501호
전화 02-6224-6779
팩스 02-6442-0859
e-mail slowrabbitco@naver.com
인스타그램 instagram.com/slowrabbitco

기획 강보경　**편집** 김가인　**디자인** 변영은 miyo_b@naver.com

값 15,000원
ISBN 979-11-86494-62-2 13590

- 잘못된 책은 구입하신 곳에서 바꾸어 드립니다.
- 저자와 출판사의 허락 없이 내용의 일부를 인용, 발췌하는 것을 금합니다.
- 슬로래빗은 독자 여러분의 다양하고 참신한 원고를 항상 기다리고 있습니다. 보내실 곳 slowrabbitco@naver.com